Werner Thies

Ferngelenkte Motorflugmodelle
bauen und fliegen

Von Werner Thies erschienen im Falken-Verlag auch die Titel:
»Flugmodelle bauen und einfliegen« (Nr. 0361)
»Ferngelenkte Segelflugmodelle bauen und fliegen« (Nr. 0446)
»Ferngelenkte Elektroflugmodelle bauen und fliegen« (Nr. 0700)
»Modellflug-Lexikon« (Nr. 0549)

CIP-Kurztitelaufnahme der Deutschen Bibliothek

Thies, Werner:
Ferngelenkte Motorflugmodelle bauen und fliegen / Werner Thies. [Fotos u. Zeichn.:
J. Graupner ; W. Thies]. – Nachaufl. – Niedernhausen/Ts. : Falken-Verlag, 1983.
  (Falken-Bücherei)
  ISBN 3-8068-0400-1

ISBN 3 8068 0400 1

© 1977/1986 by Falken-Verlag GmbH, 6272 Niedernhausen/Ts.
Fotos und Zeichnungen: J. Graupner, W. Thies
Die Ratschläge in diesem Buch sind von Autor und Verlag sorgfältig erwogen und
geprüft, dennoch kann eine Garantie nicht übernommen werden. Eine Haftung
des Autors bzw. des Verlages und seiner Beauftragten für Personen-, Sach- und
Vermögensschäden ist ausgeschlossen.
Druck und Bindung: Wiesbadener Graphische Betriebe GmbH, Wiesbaden

Inhalt

In memoriam

»Man genieße alle Freuden dieser herrlichen Freizeitbeschäftigung...« — Dieser letzte Satz, mit dem Werner Thies das Vorwort zum Buch abschließt, spiegelt seine Haltung zum Modellsport und seine Lebensauffassung deutlich wider. Ein Hobby soll Freude bringen, soll vom Streß des Arbeitsalltages ablenken und entspannen.

Werner Thies hat nach dieser Auffassung gelebt. Er starb am 4. März 1984 im Alter von 60 Jahren auf dem Höhepunkt seines Schaffens als Modellbauexperte. Er hätte uns allen noch viel Wissen vermitteln können. Mögen mit dieser Neuauflage seine Kentnisse und seine Freude an diesem schönen Hobby auch den nachwachsenden Modellbaugenerationen nahegebracht werden.

Uwe Steenbuck

Vorwort

Der Modellflug hat in den letzten Jahrzehnten in vielen Ländern der Erde einen beträchtlichen Aufschwung genommen. Was in sehr einfacher Form begann, ist heute zu einer weitverzweigten und vielfach hochkomplizierten Freizeitbeschäftigung geworden.

Die Fülle der Möglichkeiten und das Können der Experten erzeugt bei vielen Anfängern die bange Frage: Werde ich das auch jemals schaffen? Aber hier kann es nur eine Antwort geben: Natürlich; denn jeder hat einmal klein angefangen und auch im Modellflug ist noch kein Meister vom Himmel gefallen – wohl aber das eine oder andere Modell, auch das eines Meisters.

Das vorliegende Buch ist für den Anfänger geschrieben, also für denjenigen, der mit dem Modellflug beginnt, und zwar speziell mit dem Fernlenkflug. Wer die Ausführungen sorgfältig liest, erkennt bald das Wesen der Dinge und ist auch schnell mit den wichtigsten Grundlagen vertraut. Bis zum erfolgreichen Modellflieger oder gar Meisterehren, kann es dann allerdings noch sehr lange dauern. Vielen genügt es, Freude am Hobby zu haben, sich zu freuen, wenn das in vielen Stunden gebaute Flugmodell auf jeden Befehl gehorcht, Kunstflugfiguren hoch am Himmel ausführt und sicher auf dem Rasen der Piste wieder landet.

Im Modellflug ist es wie bei vielen anderen Dingen: Die große Begeisterung, so nützlich sie auch sein mag, macht es allein noch nicht. Der Modellflug ist eine Beschäftigung, die handwerkliches Können, Gründlichkeit und auch das Eindringen in theoretische Erkenntnisse verlangt. Erinnern wir uns: Über Jahrtausende war den Menschen die Eroberung der Luft verwehrt. Erst in unserem Jahrhundert gewannen wir die Voraussetzungen, die es ermöglichten, daß Luftfahrzeuge, schwerer als Luft, die Erdanziehung überwinden konnten. Für jeden Modellflieger gilt es, immer wieder aufs Neue das Luftmeer zu erobern. Erfolge werden auf die Dauer nur dann zu erzielen sein, wenn man auch ein wenig von der Flugtheorie kennt.

Ein Vorteil des Modellfluges ist es, daß man ohne großen Aufwand die Theorie in der Praxis erproben kann. Beflügelt durch nachhaltige Beweise lernt es sich viel besser, als bei der ausschließlichen Beschäftigung mit der »grauen Theorie«. Vieles lernt sich leichter und schneller, wenn man mit Gleichgesinnten zusammenarbeitet. Es müssen durchaus keine Experten sein. Es genügt, wenn man Freunde findet, die auch nicht mehr wissen als man selbst. Bei der gemeinsamen Arbeit entdeckt der eine das, der andere jenes, und man hat bald heraus, wie es am besten geht.

Es ist auch empfehlenswert, Modellflugveranstaltungen zu besuchen, die an vielen Orten durchgeführt werden. Hier sieht man, mit welcher Sauberkeit die oftmals aufwendigen Flugmodelle hergestellt wurden, erkennt auch hin und wieder die Fehler, die dem einen oder anderen unterlaufen sind und erfährt so nebenbei auch, worum es geht.

Der Bau der ferngelenkten Flugmodelle ist, sofern man sich der Baukästen und Bausätze bedient, nicht übermäßig schwierig. Dennoch ist es vorteilhaft, wenn man einen geeigneten Raum zur Verfügung hat. Dies kann sehr wohl ein kleiner Kellerraum mit nur wenigen Quadratmetern sein, es kann auch ein Raum auf dem Dachboden dafür hergerichtet werden. Wer allerdings in der Küche seiner Wohnung bauen muß, hat es schwerer. Dort, wo man ungestört und nach Herzenslust an seinem Modell arbeiten und auch das halbfertige Modell liegenlassen kann, und wo niemand durch den Balsastaub und durch den durchdringenden Geruch von Spannlack und Kunstharzen belästigt wird, ergeben sich manche Probleme gar nicht erst.

Während man kleine aus Balsa gefertigte Wurfgleiter noch gut auf größeren Plätzen fliegen lassen kann, benötigen wir für unsere ferngelenkten Motorflugmodelle wenigstens eine größere Wiese, wenn es nicht schon ein Modellflugplatz sein kann. Es sollte selbstverständlich sein, daß der Eigentümer der Wiese die Erlaubnis zum Start des Flugmodelles gegeben hat. Auch muß nach den gültigen Gesetzen dieser Startplatz mindestens 1,5 km von der nächsten Wohnsiedlung entfernt sein.

Zusammenfassend ist zu sagen: Man sollte seine Fähigkeiten nüchtern einschätzen, sich Mühe geben und die nachfolgenden Ausführungen beachten. Auf diese Weise scheint der Erfolg garantiert. Man genieße alle Freuden dieser herrlichen Freizeitbeschäftigung und überwinde auch Rückschläge, wie den gelegentlichen Bruch eines Modelles.

Viel Glück bei allem wünschen

Verfasser und Verlag

Womit man beginnen sollte

Von der richtigen Entscheidung, was anfangs zweckmäßigerweise gebaut werden sollte, hängt es vielfach ab, ob sich jemand für den Modellflug begeistert oder wegen zu großer Schwierigkeiten enttäuscht wieder aufgibt. Schon aus diesem Grunde scheint das Einfachste auch das Beste zu sein. Das Einfachste sind sicherlich kleine Freiflugmodelle wie der kleine Uhu oder andere. Aber es ist nicht jedermann's Sache, mit einem solchen Modell zu beginnen. Es fehlt auch oft das weite Fluggelände, um das Freiflugmodell im Hochstartverfahren vernünftig fliegen zu lassen. Wenn man aber schon den Schritt wagt und mit einem ferngelenkten Flugmodell beginnt, so sollte man sich doch überlegen, ob es nicht zweckmäßig wäre, zunächst ein einfaches Segelflugmodell zu bauen. Man bedenke, daß an einem Motorflugmodell ein Verbrennungsmotor sitzt, der auch seine Probleme hat, mit denen man erst fertig werden muß; dazu bedarf es schon einiger Erfahrung.

Die Hersteller von Modellbaukästen geben eine Reihe von hervorragend gestalteten Modellbaukatalogen heraus. Diese sollte man sich zunächst beschaffen und in aller Ruhe das Angebot durchsehen. Meist wird der Anfänger – und dabei ist es gleichgültig, ob es ein 14jähriger Schüler oder ein 40jähriger Manager ist – von der Vielzahl des Dargebotenen verwirrt und zugleich begeistert. Es wird ihm nicht leichtfallen zu entscheiden, was zunächst gebaut werden sollte. Oft orientiert er sich dann an dem zur Verfügung stehenden Geld und an dem guten Aussehen eines Modelles. Erfahrene Fachhändler können ein Lied davon singen, mit welchen Vorstellungen künftige Modellflieger zu ihnen kommen und wie schwierig es oft ist, sie zu bewegen, mit einem einfachen Modell anzufangen.

Es ist noch gar nicht solange her, daß die Modellbauer allein nach Bauplänen bauen, sich das Material einzeln beschaffen, die Teile aufzeichnen, ausschneiden, aussägen und dann das Modell mühselig zusammenbauen mußten. Heute ist zwar diese Methode auch noch bekannt, bei den erfahrenen Modellfliegern auch weit verbreitet; aber man kann auch Modellbaukästen erwerben, in denen alles Material (meist schon weitgehend vorgearbeitet) vorhanden ist und dazu selbstverständlich ein bis ins einzelne gehender

Bauplan mit einer ausführlichen Bauanleitung. Jede dieser beiden Arten, ein Modell herzustellen, hat Vor- und Nachteile! Kauft man einen Baukasten und vermurkst Teile, kann das Modell auf Anhieb nicht fertiggestellt werden. Besitzt man jedoch einen Werkstoffvorrat und arbeitet daraus die Teile, ist Material genügend vorhanden, um ein Ersatzteil herzustellen. Natürlich ist eine Kombination beider Arten recht günstig. Man halte sich also von den üblichen Werkstoffen entsprechend der Modellart einen kleinen Vorrat, auch wenn man vorwiegend mit Hilfe von Schnellbaukästen Modelle herstellt.

Das erste Motorflugmodell sollte nicht etwa sehr klein sein, denn kleine Modelle haben ihre Tücken. Man wählt ein Modell mit einer Spannweite von etwa 1,30 m bis 1,50 m und dazu einen nicht zu starken Motor. Zu schwach motorisierte Modelle fliegen wie lahme Enten, starkmotorisierte Modelle – man spricht im Modellflug von ›überpowerten‹ Modellen – sind wie giftige Hummeln. Sehr schnell wird ein Anfänger, der mit einem solchen Modell fliegt, die Nerven verlieren. Man schlägt daher den goldenen Mittelweg ein und hält sich an die Empfehlung der Hersteller mit dem Blick auf den schwächeren Motor.

Derartige einfache ferngelenkte Motorflugmodelle werden als »Sportmodelle« oder auch als »Trainer« bezeichnet. Von solchen Modellen handelt dieses Buch (Abb. 1).

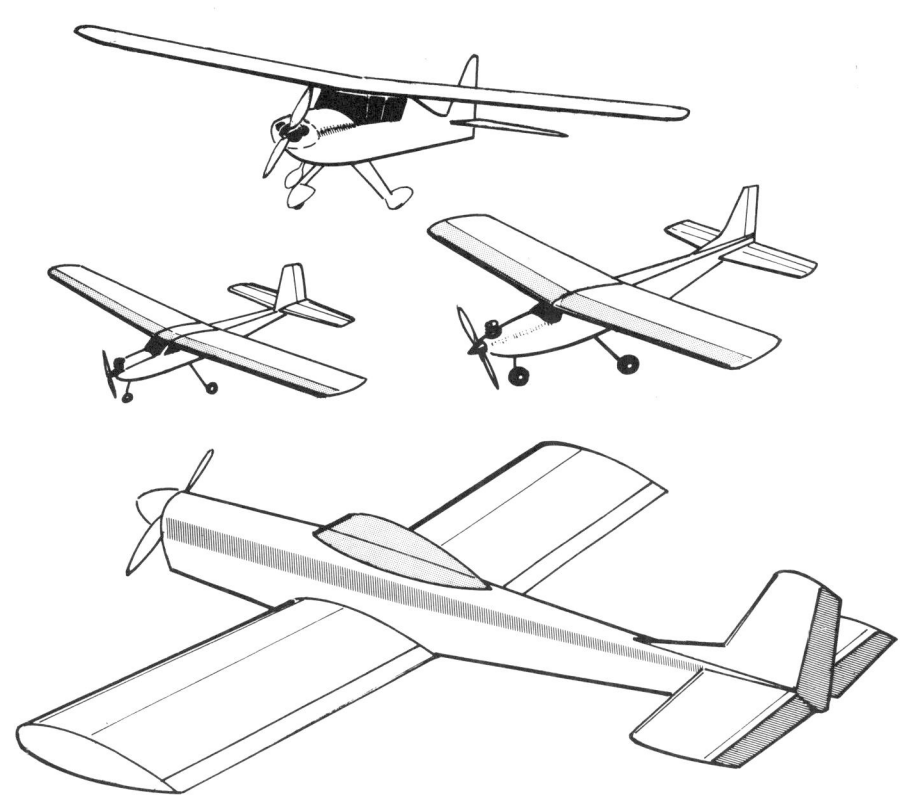

Abb. 1: Ferngelenkte Sportflugmodelle

Was ist ein Flugmodell?

Wenn man etwas beschreiben oder erläutern will, so geht es nicht ohne bestimmte Fachausdrücke, die man kennen sollte. Daher wird eine kurze Einführung in die gebräuchlichsten Bezeichnungen im Modellflugwesen notwendig sein. Unter »Flugmodell« versteht man ein kleines Fluggerät, das zum Zwecke der Flugfähigkeit hergestellt wurde und sich an kein bekanntes Flugzeugmuster anlehnt. Wenn es doch einem solchen Flugzeugmuster nachgebaut ist, wird die Bezeichnung »Flugzeugmodell« verwendet. So ein Flugzeugmodell kann flugfähig sein oder nur Anschauungszwecken dienen wie die bekannten Modelle verschiedener Hersteller. Wenn man die typischen Merkmale der Mehrzahl aller Flugzeuge vergleicht, so stellt man fest, daß sie alle ähnlich sind. Sie haben einen Rumpf, einen Tragflügel und ein dahinter angeordnetes Leitwerk. Daneben gibt es Sonderkonstruktionen wie die Entenbauart, wo sich das Leitwerk vor dem Flügel befindet. Man hat aber auch hin und wieder Tandemanordnungen verwirklicht, wo an Stelle des Höhenleitwerks nochmals ein Flügel in ähnlicher Größe wie die vordere Tragfläche vorhanden ist. Eine ziemlich weite Verbreitung haben indessen schwanzlose Flugzeuge gefunden, deren Tragflügel in der Draufsicht ähnlich wie der griechische Buchstabe »Delta« geformt sind, d. h. die Tragflügelhinterkante ist annähernd gerade und die Vorderkante stark gepfeilt (Abb. 2).
Nun können alle diese Ausführungen für den Segelflug gedacht sein, man kann aber auch Antriebe benutzen wie Verbrennungsmotoren oder Gummifäden. Darüber hinaus ist es möglich, die eine oder andere Konstruktion an sogenannten Steuerleinen als Fesselflugmodelle zu fliegen oder auch mit einer Fernsteuerung auszurüsten.
Wir beschäftigen uns mit den Flugmodellen, die ferngesteuert werden. Das wichtigste Teil jedes Flugzeuges ist der Tragflügel. Alle anderen Teile kann man unter bestimmten Umständen weglassen, den Flügel jedoch nicht, denn er erzeugt den Auftrieb, der das Fliegen ermöglicht. Betrachtet man einen Flügel von oben, also in der Draufsicht, kann er die verschiedensten Formen haben. Häufig ist er rechteckig, vor allem bei einfachen Modellen. Manchmal weist er einen trapezförmigen Grundriß auf oder ist ganz in Form einer langge-

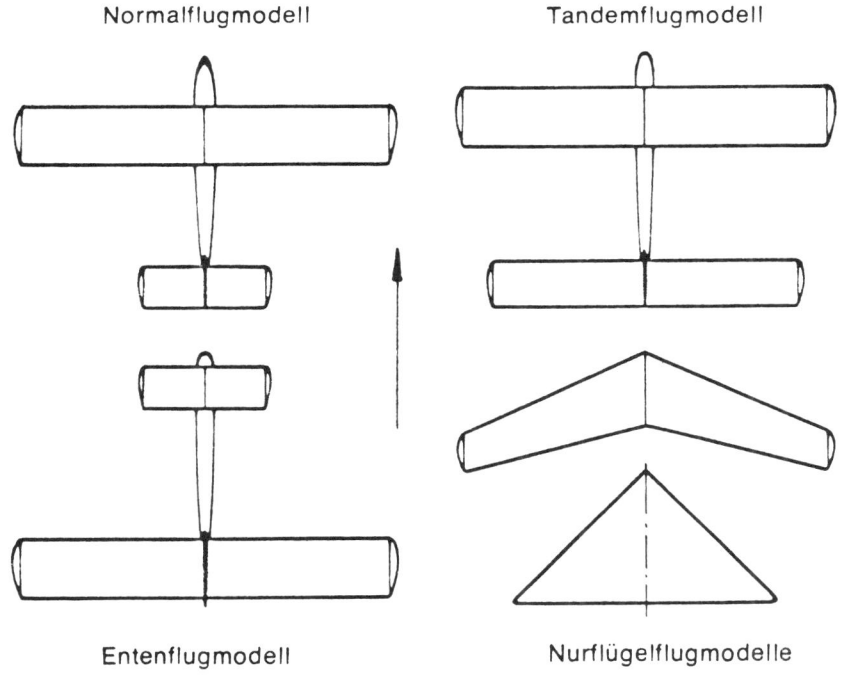

Normalflugmodell

Tandemflugmodell

Entenflugmodell

Nurflügelflugmodelle

Abb. 2: Einteilung der Flugmodelle

streckten Ellipse ausgebildet. Die Flügelmitte wird auch als Flügelwurzel bezeichnet. Wegen der unterschiedlichen Grundrißform kann ein Flügel positiv (nach vorn) oder negativ (nach hinten) gepfeilt sein (Abb. 3). Das Maß, das den Abstand von der Flügelvorderkante zur Flügelhinterkante angibt, nennt man Flügeltiefe. Die Flügeltiefe im Bereich des Rumpfes wird mit den kleinen Buchstaben »t_i« (Tiefe innen) und am Außenflügel mit den kleinen Buchstaben »t_a« (Tiefe außen) bezeichnet. Die Flügelspannweite wird vom linken Flügelende bis zum rechten Flügelende gemessen, und zwar in der senkrechten Projektion dieses Flügels auf eine ebene Fläche, signiert mit dem kleinen Buchstaben »b« (Breite). Das Verhältnis von Spannweite zur Flügeltiefe nennt man Flügelstreckung. Ist die Flügeltiefe unterschiedlich, wie bei einem

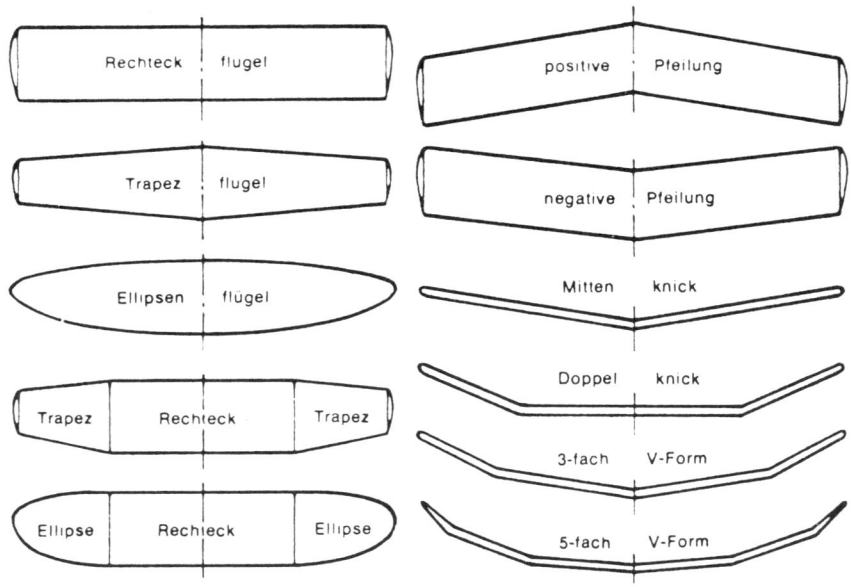

Abb. 3: Flügelumrißformen und V-Formen

Trapezflügel oder bei einem elliptischen Flügel, so errechnet sich die Flügel-streckung aus dem Quadrat der Spannweite geteilt durch die Flügelfläche (b^2/F) (Abb. 4). Nun haben die meisten unserer ferngelenkten Motorflugmo-delle keinen Flügel, der vollkommen gerade ist; im Gegenteil, er ist meist in der Mitte mehr oder weniger stark nach oben geknickt. Man nennt diese Form »V-Form«. Damit wird also die Gestaltung in der Vorderansicht des Flügels angegeben. Hier gibt es eine einfache, doppelte oder dreifache V-Form gemäß der Art des Flügelknicks. Jedes ungesteuerte, d. h. freifliegende Modell muß eine ausreichend große V-Form haben, um stabil fliegen zu können. Aber auch ferngelenkte Flugmodelle müssen stabil fliegen, das heißt auch sie – mit Ausnahme vielleicht einiger weniger Konstruktionen von Kunstflugmodellen – haben eine mehr oder weniger große V-Form. Nur ist es üblich, aus baulichen Gründen die einfache V-Form zu bevorzugen, der Flügel ist dabei nur in der Flügelmitte geknickt. Bei verschiedenen ferngesteuerten Modellen und an jedem großen Flugzeug findet man an der Hinterkante der Außenflügel die

14

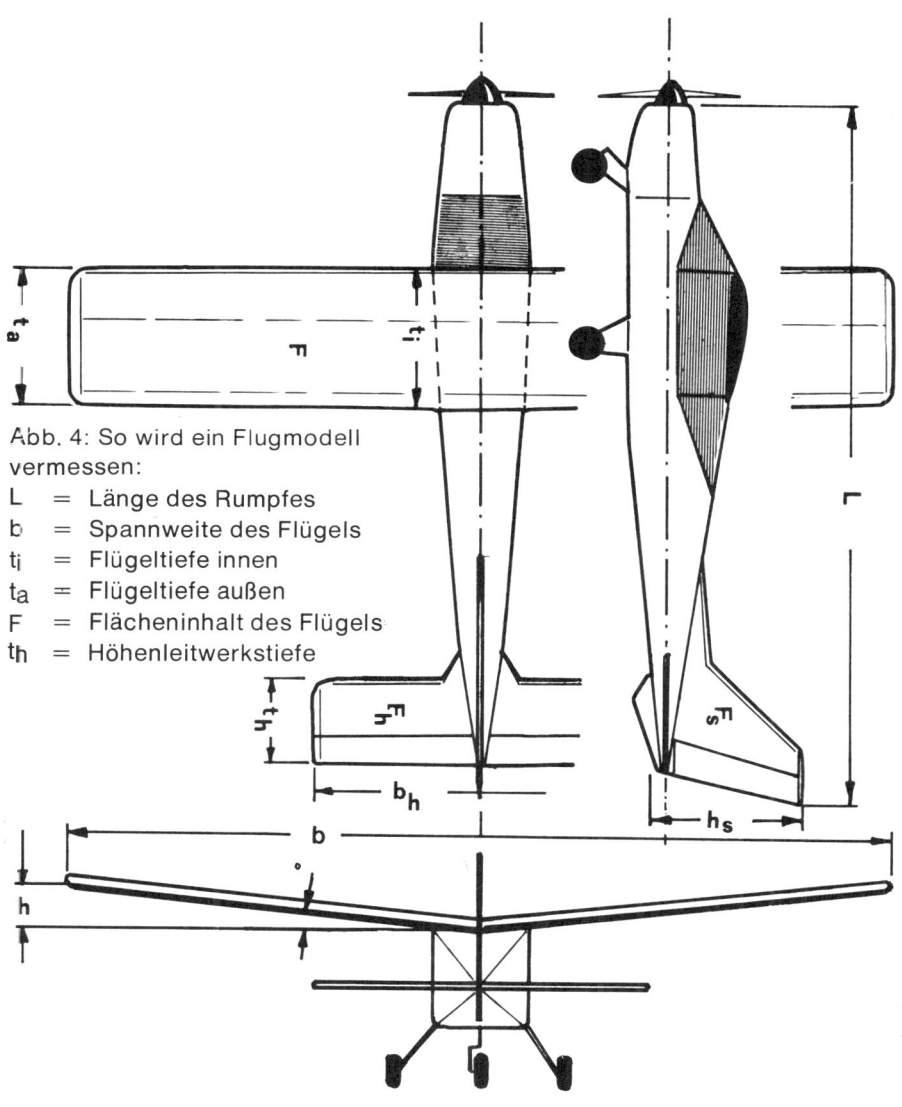

Abb. 4: So wird ein Flugmodell
vermessen:
L = Länge des Rumpfes
b = Spannweite des Flügels
t_i = Flügeltiefe innen
t_a = Flügeltiefe außen
F = Flächeninhalt des Flügels
t_h = Höhenleitwerkstiefe

b_h = Höhenleitwerksspannweite
F_h = Flächeninhalt des Höhenleitwerks
h_s = Höhe des Seitenleitwerks

F_s = Flächeninhalt des Seitenleitwerks
h = V-Form

Querruder. Bei näherer Betrachtung stellt man fest, daß sich diese Klappen immer wechselseitig bewegen. Geht die eine nach unten, schlägt die andere nach oben aus. Bei vielen Flugmodellen findet man eine besondere Art der Querruder, die sogenannten Endleistenquerruder. Sie werden auch mit dem englischen Wort »flaps« bezeichnet. Es gibt Flugmodelle, die haben – wie auch große Flugzeuge – nur einen Flügel. Man nennt sie »Eindecker«. Es gibt aber auch Flugmodelle, die haben zwei Flügel, die übereinander angeordnet sind, meist ein wenig nach vorn oder hinten versetzt. Sie werden als »Doppeldecker« oder »Zweidecker« bezeichnet (Abb. 5). Und schließlich werden auch

Abb. 5: Doppeldecker

hin und wieder Modelle gebaut, die drei Flügel haben. Zu Beginn der Entwicklung der Luftfahrt nannte man den Flügel »Tragdeck«. Man führte dieses Wort wohl auf den Schiffsbau zurück. Aus dem Tragdeck wurde dann das »Tragwerk«, später der »Tragflügel« oder einfach »Flügel«. Geblieben ist das Wortteil »Deck« noch in der Bezeichnung »Tiefdecker«, »Mitteldecker«, »Schulterdecker« oder »Hochdecker« (Abb. 6, 7, 8). Bei einem Tiefdecker-Flugmodell sitzt der Rumpf auf dem Flügel, beziehungsweise die Flügelunterseite schneidet mit der Rumpfunterseite ab. Entsprechend ist bei einem Mitteldecker der Flügel etwa in der Mitte des Rumpfes angeordnet und bei einem Schulterdecker liegt er auf der Rumpfoberseite. Jede dieser Bauarten hat Vor- und Nachteile.

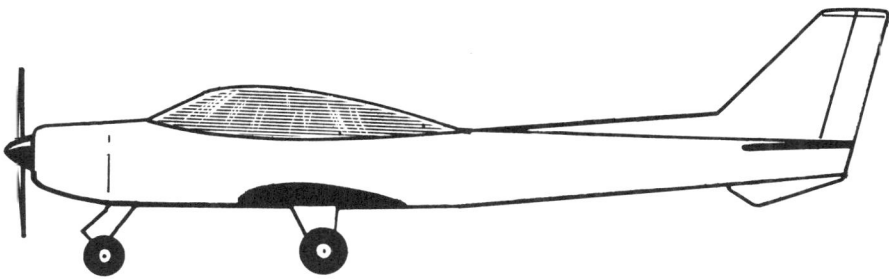

Abb. 6: Tiefdecker

Abb. 7: Mitteldecker

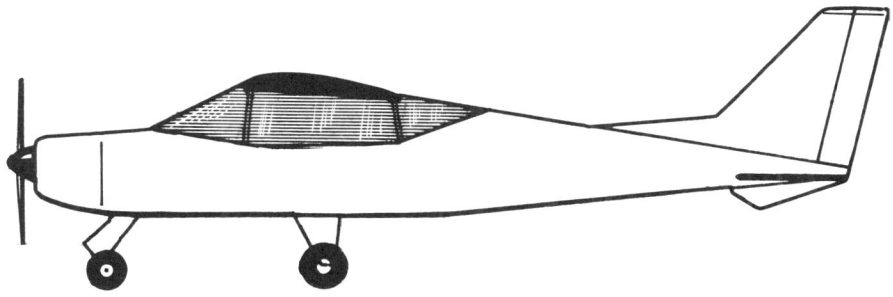

Abb. 8: Schulterdecker

Der Rumpf eines ferngelenkten Motorflugmodells hat die Aufgabe, den Flügel mit dem Leitwerk zu verbinden und den Motor aufzunehmen. Außerdem sollen im Rumpf die Fernlenkanlage installiert werden können und er soll auch ein Fahrwerk besitzen, damit das Modell starten und wieder auf dem Boden landen kann (Abb. 9).

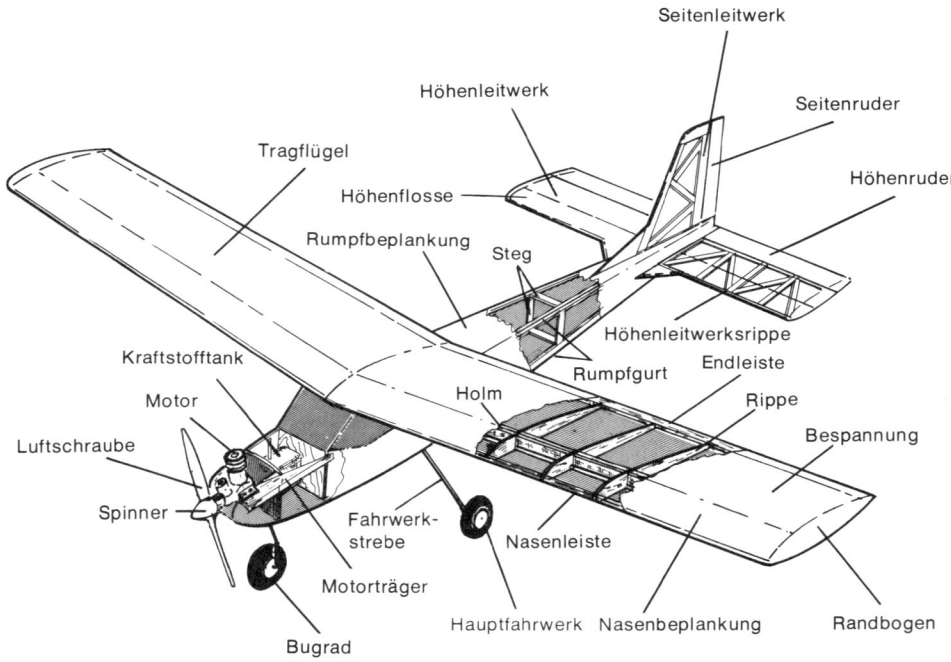

Abb. 9: Bezeichnung der Einzelteile eines Fernlenkmotorflugmodells; ein solches Flugmodell wird auch als Sportmodell bezeichnet

Der Motor wird fast immer am Rumpfvorderteil befestigt. Hier sitzt der Kopfspant und an diesem Kopfspant montiert man den Motor. Normalerweise befestigt man den Motor so, daß der Zylinderkopf nach oben zeigt. Das sieht nicht immer sehr schön aus, ist aber sicherlich die beste Art, den Motor zu montieren. Eleganter wirkt es dann schon, wenn man den Motor mit dem Zylinderkopf nach unten, also »hängend« einbaut und ihn vollständig verkleidet, so daß man ihn von außen nicht sehen kann. Indes hat diese Bauweise auch Nachteile. Beim Anwerfen des Motors entstehen oft Schwierigkeiten, so daß man das Modell auf den Rücken legen muß. Eine gute Kompromißlösung ist der seitliche Einbau des Motors, also in der Art, daß der Zylinderkopf meist zur rechten Seite heraussieht (Abb. 10). Hinter dem Motor, möglichst nahe am Kopfspant, wird der Kraftstofftank installiert. Das Höhenleitwerk ist die am Rumpfende horizontal verlaufende Fläche. Sie wirkt fast wie ein kleiner Tragflügel und übernimmt bei vielen Modellen tatsächlich einen Teil der Auftriebsleistung. Die vertikale Seitenfläche am Rumpfende wird als Seitenleitwerk bezeichnet. Das eine leitet das Modell in der Höhe, das andere seitlich; daher die Bezeichnung. Wer bei Fernlenkmodellen näher hinsieht, stellt bald fest, daß am Höhen- wie auch am Seitenleitwerk bewegliche Ruder angebracht sind. In solch einem Falle wird der feste Teil des Leitwerks als Flosse bezeichnet. So hat man eine Höhenflosse mit Höhenruder und auch eine Seitenflosse mit Seitenruder. Bewegt sich das gesamte Leitwerk, etwa das gesamte Höhenleitwerk, so spricht man von einem Pendelruder.

Abb. 10: Seitlicher Einbau eines Motors

Der hintere Bereich des Rumpfes und schließlich des Leitwerks wird häufig, wie bei den Vögeln, als Schwanz bezeichnet, manchmal auch als Heck, was dem Schiffbau entlehnt ist. Das Fahrwerk, auch als Fahrgestell bekannt, kann vorn zwei Räder aufweisen und dann noch ein kleines hinten am Heck. Häufig sieht man aber auch, daß statt des Heckrades ein Bugrad vorhanden ist. Sportflugmodelle sind meist um die Hochachse mit dem Seitenruder und um die Querachse mit dem Höhenruder steuerbar. Auch besitzen sie eine Motordrossel. Darunter versteht man eine Vorrichtung, die es gestattet, den Motor langsamer laufen zu lassen. Die andere Kategorie ferngelenkter Motorflugmodelle wird als Kunstflugmodelle bezeichnet oder entsprechend der Einteilung in den Wettbewerbsvorschriften als »F 3 A-Modelle« (früher »RC I-Modelle«). Kunstflugmodelle sind nicht unbedingt größer als Sportmodelle, nur haben sie einen stärkeren Motor und sind um alle drei Achsen, also um die Hochachse mit dem Seitenruder, um die Querachse mit dem Höhenruder und um die Längsachse mit dem Querruder zu steuern. Meist besitzen sie auch ein einziehbares Fahrwerk.

Fernlenkflugmodelle

Freifliegende Flugmodelle können nach dem Start nicht mehr beeinflußt werden. Bei starkem Wind treiben sie daher schnell ab und es kommt oft zum Verlust des Modells. Mit freifliegenden Konstruktionen läßt sich auch kein Kunstflug durchführen und vorbildgetreue Nachbauten machen aus Gründen der aerodynamischen Stabilisierung so erhebliche Veränderungen erforderlich, daß von der Vorbildtreue vieles verlorengeht.

Im Fesselflug läßt sich zwar auf Grund der Steuerleinen so ziemlich alles zum Fliegen bringen, so daß die Palette der Modellkonstruktionen gegenüber dem Freiflug sehr groß ist. Der ständige Kreisflug wirkt jedoch unnatürlich und entspricht nicht dem Geschmack vieler Modellbauer. All diese Nachteile kennt eine Modellbaukategorie nicht mehr: der Fernlenkflug. Mit ihm erfüllte sich endlich der Traum ungezählter Modellflieger. Ziellandungen sind heute schon mit einfachen Modellen möglich; Kunstflug in letzter Vollendung – hoch am Himmel-Modellrennen – Hochgeschwindigkeitsflüge über 300 km/h – Flugstrecken über Hunderte von Kilometern – Höhenflüge bis dicht an die Stratosphäre (jeweils mit Ziellandung) – vom frühen Morgen bis zum späten Abend während Dauerflüge im Hangaufwind – vorbildgetreue Nachbauten in bewundernswerter Vollendung und Flugverhalten gemäß dem großen Vorbild – ja sogar Hubschraubermodelle sind im Fernlenkflug möglich.

Es dürfen aber auch die Schattenseiten nicht verschwiegen werden: Der Fernlenkflug ist nicht ganz billig und erfordert viel Können sowohl bei der Modellherstellung als auch bei der Steuerung im Fluge. Wer also ohne Vorkenntnisse sein Taschengeld in Fernsteuersachen investiert und das falsche Modell baut, wird mit Sicherheit Enttäuschungen erleben. Um diese Enttäuschungen vermeidbar zu machen, ist dieses Buch geschrieben worden.

Die nachfolgenden Darlegungen sollen einen kleinen Einblick in das Gebiet des Fernsteuerfluges vermitteln. Im Verlauf dieses Buches werden die wichtigsten Dinge dann noch eingehender erläutert.

Ganz allgemein kann man die Einrichtungen der Fernsteuertechnik als Radioanlagen betrachten. Darauf deutet schon die internationale Bezeichnung »RC« hin, die Abkürzung des englischen Ausdrucks »radio controlled«, also

»durch Radiowellen gesteuert«. Schon Mitte der zwanziger Jahre versuchte man, große Flugzeuge durch eine Funk-Fernsteuerung zu steuern. Der Erfolg war allerdings nicht sehr ermutigend und Mitte der dreißiger Jahre erschienen auf der Wasserkuppe, dem weltberühmten Segelfluggelände, nur einige wenige Modellflieger mit ferngelenkten Segelflugmodellen, bei denen durch eine Funk-Fernsteuerung das Seitenruder betätigt werden konnte. Schon kurz nach dem letzten Krieg begannen in aller Welt, vor allem aber in Amerika und in England, Modellflieger, mit Funk-Fernsteuerungen zu experimentieren. Mitte der fünfziger Jahre bis Anfang der sechziger Jahre setzten sich auch die Fernlenk-Flugmodelle in Deutschland durch. Heute sind durchweg alle modernen Fernsteuereinrichtungen sogenannte Digital-Proportionalanlagen. Bei diesen Fernsteuersystemen nehmen die Ruder am Modell die gleichen (proportionalen) Stellungen ein wie die kleinen Steuerknüppel oder Regeleinrichtungen am Sender betätigt werden. Es ist also ganz genau so, als säße der am Boden stehende Modellflieger selbst als Pilot in seinem Flugmodell. Die moderne Hochfrequenztechnik hat es ermöglicht, daß die im Modell mitzuführenden Einrichtungen so klein sind, daß selbst Anlagen für viele Ruderfunktionen nur wenig Platz benötigen. Auch der Energiebedarf und damit die Zahl der Akkuzellen konnte gesenkt werden. Bei Benutzung des heute höchstzulässigen Flugmotors (10 ccm) steht den Motorflugmodellen ein hoher Leistungsüberschuß zur Verfügung, der eine hohe Geschwindigkeit, ein beträchtliches Steigvermögen und einen eleganten Kunstflug zuläßt. Doch das ist in jedem Falle eine Sache der »RC«-Experten! Da heute fast durchweg Proportional-Anlagen benutzt werden, ist ein kleiner Rückblick auf die Entwicklung der Fernsteuereinrichtungen interessant.

Lange Zeit standen nämlich lediglich tonmodulierte Anlagen zur Verfügung, das heißt, hier strahlte der Sender eine Tonfrequenz (oder auch mehrere unterschiedlicher Höhe) aus. Um 1950 wurden durchweg nur Einkanal-Anlagen mit nur einer Tonfrequenz gefertigt. Das bedeutete folgendes: Der Sender verfügte nur über einen Tastknopf; drückte man darauf, so wurde das Seitenruder des Modells ausgeschlagen. Das lief dann beispielsweise wie folgt ab: Seitenruder rechts, neutral, links, neutral, rechts und so weiter, also in einer ständig gleichbleibenden Schaltfolge. Dadurch waren die Modelle nur recht umständlich zu steuern. War man von Rechtsausschlag auf ›neutral‹ gegangen und wurde (wegen einer Linkskurve) gleich darauf wieder ein Ausschlag nach rechts notwendig, so mußte in jedem Falle, wenn auch nur kurzzeitig, der völlig unerwünschte Ruderausschlag nach links durchfahren werden. Einen großen Fortschritt stellten deshalb Anlagen dar, die freizügig und wahlweise sowohl den Links- als auch den Rechtsausschlag ermöglichten beziehungs-

weise die entsprechenden Ausschläge des Höhen- und Querruders. Das aber erforderte dann für jede Funktion eines Ruders zwei Tonmodulationen, kurz auch als »Kanäle« bezeichnet: einmal für ›rechts‹, einmal für ›links‹ und für ›oben‹ und ›unten‹. Das war nur durch kleine Elektromotoren, nicht mehr durch Schaltwerke, möglich. Wurde hier ein Sender getastet, ging das Ruder in weniger als einer Sekunde auf Vollausschlag und verblieb hier solange wie die Tastung andauerte. Hörte diese auf, ging das Ruder automatisch auf die Neutralstellung zurück. Die Tastung des zweiten zum jeweiligen Ruder gehörigen Knopfes ergab immer den entgegengesetzten Ausschlag. Wurde nur ganz kurz getippt, so erreichte das Ruder nur den halben Ausschlag, um gleich wieder auf Neutralstellung zu gehen. So konnte durch ständiges kurzes Tippen in der Ruderwirkung etwas ähnliches wie ein längerer Teilausschlag erreicht werden. Das war, soweit es sich um die Bewegung des Seitenruders handelte, nicht weiter schlimm, aber bei der Betätigung des Höhenruders entstanden doch oft Probleme: vor allem dann, wenn man eine längere Zeit schnell fliegen wollte.

Einfache Fernsteueranlagen weisen heutzutage schon die Möglichkeit der Betätigung bis zu vier Funktionen auf. Es hat sich nämlich gezeigt, daß es recht unwirtschaftlich ist, nur eine oder zwei Funktionen vorzusehen, weil eine solche Anlage mit der Entwicklung und Ausbildung des Modellfliegers nicht lange mithalten kann; denn wer nach einiger Zeit zwei Ruderfunktionen beherrscht, also beispielsweise das Seitenruder und das Höhenruder, möchte verständlicherweise die Möglichkeiten weiterer Funktionen ausnutzen, ohne gleich eine neue, teuere Anlage kaufen zu müssen.

Es gibt heute eine große Reihe von ferngelenkten Flugmodelltypen. Beginnen wir mit den Segelflugmodellen. Hier dominieren zweifellos die Modelle, deren Spannweite etwa 2 m bis 3 m beträgt und die durch Höhen- und Seitenruder gesteuert werden. Sie werden entweder ganz oder teilweise aus Balsaholz hergestellt. Die Rümpfe sind oft aus glasfaserverstärktem Kunststoff fertig zu erwerben. Aber auch ferngelenkte Segelflugmodelle mit Querruder werden immer beliebter. Größere ferngelenkte Segelflugmodelle bis zu 7 m Spannweite (!) werden seit einigen Jahren mit wachsendem Erfolg geflogen. Die ferngelenkten Segelflugmodelle werden denn auch in einer Sportklasse unter der Bezeichnung »F 3 B« (früher »RC IV«) geführt.

Ferngelenkte Motorflugmodelle gibt es für den Anfänger unter der Bezeichnung »Sportmodelle« oder »Trainer«. Das sind einfache, meist als Schulterdecker ausgelegte Flugmodelle mit Spannweiten von 1 m bis 1,60 m, die mit Motoren von etwa 2,5 bis 5 ccm Hubraum ausgerüstet sind und meist mit Höhen- und Seitenruder gesteuert werden. Eine Motordrosselung ist fast in jedem Falle zweckmäßig und auch vorgesehen. Ein wenig mehr Aufwand erfordern ferngelenkte Flugzeugmodelle. Das sind vorbildgetreue oder vorbildähnliche Nachbauten großer Motorflugzeuge, die mit einem, aber auch mit mehreren Motoren angetrieben werden. Spannweiten etwa zwischen 1,20 m und 2,00 m und Motoren etwa von 3,5 bis 10 ccm Hubraum; die Steuerung erfolgt im allgemeinen über Höhen- und Seiten-, aber auch zusätzlich durch Querruder. Sonderfunktionen wie Landeklappen, einziehbare Fahrwerke und dergleichen sind relativ oft zu finden. Der Bau von Flugzeugmodellen erfordert vor allem viel handwerkliches Können und viel Geduld. Einen bedeutenden Raum nehmen bei den ferngelenkten Motorflugmodellen die Kunstflugmodelle ein, die um alle drei Achsen steuerbar sind. Flugmodelle dieser Art haben Spannweiten zwischen etwa 1,30 m und 1,60 m, werden durch starke Motoren von 6,5 bis 10 ccm Hubraum angetrieben und verfügen hin und wieder auch über einziehbare Fahrwerke. Der Flügel hat ein halbsymmetrisches oder symmetrisches Profil, damit der Rückenflug einwandfrei durchgeführt werden kann. Kunstflugmodelle bezeichnet man als »F 3 A« (früher »RC I«)-Modelle.

Eine Sondergruppe stellen die Wasserflugmodelle dar, bei denen es sowohl solche gibt, die mit zwei Schwimmern ausgerüstet sind, als auch Flugboote, bei denen der Rumpf als Bootskörper ausgebildet ist und zwei seitliche Stützschwimmer an den Tragflügeln verhindern, daß ein Flügel beim Start oder bei der Landung ins Wasser taucht. Ferngelenkte Wasserflugmodelle werden in der Wettbewerbsklasse »F 3 A-W« (früher »RC III«) geführt. Hier haben sich aber nur die Kunstflugmodelle der Klasse »F 3 A« (früher »RC I«) durchgesetzt, die auf zwei Schwimmer gesetzt werden. Der Motor eines Wasserflugmodelles sollte nicht zu schwach sein. Er muß immer etwas stärker sein als bei einem vergleichbaren Flugmodell, das vom Land aus startet. Eine Ausnahme bilden die »F 3 A« (früher »RC I«)-Modelle, die ohnehin einen hohen Leistungsüberschuß haben (Abb. 11).

Hin und wieder findet man auf den Modell-Flugplätzen auch rassige und elegante Delta-Flugmodelle. Diese schwanzlose Konstruktion begeistert immer wieder durch ihre rasanten Flüge, durch ihre phantastischen Rollen und Kunstflugfiguren. Delta-Flugmodelle werden meist durch einen im Heck des Rumpfes angeordneten Motor mit Druckluftschraube angetrieben. Der Flügel ist symmetrisch und relativ dünn (Abb. 12).

Beachtung verdienen auch die Hubschrauber. Hier ist es gerade in den letzten Jahren gelungen, ausschließlich durch die Möglichkeiten der Fernsteuerung weitgehend dem Funktionsverhalten originaler Hubschrauber entsprechende Modellkonstruktionen zu schaffen und in verblüffender Ähnlichkeit zu fliegen. Anfangs waren diese Hubschrauber noch relativ groß – Rotordurchmesser

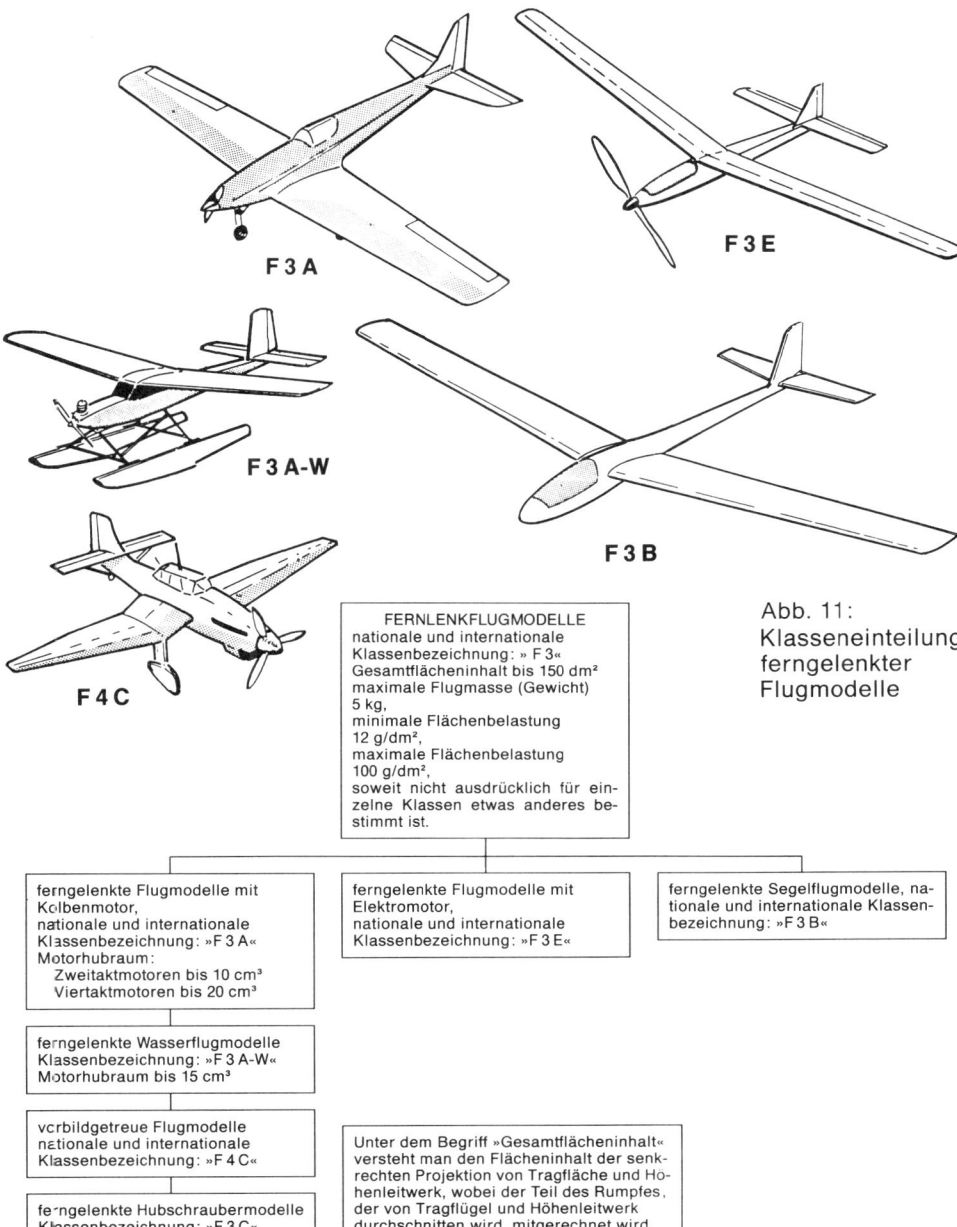

F 3 A

F 3 E

F 3 A-W

F 3 B

F 4 C

FERNLENKFLUGMODELLE
nationale und internationale
Klassenbezeichnung: » F 3«
Gesamtflächeninhalt bis 150 dm²
maximale Flugmasse (Gewicht)
5 kg,
minimale Flächenbelastung
12 g/dm²,
maximale Flächenbelastung
100 g/dm²,
soweit nicht ausdrücklich für einzelne Klassen etwas anderes bestimmt ist.

Abb. 11:
Klasseneinteilung
ferngelenkter
Flugmodelle

ferngelenkte Flugmodelle mit
Kolbenmotor,
nationale und internationale
Klassenbezeichnung: »F 3 A«
Motorhubraum:
Zweitaktmotoren bis 10 cm³
Viertaktmotoren bis 20 cm³

ferngelenkte Flugmodelle mit
Elektromotor,
nationale und internationale
Klassenbezeichnung: »F 3 E«

ferngelenkte Segelflugmodelle, nationale und internationale Klassenbezeichnung: »F 3 B«

ferngelenkte Wasserflugmodelle
Klassenbezeichnung: »F 3 A-W«
Motorhubraum bis 15 cm³

vorbildgetreue Flugmodelle
nationale und internationale
Klassenbezeichnung: »F 4 C«

ferngelenkte Hubschraubermodelle
Klassenbezeichnung: »F 3 C«

Unter dem Begriff »Gesamtflächeninhalt«
versteht man den Flächeninhalt der senkrechten Projektion von Tragfläche und Höhenleitwerk, wobei der Teil des Rumpfes,
der von Tragflügel und Höhenleitwerk
durchschnitten wird, mitgerechnet wird.

27

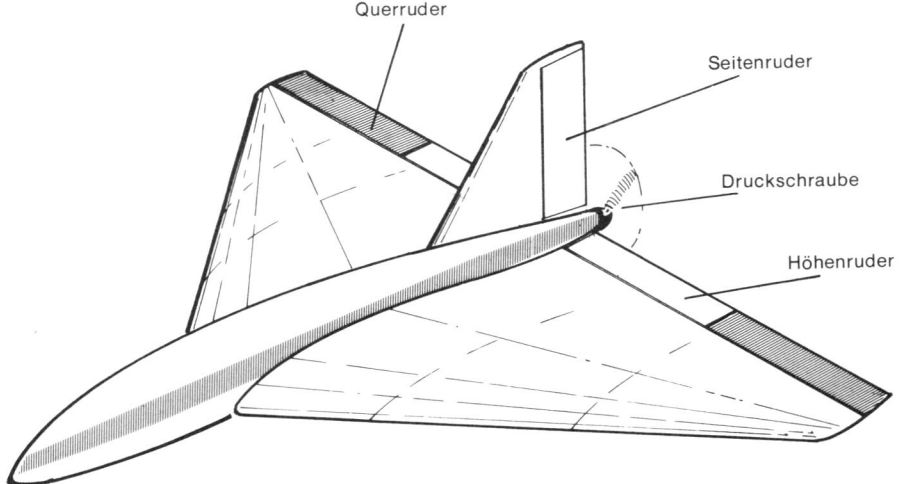

Querruder

Seitenruder

Druckschraube

Höhenruder

Abb. 12: Delta-Flugmodell

etwa 1,60 m – so daß sie auch ein wenig unhandlich waren und demontiert werden mußten, wenn man sie im Kofferraum eines normalen Pkw unterbringen wollte. Heute jedoch gibt es auch kleinere zuverlässige Hubschrauberkonstruktionen mit einem Rotordurchmesser von etwa 1,00 m, die vollkommen montiert in den Kofferraum passen, so daß keinerlei Transportprobleme auftreten. Das Fliegen von Hubschraubermodellen ist allerdings schwierig und setzt große Erfahrung voraus. Für die Hubschrauber gibt es eine besondere Wettbewerbsklasse. Sie wird mit »F 3 C« (früher »RC VII«) bezeichnet (Abb. 13).

Auf den vielen Modellflugtagen, das sind Veranstaltungen mit ferngelenkten Flugmodellen, die von den namhaften Modellflugvereinen in Deutschland mit großem Erfolg durchgeführt werden, sorgen immer wieder ferngesteuerte Sonderkonstruktionen für Belustigungen. Da sieht man fliegende Schubkarren, Hundehütten, Regenschirme, Bierfässer und was immer die Fantasie beflügelte.

Abb. 13: Ferngelenkter Modell-Hubschrauber »Hughes 500 E«

Woraus baut man ein Flugmodell?

(kleine Werkstoffkunde)

Schließt man kleine Wurfgleiter und Papierschwalben mit ein, so sind die einfachsten Werkstoffe für die Anfertigung von Flugmodellen Papier, Zeichenkarton und dünne Pappe. Bei den größeren Modellen ist das anders. Hier war im Anfang des Flugmodellbaues Bambus sehr gebräuchlich. Bei verhältnismäßig geringem Gewicht wird mit Bambus eine gute Festigkeit bei erstaunlich hoher Elastizität erreicht. Man lehnte sich seinerzeit an die Herstellungsweise der manntragenden Flugapparate an, bei denen weitgehend Bambus benutzt wurde. Heute kommt dieses Holz im Flugmodellbau nicht mehr vor. Verständlicherweise hat man in der Zwischenzeit weit besser geeignete Materialien herausgefunden. Hier steht Balsaholz mit Abstand an erster Stelle. Balsa ist ein Wort aus dem Portugiesischen und heißt Floß! Es handelt sich nämlich um eine schnellwüchsige tropische Pappel, aus deren Holz sich die Eingeborenen tragfähige Flöße bauen. Auch der bekannte norwegische Forscher Thor Heyerdahl hat sich ein Balsafloß gebaut und ist in monatelanger Reise durch den pazifischen Ozean gesegelt. Die besondere Eignung von Balsaholz für den Flugmodellbau (und nicht weniger für große Segelflugzeuge) liegt in erster Linie an seinem geringen Gewicht, das nur die Hälfte von Kork beträgt. Balsaholz weist eine helle, manchmal auch schwach rötliche oder graue Farbe auf und ist schön gleichmäßig gefasert.
Jedoch zeigen die Brettchen zwei ganz charakteristische Arten des Faserverlaufs. Dazu einige kurze Erklärungen. Betrachtet man einen Stamm im Schnitt (Abb. 14), so erkennt man hier wie bei allen anderen Bäumen zunächst einmal die Wachstumsringe. Sie können bei Balsa bis zu 4 cm auseinanderliegen. Den inneren Bereich der Ringe bezeichnet man als Kernholz, den äußeren als Splintholz, dazu kommt die Rinde. Vom Kern ausgehend verlaufen sogenannte Markstrahlen nach außen, die eine beträchtliche Verfestigung des Querverbandes ergeben. Ideal wäre für die Auftrennung eines Stammes der Schnittverlauf längs der Markstrahlen, wie es Abb. 15 zeigt. Hier erkennt man zugleich den Radialschnitt, der international als »Quarter Grain« bezeichnet wird, sowie den Sehnen- oder Fladerschnitt. Ein Auftrennen in der dargestellten Art (wobei ja immer so etwas ähnliches wie ein Tortenstück-Quer-

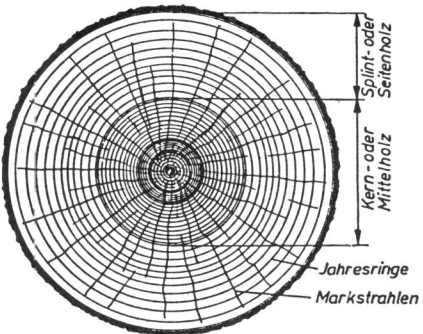

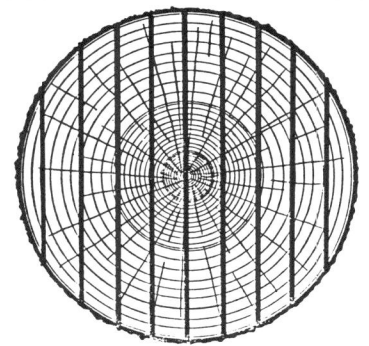

Abb. 14: Schnitt durch einen Kern-
holzbaum

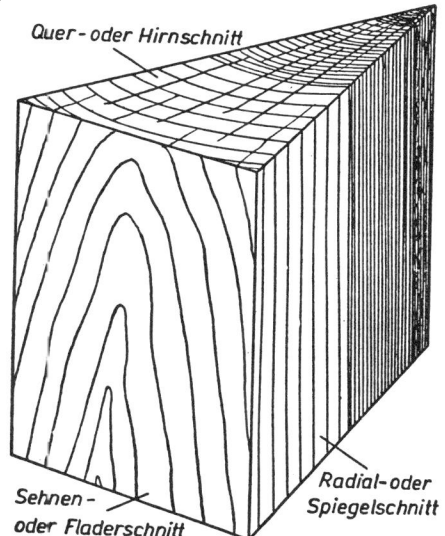

Abb. 15: Darstellung möglicher
Schnitte aus einem Baumstamm

Abb. 16: Mit Gattersäge aufgeschnit-
tener Stamm und zwei daraus geschnittene Bretter

schnitt entstehen würde) ist aus ökonomischen Gründen nicht möglich. Man schneidet die Stämme vielmehr auch hier in der üblichen Weise mit Sägegattern, wie es Abb. 16 zeigt. Dadurch entsprechen nur wenige Bretter voll dem Radial- oder Sehnenschnitt. Bei vielen Brettern wird man dagegen keine klare Aussage machen können, um welche Schnittlage es sich handelt. Dem Können des Modellbauers bleibt es nun überlassen, gemäß dem Verwendungszweck die am besten geeigneten Brettchen auf Grund des Schnittverlaufes auszusuchen. Beide grundsätzlichen Arten haben ihre Vor- und Nachteile. Die vorteilhafte Anwendung eines Brettchens im Quarter-Grain-Schnitt für die Holme eines Tragflügels zeigt Abb. 17. Abb. 18 bringt zum Ausdruck, daß bei Holmen (wie auch allgemein) wegen der geringeren Festigkeit von Balsaholz gegenüber Kiefer oder Fichte im Durchschnitt ein dreifach größerer Querschnitt notwendig ist. Wo also eine Kiefernleiste 3 mm × 5 mm benutzt wurde, muß beim Einsatz von Balsa der Querschnitt auf 5 mm × 10 mm erhöht werden. Das gilt für mittelhartes Balsa. Bei Hartbalsa braucht es beispielsweise nur das doppelte zu sein.

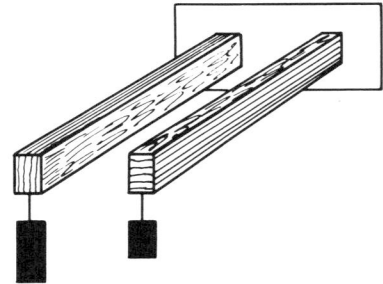

Abb. 17: Holme aus »Quarter Grain«
richtig genutzt

Abb. 18: Holme aus Balsa- und Kiefern-holz mit gleichem Gewicht

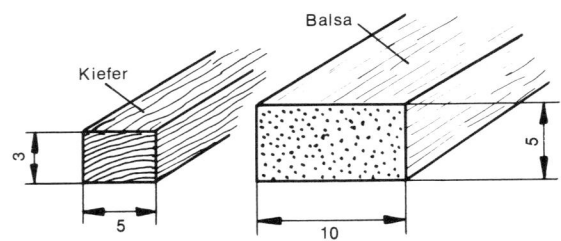

32

Man bekommt Balsaholz in Form von Brettchen, Leisten und Bohlen zu kaufen. Die Dicke der am häufigsten verwendeten Brettchen beträgt 1,5 bis 2 und 3 mm, die Länge meist 1000 mm, oft auch mehr. Die Beplankung der Flügelnase ist beispielsweise 1,5 oder 2 mm dick. Flügelrippen werden aus 2 oder 3 mm dickem Balsaholz gefertigt und für die Rumpfseitenwände von RC-Motorflugmodellen nimmt man zweckmäßigerweise 2 bis 3 mm dickes Balsaholz.

Balsaleisten sind in vielen Abmessungen erhältlich. Auch gefräste Nasenleisten für bestimmte Flügelprofile und keilförmige Endleisten unterschiedlicher Breite und Dicke sind in guten Fachgeschäften zu haben.

Eine Schwierigkeit besteht bei Balsa darin, daß die Härten und damit die Gewichte der Brettchen und Leisten erheblich schwanken. Die Bretter selbst werden in drei unterschiedliche Qualitäten eingeordnet:

weich   — Rohdichte etwa 0,1
mittel   — Rohdichte etwa 0,15 bis 0,2
hart   — Rohdichte etwa 0,25 bis 0,3

Unter Rohdichte verstehen wir das Gewicht eines Kubikzentimeters (cm³) im lufttrockenen Zustand. Ein Balsabrettchen, 10 cm breit, 1 m lang und 1 mm dick, sollte dann, aus weichem Balsa bestehend, etwa 10 g wiegen, aus mittelhartem Balsa etwa 15 bis 20 g und aus hartem Balsa etwa 25 bis 30 g. Ist dieses Brettchen 1,5 oder 2 mm dick, so multiplizieren wir diese Gewichte mit 1,5 beziehungsweise 2.

Schnittart	Verwendung	Nicht geeignet für
Spiegelschnitt (Quarter Grain)	Rippen, aus Balsabrettchen geschnitten, für alle Modellgrößen Endleisten (aus Balsabrettchen gefertigt) Beplankungen von Kastenrümpfen	Gebogene Teile aus Balsabrettchen Rohrrümpfe
Sehnenschnitt (Fladerschnitt)	Beplankung von Flügeln, Rippen, Nasenleisten Rohrrümpfe Beplankung von runden Rümpfen	

Schnittart	Verwendung
Randschnitte	Können allgemein verwendet werden, man hat sie aber sorgfältig für den jeweiligen Verwendungszweck zu wählen, da die Eigenschaften zwischen Quarter Grain und Sehnenschnitt schwanken.

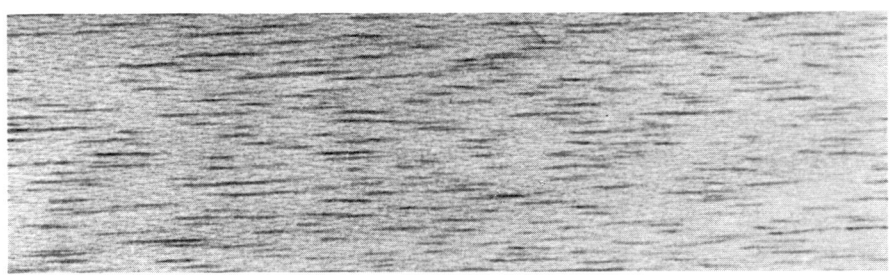

Abb. 19 a: Balsabrett im Spiegelschnitt
Abb. 19 b: Balsabrett im Sehnenschnitt
Abb. 19 c: Randschnitt

Neben dem Balsaholz wird noch immer Sperrholz verwendet. Dieser Werkstoff beherrschte lange Zeit (zusammen mit Kiefernleisten) fast den gesamten Flugmodellbau. Betrachtet man eine Sperrholzplatte etwas näher, stellt man fest, daß sie aus vielen einzelnen Schichten besteht, die zusammengeleimt sind. Immer kommt eine ungerade Zahl zustande: drei, fünf, sieben oder auch neun. Die äußeren Schichten laufen dabei in gleicher Richtung, das ist die sehr wichtige Faserrichtung des Sperrholzes. Die Zwischenschichten dagegen liegen quer oder unter einem beliebigen anderen Winkel zu den Außen- oder Deckschichten. Der Fachmann sagt: die Furniere sind gegeneinander abgesperrt. Dadurch ist die Verzugsgefahr stark herabgesetzt (Abb. 20). Die Dicken von Sperrholz betragen: 0,4; 0,8; 1,0; 1,2; 1,5; 2,0; 2,5; 3,0; 4,0 und 5,0 mm, soweit sie für den Flugmodellbau in Frage kommen. Bis 1,0 oder auch 1,5 mm sind allgemein drei Schichten vorhanden, darüber fünf oder sieben. Es gibt aber auch schon Sperrholz von 1,5 mm, das aus fünf Schichten besteht.

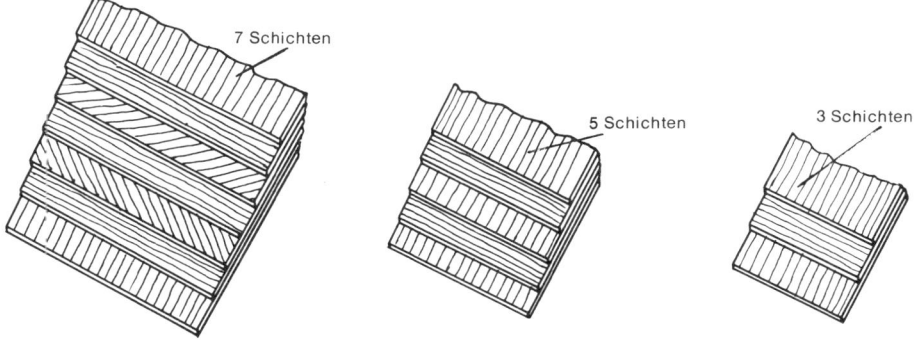

Abb. 20: Sperrholz

Das Flugmodellsperrholz ist meist aus Birke hergestellt. Diese Holzart besitzt eine ganz gleichmäßige Struktur und läßt sich demzufolge gut in feinsten Furnieren vom Stamm abschälen. Man muß ja bedenken, daß für Holz von 0,8 mm Dicke schon drei Schichten notwendig sind, die jede knapp 0,3 mm betragen, das ist kaum mehr als dickes Papier! Für Dicken über 3 mm werden auch viele andere Holzarten für die Sperrholzherstellung geschält, beispielsweise Buche oder Kiefer. Nimmt man eine kleine Sperrholzplatte von 1 mm in die Hand und biegt sie, so stellt man schnell fest, daß sie sich längs der Faserrichtung schlecht, dagegen quer zur Faserrichtung recht gut bewegen läßt. Diesen Umstand gilt es bei der Modellherstellung zu beachten; deshalb ist bei Bauplänen, vor allem für Anfänger, die Faserrichtung auf den entsprechenden Bauteilen angegeben.

Das Sperrholz ist nicht ganz leicht. Seine Rohdichte liegt bei 0,8 bis 0,9, das heißt, 1 cm³ Sperrholz wiegt etwa 0,8 bis 0,9 g, oder, wenn wir es mit unserem Balsabrettchen vergleichen: es wiegt etwa 8- bis 9mal soviel wie weiches Balsaholz. Damit nun das Gewicht der Sperrholzteile im Flugmodell nicht zu hoch wird, werden beispielsweise Rumpf-Spanten mit Erleichterungsaussparungen versehen.

Von gewisser Bedeutung ist nach wie vor auch Kiefer, und zwar in Form von Leisten. Kiefer hat ein sehr günstiges Verhältnis von Gewicht zu Festigkeit und Elastizität. Der Grund, daß in neuerer Zeit dennoch vorwiegend Balsaholz für die Modellherstellung benutzt wird, ist nicht so sehr in einer verbesserten Leichtbauweise zu suchen (das läßt sich bei einigem Geschick auch in Kiefer / Sperrholz erreichen), sondern vor allen Dingen wegen der schnelleren Herstellungsweise und den größeren Möglichkeiten für eine modellgerechte Gestaltung.

Fehlt es allerdings an Raum für die Unterbringung der notwendigerweise dickeren Balsaholzquerschnitte, so greift man gern auf Kiefer zurück. Vor allem für Holme bei weitausladenden Spannweiten sind Kiefernleisten wegen der höheren Festigkeit sehr beliebt. Dagegen lassen sich mit Kiefernleisten kaum schöne Nasenrundungen erreichen. Deshalb verfährt man oft so, daß man die Nasen- und Endleisten aus Balsa herstellt, weil sie mehr Formzwecken dienen, die Hauptholme aber aus Kiefer oder Fichte.

Die Abb. 21 zeigt eine Reihe solcher Möglichkeiten. Hier wird auch verdeutlicht, daß sich durch Beplankung der oberen Flügelvorderkante oder der gesamten Flügeloberseite eine beträchtliche Zunahme an Festigkeit und vor allem auch Verzugsfreiheit erreichen läßt. Das ist aber nur bei dem leichten Balsa praktikabel. Würde man dazu Sperrholz benutzen, käme allgemein ein zu hohes Gewicht zustande.

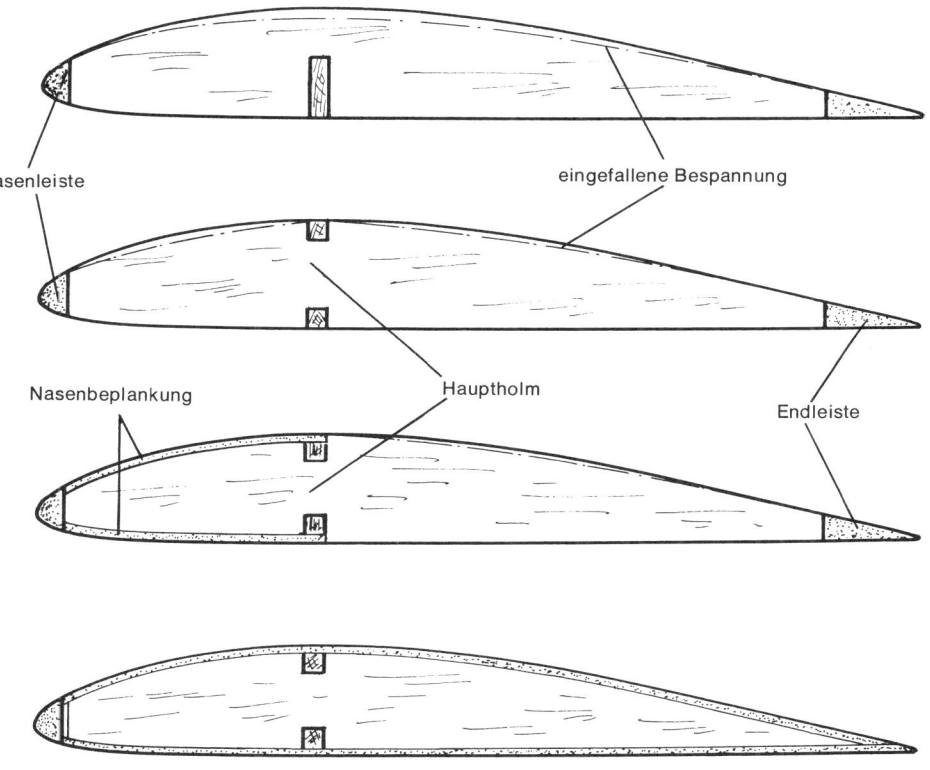

Nasenleiste

eingefallene Bespannung

Nasenbeplankung

Hauptholm

Endleiste

Flügel in Vollschalenbauweise

Abb. 21: Darstellung der Anordnungen von Flügelholmen, Nasen- und Endleisten an Flügeln.

Hartholz

Obwohl sie ziemlich schwer sind, werden auch Harthölzer im Flugmodellbau benutzt, und zwar da, wo ganz besondere Anforderungen an die Festigkeit gestellt werden, z. B. für die Motorträger von Motorflugmodellen, für Befestigungsknebel der Tragflächen, für Fahrwerkwiderlager u. ä. Als Hartholz wird hauptsächlich Buchenholz genommen.

Stahldraht

Ein relativ weites Verwendungsgebiet nimmt auch der Stahldraht ein. Man sollte hier aber wohl besser von Federstahldraht sprechen. Für den Flugmodellbau kommt nur diese mit besonderer Festigkeit und Elastizität versehene Qualität in Frage. So sind beispielsweise auch die Steuerleinen von Fesselflugmodellen aus Stahldraht von 0,3 bis 0,4 mm Durchmesser. Bei den ferngelenkten Segelflugmodellen dienen 4 bis 5 mm dicke Stahldrähte dazu, um die beiden Tragflügel miteinander zu verbinden und bei den ferngelenkten Motorflugmodellen sind die Fahrwerkstreben durchweg aus 4 oder 5 mm dickem Stahldraht gebogen. Oft gibt es diese Fahrwerkbeine auch fertig gebogen zu kaufen. Dies ist besonders bei den etwas komplizierteren Bugfahrwerken der Fall.

Bespannung

Das Flügelgerippe muß ebenso wie das Höhen- und Seitenleitwerk bespannt werden, wenn sie ihre Funktion erfüllen sollen. Bei kleineren Modellen bestehen die Leitwerke allerdings oft aus massiven Balsabrettchen, so daß an sich eine Bespannung entfallen könnte; dennoch ist sie auch hier vorteilhaft. Aber nicht jedes Papier eignet sich dafür, denn die Bespannung soll glatt sein, damit kein unnötiger Luftwiderstand entsteht; auch muß es reißfest und leicht sein.

Am besten bewährt hat sich im Verlauf vieler Jahrzehnte ein faseriges Papier, das in Japan hergestellt wird und unter der Bezeichnung »Japanpapier« im Handel ist. Hier gibt es viele Stärken und Farben. Die Stärke (Dicke) wird auf dem Umweg über das Gewicht pro Quadratmeter ausgedrückt. Heißt es: Papier von 21 g Stärke, so ist gemeint, daß 1 m² 21 g wiegt. »Japico Modelspan« – Bespannpapier wird in Bogengrößen von 76 cm × 51 cm hergestellt. Für Motorflugmodelle kommt nur das 21 g-Papier in Betracht. Daneben gibt es noch das besonders langfaserige und zähe echte Japanpapier. Hier ist die Bogengröße 76 cm × 53 cm und das Gewicht 30 g/m².

Lack

Eine sehr wichtige Sache ist die Lackbehandlung als »Finish« des Modells, der berühmte ›letzte Schliff‹. Hierfür werden zunächst Nitrolacke auf Nitrocellulosebasis verwendet. Zum Imprägnieren des Balsaholzes beispielsweise Nitroeinlaßgrund, der auch als Schnellgrund oder als Porenfüller bekannt ist. Zum Imprägnieren und Straffen der Bespannung Spannlack, hin und wieder auch als Cellonlack bezeichnet. Anschließend an diesen Grundierungslacküberzug wird ein farbiger Lack aufgebracht, entweder mit einem weichen Pinsel aufgestrichen oder mit einer Spritzpistole aufgespritzt.

Weitere Materialien

Unentbehrlich sind im Flugmodellbau Gummiringe. Man verwendet sie allgemein, um die Bauteile wie Flügel, Leitwerk und Fahrwerk zu befestigen oder auch Klappen (bei Fernsteuermodellen) zu verschließen. Für Motorflugmodelle müssen sie natürlich kraftstoffest sein. Bei Gummimotormodellen stellen Gummifäden die Energiequelle dar, um derartige Konstruktionen auf beachtliche Höhen im Kraftflug zu bringen. Außer für Kabinen wird Zelluloid gern für Verstärkungen benutzt. Es wird unter der Einwirkung von Hartkleber weich, legt sich gut an und ergibt nach dem Austrocknen des Leims eine gute Versteifung. Nicht vergessen werden sollte auch Blei, das für die Trimmung allgemein gebräuchlich ist, weil es sich gut eingießen läßt oder zu kleinen Stücken zerschnitten werden kann. Auch gibt es Bleikugeln zu kaufen, die man mit Wachs eingießen kann.

Seit einiger Zeit kommen in immer größerem Maße Kunststoffe auch im Flugmodellbau zum Einsatz. Viele Baukästen enthalten wesentliche Teile wie Rümpfe, Tragflügel und Verkleidungen, die fast gebrauchsfertig aus Kunststoffen hergestellt sind. Auch flugfertige Fesselmodelle ganz aus Kunststoff sind auf dem Markt. Sicher wird diese Entwicklung weiter andauern. Grundsätzlich lassen sich auch Kunststoffe kleben, jedoch nicht mit jedem Kleber. Daher Bauanleitung beachten!

Klebstoffe

Kleben wird mehr und mehr zu einer überlegenen Verbindungsform in Technik, Haushalt und Industrie. Jahrelange Versuche ermöglichen immer wieder leistungsstärkere und in der Handhabung vereinfachte Produkte – Produkte, die in vielen Verbindungsbereichen herkömmliche Verbindungsarten wie Löten, Schweißen, Schrauben, Nieten oder Nageln abgelöst haben. So werden im modernen Flugzeugbau bereits 40% aller Materialverbindungen geklebt, weil Klebungen extrem hohen Materialbelastungen (wie Schwingungen) besser standhalten als andere Verbindungstechniken – und im Flugmodellbau können wir annehmen, daß bis zu 100%, mindestens aber doch 95%, die Teile miteinander verklebt werden.

Aber auch für große Konstruktionen, die stärkeren Temperaturschwankungen, Schwingungen und Gewichtsbelastungen ausgesetzt sind, wird immer öfter Klebstoff als Verbindungsmittel eingesetzt, sogar beim Brückenbau. Die geklebten Verbindungen erreichen Festigkeiten, die mit Nieten, Schrauben, Nageln oder Löten durchaus konkurrieren können, vorausgesetzt, die Konstruktion läßt eine Verklebung zu.

Geklebte Bauteile werden nicht durch Bohrungen geschwächt, wie es beim Schrauben, Nageln und Nieten zwangsläufig passiert. Klebverbindungen nehmen Belastungen gleichmäßig über die ganze Fläche verteilt auf und vermeiden so extreme Spannungen. Klebverbindungen sind sauber und praktisch fugenlos. Sie erfordern keine Nachbearbeitung.

Jeder, der heute Modellflugzeuge oder Modellschiffe baut, jeder, der einmal eine Reparatur durchführt, kann die Vorteile der modernen Klebetechnik nutzen. Die großen Hersteller von Klebstoffen bieten ein umfangreiches Programm, das fast jedes Klebproblem löst (siehe Tabelle am Ende dieses Kapitels).

Eine Klebung ist eine feste Verbindung von Teilen durch eine Klebstoffschicht. Der Kleber härtet durch Trocknen oder chemische Reaktionen aus und hält dadurch die Materialien zusammen. Zwei Faktoren beeinflussen die Haltbarkeit einer Klebung:

Einmal die Haftung des Klebers an den zu verbindenden Flächen (Adhäsion). Eine hohe Adhäsion wird dann erreicht, wenn zwischen der Oberfläche des Werkteiles und dem Klebstoff ein enger Kontakt entsteht. Das ist nur möglich, wenn sich zwischen Klebstoff und Werkteil keine Fremdstoffe befinden. Die Klebfläche muß deshalb sauber, fett- und staubfrei sein. Die Adhäsion kann durch Anrauhen der Materialoberfläche mit Schleifpapier verbessert werden, weil dadurch das Werkstück von Fremdstoffen gesäubert wird.

Der zweite Faktor ist der Zusammenhalt der Klebstoffteile (Moleküle) untereinander (Kohäsion).

Die Kohäsion ist abhängig von der Qualität des Klebstoffes. Je besser der Klebstoff, desto besser die Kohäsion.

Beim Kleben selbst kann die Kohäsion optimal genutzt werden, wenn der Klebstoff gleichmäßig und nicht unnötig dick aufgetragen wird. Für die Klebepraxis sind drei Punkte besonders wichtig:
1. Die günstige Gestaltung der Klebestelle nach Form und Größe.
2. Die richtige Vorbereitung der Klebflächen (Entfetten mit Lösungsmittel und Anrauhen).
3. Die Wahl des am besten geeigneten Klebers.

Lösungsmittel-Kleber mit Kontakteigenschaften

Zu dieser Gruppe von Klebern zählen u. a. Greenit, Pattex und Pattex compact, sowie als Spezialkleber UHU por. Sie dienen sowohl für die Verklebung von Gummi und Leder als auch von Holz, Kunststoffen und anderen Materialien. Ihr großer Vorteil den anderen Klebern gegenüber besteht darin, daß die Klebestelle sofort eine ziemliche Festigkeit hat. Meist sind sie auf der Basis von Polychloropren (einem Kunstkautschuk) aufgebaut. Wichtig für eine einwandfreie und haltbare Verklebung ist, daß beide Klebeflächen eingestrichen werden und das Lösungsmittel etwa 5 bis 10 Minuten Zeit hat, vor dem Zusammenfügen zu verfliegen. Aber auch der Druck auf die zusammengefügten Klebestellen spielt eine große Rolle für die spätere Festigkeit.
Im Modellbau werden Kontaktkleber überall dort eingesetzt, wo größere Flächen zu verkleben sind, wie dies beispielsweise beim Aufziehen einer Flügelnase der Fall ist. Leider lösen die meisten Kontaktkleber Styropor an, so daß zum Styroporkleben Spezial-Kontaktkleber wie z. B. UHU por verwendet werden müssen.
Nicht geeignet sind Kontaktkleber zum Verkleben von den Rippen mit den Holmen oder von den Rumpfspanten mit den Längsträgern und den Spanten mit der Rumpfbeplankung. Die Klebefläche muß immer groß sein, wenn sie haltbar sein soll.

Lösungsmittel-Kleber ohne Kontakteigenschaften

Lösungsmittel bestehen aus Kunstharzen bzw. Kunstkautschuken, die in Lösungsmitteln verflüssigt sind. Durch Verdunstung des Lösungsmittels verfestigt sich der Klebstoff-Film. Das Lösungsmittel muß also durch das Material oder die Klebefuge entweichen können. Dies gelingt bei durchlässigen Werkstoffen wie Holz, Papier, Pappe und Leder. Dichte Werkstoffe wie Porzellan oder Hartkunststoff lassen sich mit Lösungsmittel-Klebern verkleben, wenn die Klebflächen schmal und langgestreckt sind, so daß das Lösungsmittel seitlich entweichen kann. Wenn nur einer der zu verklebenden Werkstoffe das Lösungsmittel durchläßt, ist eine zufriedenstellende Härtung sichergestellt. Viele Kunststoffe werden von Lösungsmittel-Klebern angegriffen oder gar aufgelöst (Styropor). Ein typischer Lösungsmittel-Kleber für den Modellbau ist der »Hartkleber« (z. B. Uhu hart).

Zwei-Komponenten-Kleber

Das Hauptanwendungsgebiet von Zwei-Komponenten-Klebern sind nicht poröse, feste Materialien wie Metall, Glas, Keramik und Hartkunststoffe. Diese Werkstoffe lassen Lösungsmittel nicht durch und können mit einem Lösungsmittel-Kleber schlecht verbunden werden. Deshalb muß ein durch chemische Reaktion härtender Kleber eingesetzt werden.
Zwei-Komponenten-Kleber bestehen aus Härter und Binder, die nach dem Zusammenmischen beider Komponenten verarbeitet werden und extrem hohen Belastungen (bis zu 300 kg/cm²) standhalten.

Wäßrige Kleber

Wäßrige Kleber bestehen aus feinsten Kunstharzteilchen, die in Wasser aufgeschwemmt sind. Sie haben eine milchweiße Farbe. Nach der Verdunstung des Wassers bilden die Kunstharzteilchen einen praktisch farblosen Klebefilm. Auch hier muß mindestens eines der zu verklebenden Teile porös sein, damit das Wasser verdunsten oder zwischen den Poren des Materials abwandern kann. Solche Kleber werden oft als Weißleime bezeichnet.

Kleber für den Flugmodellbau

Mit einem Hartkleber lassen sich folgende Materialien besonders gut kleben: Modellverglasungen aus Astralon, Plexiglas, Celluloseacetat und Celluloid, Balsaholz, alle Holzwerkstoffe und widerstandsfähige Kunststoffe wie Novodur und Terluran (ABS).

Die zu verklebenden Flächen und Teile müssen trocken, fett- und staubfrei sein. Das beste Klebe-Ergebnis erzielt man, wenn die Teile zunächst dünn mit dem Hartkleber bestrichen werden, der Kleber 1 bis 2 Minuten antrocknet und erst nachdem eine der beiden Flächen nochmals dünn eingestrichen wurde, die Teile zusammengefügt werden.

Der Hartkleber trocknet ungewöhnlich schnell und ermöglicht dadurch ein zügiges Weiterarbeiten. Derartige Klebungen sind wasser- und wetterfest, beständig gegen Benzin, Öle, Fette, Modellkraftstoff, verdünnte Säuren und Laugen. Zum Fleckenentfernen von Klebstoffresten eignen sich Spezial-Löser oder Aceton.

Nachfolgend noch einige Tips und Kniffe beim Umgang mit diesem Hartkleber:

Ein Riß in der Bespannung eines Flugmodells läßt sich schnell und sicher schließen, gleichgültig ob es sich um eine Papier- oder Seiden-Bespannung handelt. Man überbrückt den Riß zunächst stellenweise mit einem Hartkleber, wartet einen Moment bis er angezogen hat, und drückt dann einen dickeren Strang über die ganze Länge des Risses. Die kleinen Stege verhindern, daß der Strang in das Loch tropft. Nun streicht man den Kleber mit dem Finger glatt: Der Riß ist geschlossen. Wenn man die Stelle danach mit etwas Lack betupft, wird die Reparatur kaum noch zu sehen sein.

Modellkraftstoff- und Öl-Rückstände können dem Holz im Motorraum von Flug- und Schiffsmodellen nichts mehr anhaben, wenn das Holz dünn mit dem Hartkleber überzogen wird. Mit einem kraftstoffesten Lackanstrich geht es natürlich auch!

Der Hartkleber heißt übrigens nicht nur so, er macht auch weiches Holz hart. Verschleißanfällige Teile wie Rundbogen aus Balsa und Landekufen halten – mit Hartkleber eingestrichen – sehr viel länger.

Ir die Verbindungsecken von Spanten und Rippen mit den Holmen und Gurten sollte man kleine Klebstoffschlangen aus Hartkleber geben. Die schmalen Stoßflächen brauchen dann nicht geklebt zu werden (Abb. 22).

Der Klebstoff stützt winkelige Eckverbindungen, die besonders belastet werden, durch mehrmaligen zusätzlichen Klebstoffauftrag.

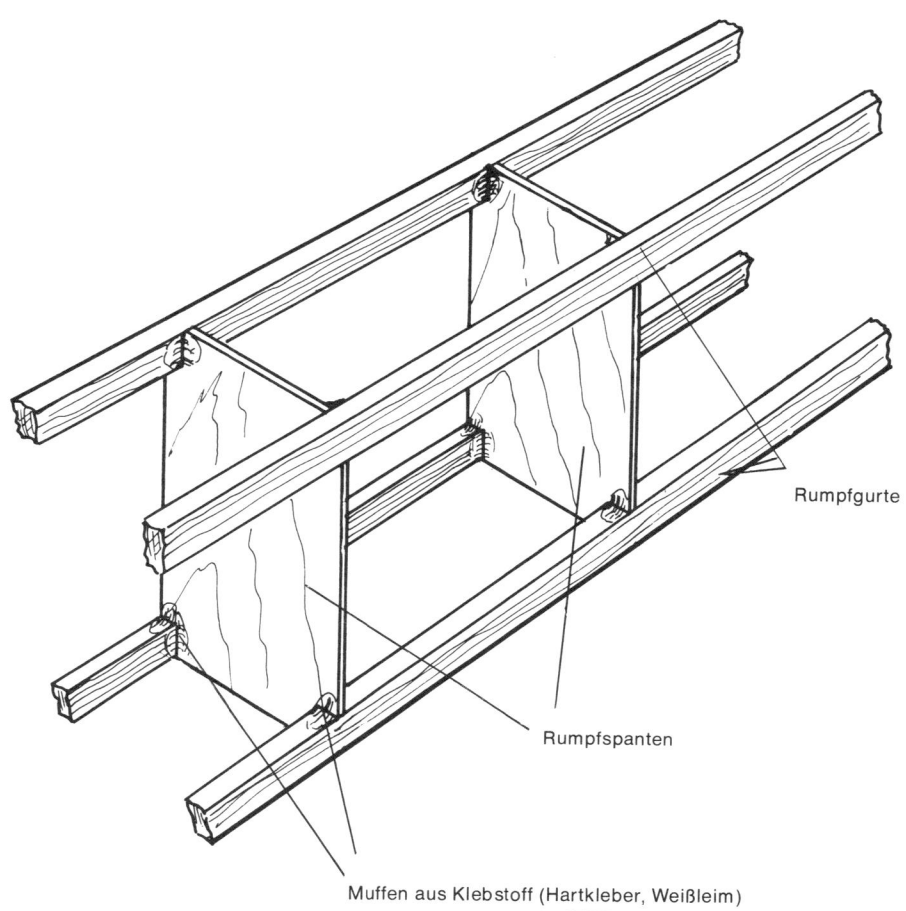

Rumpfgurte

Rumpfspanten

Muffen aus Klebstoff (Hartkleber, Weißleim)

Abb. 22: In die Verbindungsecken von Spanten und Rippen mit den Holmen und Gurten sollte man kleine Klebstoffschlangen aus Hartkleber geben

Von ebenso großer Bedeutung ist im Flugmodellbau aber auch der Weißleim. Die Weißleime sind ideal für alle Holzarbeiten. Sie kleben Hölzer und alle Holzwerkstoffe wie Span- und Hartfaser-Platten, Preßpappe, Karton, Papier, aber auch Polysterolschaum (Styropor), während Hartkleber im allgemeinen Styropor auflöst.

Die zu verklebenden Flächen und Teile müssen trocken, staub- und fettfrei sein. Bei Harthölzern genügt es, den Leim einseitig aufzutragen, bei stark saugenden Hölzern (Weichholz, z. B. Balsa, Hirnholz, sägerauhe Kanten) beide Teile dünn einstreichen. Bei großflächigen Verklebungen sollten wir zum Verstreichen des Leimes einen Pinsel oder einen Spachtel zu Hilfe nehmen. Der Normalverbrauch liegt bei etwa 150 bis 200 g/m². Diese Angabe ist wichtig für das Verleimen von Balsa-Deckschichten auf einen Styropor-Kern. Die Teile müssen nach dem Zusammenfügen auf jeden Fall gepreßt werden. Die Mindest-Verarbeitungstemperatur von +18°C sollte nicht unterschritten werden, sonst bindet der Leim nicht ab.

In der Regel genügt es, die Teile eine halbe Stunde in der Presse zu lassen. Der Leim ist dann trocken. Die Endfestigkeit von 60 bis 100 kg/cm² stellt sich jedoch erst nach etwa 24 Stunden ein.

Für Metalle und Hartmaterialien, vor allem aber für die modernen Kunststoffrümpfe, verwenden die Modellflieger gern Zwei-Komponenten-Kleber. Damit klebt man untrennbar Metalle, aber auch Glas, Porzellan, Keramik, Marmor, Stein, Beton, Holz und Holzwerkstoffe, gehärtete Kunststoffe (Duroplaste wie Bakelit), die meisten Hartschaumstoffe (Styropor), glasfaserverstärkte Kunststoffe, Hart-PVC und Gummi.

Bei der Verarbeitung der Zwei-Komponenten-Kleber geht man wie folgt vor: Zunächst werden zwei gleich lange Stränge aus den beiden Tuben in eine Mischwanne gedrückt und die Mischung solange gerührt, bis sie eine gleichmäßige Färbung erhält. Die vorbereiteten Klebstellen werden sodann mit der Mischung dünn eingestrichen und zusammengefügt. Ein Preßdruck ist nicht erforderlich! Wir sollten lediglich die Teile mit einem Klebefilm gegen mögliche Verschiebungen sichern.

Die ausreichend lange Verarbeitungszeit (Topfzeit) der Zwei-Komponenten-Kleber von etwa einer Stunde erlaubt ein exaktes Ausrichten der Teile und ermöglicht es außerdem, umfangreiche Klebarbeiten mit einer einzigen Klebstoffmischung durchzuführen.

Nach dem Kleben sollte man die Hände sofort reinigen; es genügen Wasser und Seife.

Und noch etwas: Wenn man eine besonders hohe Endfestigkeit schnell bekommen will, kann man das durch zusätzliche Wärmeeinwirkung erreichen. Bei hochbeanspruchten Teilen wie Zahnrädern, empfiehlt es sich, auf jeden Fall die Teile im Backofen auszuhärten. Wie stark sich die Wärmehärtung auf Härtungsdauer und Festigkeit auswirkt, zeigen folgende Zahlen:

Bei einer Härtungstemperatur von 22°C beträgt die Härtungsdauer 20 Stunden und die erreichbare Endfestigkeit 100 bis 120 kg/cm². Bei einer Härtungstemperatur von 100° bis 180°C muß man nur noch mit einer Härtungsdauer von

5 Minuten rechnen, wobei die erreichbare Endfestigkeit 300 kg/cm² beträgt. Wir müssen aber darauf achten, daß die Härtungstemperatur langfristig 180°C nicht überschreiten darf. Temperaturen über 200°C führen zur Zersetzung des Klebers.

Beim Umgang mit einem Zwei-Komponenten-Kleber muß man darauf achten, daß die Temperatur der zu verklebenden Teile nicht unter 20°C liegt. Sind die Teile kälter, verlängert sich die Härtezeit und die Endfestigkeit nimmt ab. Wenn man also im Freien oder in kühlen Räumen arbeitet, ist es notwendig, die Teile im Backofen oder – wenn dies nicht möglich ist – durch einen Heiz-Lüfter oder Infrarot-Strahler nach der Klebung zu erwärmen.

Geklebte Teile lassen sich durch starkes Erwärmen über 200°C wieder trennen. Letzte Klebreste werden dann durch Abschaben und Nachwaschen mit Spezial-Löser oder Methylenchlorid entfernt.

Für besonders schnelle Klebungen gibt es neuerlich auch Zwei-Komponenten-Kleber, deren Aushärtungszeit – allerdings auch die Topfzeit – sehr viel kürzer ist. Einer dieser Zwei-Komponenten-Kleber ist UHU-plus schnellfest. Er ist 8 Minuten lang zu verarbeiten, bis zu 15 Minuten lang nachregulierbar und dann bereits selbsttragend. Dieser Zwei-Komponenten-Kleber klebt alle die unter UHU-plus endfest 300 aufgeführten Materialien. Auch die Verarbeitungsweise ist die gleiche. Bei Raumtemperatur erreicht UHU-plus schnellfest nach 8 bis 10 Stunden eine maximale Endfestigkeit von 150 kg/cm². Diese Werte können durch Wärmeeinwirkung verbessert werden. Besonders gute Erfahrungen haben die Modellflieger auch mit technikoll-Blitz und Stabilit express, letzteren allerdings nicht bei Holzverklebungen, gemacht.

Klebstoff-Diagramm

Wenn man wissen will, mit welchem Klebstoff oder Leim Balsaholz mit Styropor am besten zu verkleben ist, so folgt man den beiden Spalten »Balsaholz« und »Styropor«. Im Schnittpunkt finden wir die Zahlen 5 und 7. 5 ist die Kennziffer für UHU coll und Ponal, 7 die Kennziffer für UHU por und technikoll. Styropor ist die Markenbezeichnung der BASF für einen Polystyrolschaum.

ABS ist ein Kunststoff (Acrylnitrilbutadienstyrol). Plexiglas ist ein Polyacrylat. Rohazell und Contizell sind Kunstharzschaumstoffe ähnlich Styropor. GFK Polyester bedeutet glasfaserverstärktes Polyesterharz. GFK Epoxidharz bedeutet glasfaserverstärktes Epoxidharz. Celluloid ist Cellulosenitrat. Astralon ist eine Markenbezeichnung für ein Vinyl-Mischpolymerisat. Glasfaserverstärktes Polyesterharz und glasfaserverstärktes Expoxidharz werden vor allem für die Rumpfherstellung benötigt.

	Balsaholz	Sperrholz Kiefernleisten	Styropor-Tragflügel- und Leitwerkskerne	Rohazell-Tragflügel- und Leitwerkskerne	GfK Epoxyd bzw. Polyester (Rümpfe u. a.)	Terluran (ABS) Rümpfe, Motorverkleidungen, Rippen, Scharniere u. a.	Polyamid (Nylon)-Scharniere	Astralon-Zelluloid-Hauben u. a.	Metalle	Papierbespannung	Seiden-Bespannung
Seiden-Bespannung	12 / 1	12 / 1	5	5	X	X	X	X	X	1	
Papierbespannung	10 / 1	10	5	5	X	X	X	X	10 / 1		
Metalle	3	3	3	3	3	3	3	3	3		
Astralon-Zelluloid-Hauben u. a.	2	2	X	X	3	2	X	2			
Polyamid (Nylon) – Scharniere u. a.	3+ / 8+	3+ / 8+	3+ / 8+	3+ / 8+	3+ / 8+	3+ / 8+	3+ / 8+				
Terluran (ABS) Rümpfe, Motorverkleidungen, Rippen, Scharniere u. a.	2	2	3+	2	3+	2					
GfK Epoxyd bzw. Polyester (Rümpfe u. a.)	3	3	3	3	3						
Rohazell-Tragflügel- und Leitwerkskerne	4 / 5	4 / 5	X	X							
Styropor-Tragflügel- und Leitwerkskerne	5 / 7	5 / 7	5 / 7								
Sperrholz Kiefernleisten	2,3 / 4,5	2,3 / 4,5									
Balsaholz	2,3 / 4,5										

1 = Pritt Allesklebe-Creme
Pritt Alleskleber
technikoll-V
UHU-Alleskleber

2 = Stabilit DUR
UHU hart

3 = Stabilit ULTRA
technikoll-B
technikoll-M
UHU endfest 300
UHU schnellfest

4 = Greenit
Pattex
Pattex compact

5 = Ponal
Pritt Allesklebe-Creme
technikoll-L
UHU coll

6 = technikoll-P
UHU plast

7 = UHU por
technikoll-V

8 = Stabilit express

9 = Stabilit rasant

10 = Methylan
Glutofix

11 = technikoll-S
(Sprühkleber)

12 = Spannlack

X = nicht üblich

+ = bedingt klebbar, vorher anrauhen und mit Aceton reinigen

Pritt, Ponal und Stabilit sind Klebstoffe der Firma Henkel & Cie.

technikoll-V, -B, -M, -L, -S sind Klebstoffe der Firma Beiersdorf AG

Greenit und UHU sind Klebstoffe der Firma Lingner + Fischer

Das Werkzeug

»Ein Mann, der recht zu wirken denkt, muß auf das beste Werkzeug halten.« So formulierte es einst Johann Wolfgang von Goethe vor rund 200 Jahren. Dieses Dichterwort sollte man beherzigen, denn ohne sachgerechtes Werkzeug wird kein vernünftiges Flugmodell zustande kommen. Umgekehrt muß aber auch davor gewarnt werden, wahllos teuere Dinge zu kaufen, die – zumindest anfangs – überhaupt nicht gebraucht werden.

Nachfolgend daher eine Aufstellung, was man zweckmäßigerweise anschaffen sollte, wenn es nicht schon vorhanden ist (Abb. 23):

- Eine Schere, die nicht zu klein sein darf und gut in der Hand liegt, so daß man auch beim Schneiden von Pappe oder Sperrholz keine Schmerzen an den Fingern verspürt. Für feinere Arbeiten sollte sie eine gut schneidende, scharfe Spitze aufweisen.
- Balsamesser mit Einsätzen, die in verschiedenen Formen zu kaufen sind.
- Balsahobel mit auswechselbaren starken Klingen.
- Drillbohrer mit einem Bohrersortiment; besser eine kleine Handbohrmaschine.
- Laubsäge mit einem Vorrat an Laubsägeblättern unterschiedlicher Zahnung. Dabei ist darauf zu achten, daß die Blätter auf »Zug« eingespannt werden, das heißt, wenn der Bogen nach unten oder zum Körper hin gezogen wird, müssen die Zähne schneiden. Spannt man auf »Stoß« ein, kann man nicht richtig sägen, weil das Werkstück immer von der Auflage abhebt!
- Einen mittelschweren Hammer (200 bis 300 g) und einen leichten Hammer (50 bis 100 g).
- 30 bis 50 Federwäscheklammern, am besten aus Holz. Es gibt solche, die speziell für Modellbauer gedacht sind; man erkennt sie an den gerade auslaufenden Vorderkanten. Zur Not kann man die üblichen Wäscheklammern vorn um 5 mm kürzen und erzielt so einen ähnlichen Effekt.
- Feilen in unterschiedlicher Größe und Feinheit der Zahnung sowie Querschnittsform (Flach, Vierkant, Halbrund, Dreikant, Rund).
- Sägetisch mit Schraubzwinge. Nur mit solch einem Anbau an den Werktisch

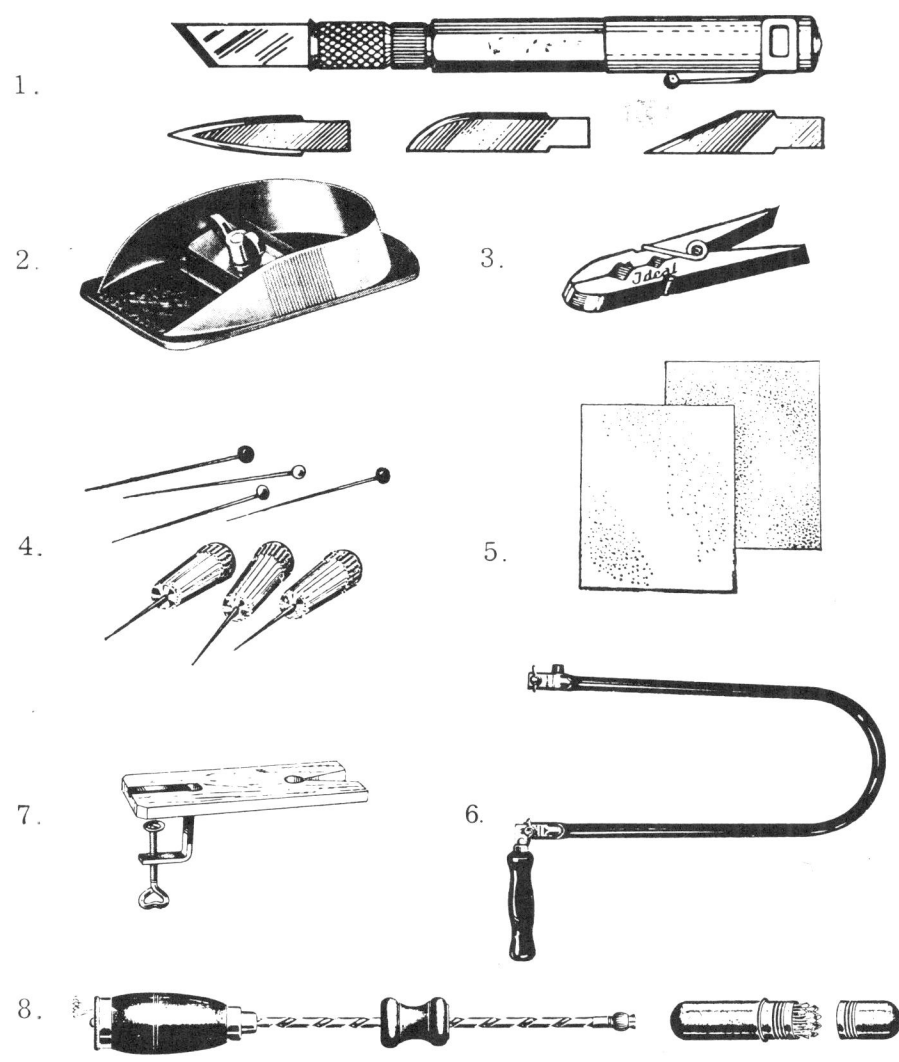

Abb. 23: Werkzeuge
1) Balsamesser mit auswechselbaren Klingen, 2) Balsahobel, 3) Feder-Wäsche-klammern, 4) Rundkopf-Stecknadeln, 5) Sandpapier für den Schleifklotz, 6) Laub-säge, 7) Laubsägetisch, 8) Drillbohrer.

kann man saubere Sägeschnitte ausführen und vermeidet Beschädigungen des Tisches.

– Sandpapierfeile. Diese kann man sich gut selber herstellen, indem auf ein kräftiges Brettchen (ungefähr 10 mm dick), das 50 mm breit und 250 mm lang ist, Sandpapier aufgeklebt wird, wobei man auf den zwei Seiten unterschiedliche Körnungen benutzt. Zweckmäßigerweise kann man aber das Sandpapier auch seitlich mit Reißzwecken festheften. Doch muß es sich dabei um einen Klotz von wenigstens 30 mm Dicke handeln. Auf diese Weise ist ein bequemes Wechseln des Schleifpapieres möglich, was ja recht häufig erforderlich wird.

– Eine Reißschiene von wenigstens 600 mm Länge, am besten aus Stahl, weil sich diese nicht verzieht. Man benötigt sie zum Ziehen langer und gerader Linien (zum Tapetenschneiden braucht man derartige Reißschienen).

– Winkeldreiecke mit 45° und 30°/60°-Winkeln (außer dem rechten Winkel).

– Stahlwinkel oder Stahllineal mit Maßeinteilung. An diesen Hilfsmitteln entlang kann man gut scharfe Schnittwerkzeuge führen, ohne daß diese wie bei Holz oder Kunststoff einhaken.

– »Zollstock«, aber natürlich mit Millimeter- und Zentimeter-Einteilung.

– Feine Haarpinsel unterschiedlicher Größe.

– Nägel in den Abmessungen von 20 bis 50 mm Länge. Hier kauft man sich je einige hundert Gramm und bewahrt sie getrennt in Gläsern auf; so sieht man immer gleich, welche Sorte man vor sich hat.

– Stecknadeln mit Glaskopf, etwa 100 Stück. Es gibt sie auf kleine Karten aufgezogen oder auch in Schachteln.

– Einige Pakete Gummiringe, wie sie für Verpackungszwecke üblich sind. Das Sortiment sollte zugleich noch unterschiedliche Farben aufweisen.

– Klebstoffe, Alleskleber, Hartkleber, Weißleim, Zwei-Komponenten-Kleber.

– Ein Hellingbrett von 20 mm Dicke, 300 mm Breite und mindestens 1000 mm Länge. Es ist wichtig, daß dieses Brett völlig eben ist, sonst werden die Modellbauteile von vornherein schief. Damit man Nägel gut einschlagen oder Stecknadeln ohne große Mühen mit der Hand einstechen kann, sollte die Oberfläche verhältnismäßig weich sein. Modellbauläden führen solche Hellingbretter in verschiedenen Abmessungen. Um die wichtige Verzugsfreiheit zu erreichen, handelt es sich meist um sogenannte Möbelbauplatten, auch als Tischlerplatten bezeichnet. Hier sind Holzleisten miteinander verleimt, die beiderseits dann eine Deckschicht aus dickem Furnier haben.

– Muß auch Stahldraht verarbeitet werden, schafft man sich noch folgendes an:
Kombizange, Seiten- oder Stirnschneider, Feinsägen, Schlüsselfeilen, Löt-

werkzeug (Kolben, Löt- und Flußmittel), Schraubenzieher und Metallsäge, je nach Modellart.

Abschließend noch ein wichtiger Hinweis:

Als Modellbauer verwendet man in der Werkstatt möglichst nur Bleistifte, man benutzt einen etwas härteren und einen weicheren. Kugelschreiber sind nicht immer vorteilhaft. Sie können Flecke ergeben, die ein Modell verunstalten. Ähnliches gilt für Blaupapier zum Durchpausen. Hier verwendet man ausschließlich Kohlepapier! Und einen Radiergummi, wenn mal etwas wieder wegzuradieren ist. Man sollte sich auch rund 50 Reißzwecken immer auf Vorrat halten. Ein durchsichtiger Kunststoffklebefilm (Tesafilm) sollte ebenfalls nicht fehlen.

Der Rumpf

Nachdem wir nun die wichtigsten Bezeichnungen eines ferngelenkten Motor-flugmodelles kennengelernt haben, wollen wir uns einmal ansehen, wie ein solches Modell aufgebaut wird. Beginnen wir mit dem Rumpf. Als typisch kann die sogenannte Kastenbauweise bezeichnet werden. Sie ist ganz auf die Verwendung von Balsaholz zugeschnitten und hat einen rechteckigen Quer-schnitt. Die Seitenwände und auch die obere und untere Rumpfbeplankung bestehen aus 2 bis 3 mm starken Balsabrettchen (Abb. 24). Zur Verstärkung werden in die Ecken längslaufende Balsaleisten (Gurte) von etwa 6 × 6 bis 8 × 8 mm eingeleimt. Oft sind diese Leisten auch dreiecksförmig. Eine zusätz-

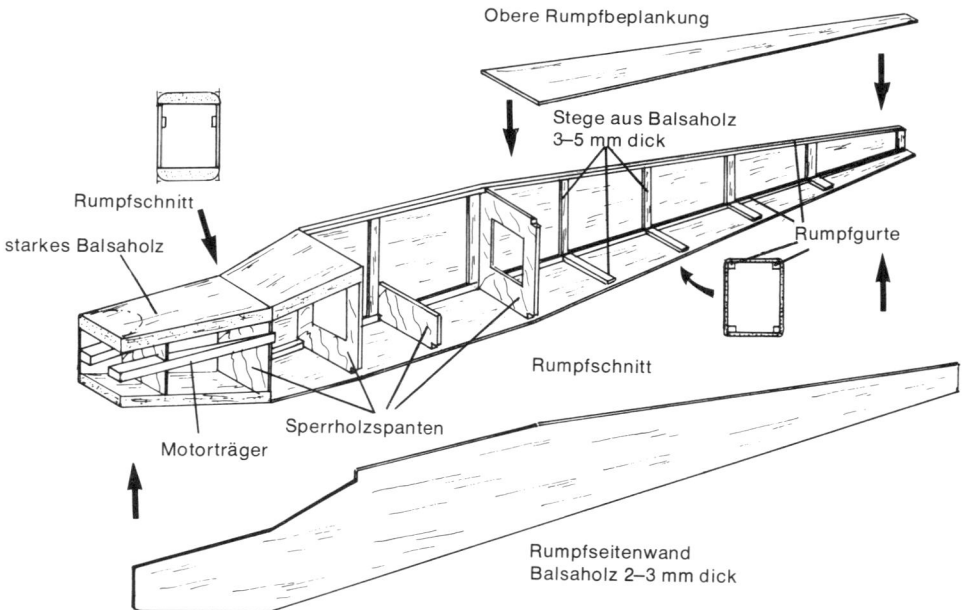

Abb. 24: Darstellung der Kastenbauweise eines Balsaholzrumpfes

liche Festigkeit bekommt der Rumpf durch Spanten und Stege. Die Spanten bestehen dabei aus 2 mm oder 1,5 mm Sperrholz und sind in der Mitte mit Erleichterungsaussparungen versehen. Der Kopfspant ist stärker, meist 3 mm, weil hier der Motor befestigt wird. Der Teil des Rumpfes, auf dem der Flügel befestigt wird, ist nicht beplankt. Bei einem Hochdecker wird nämlich unter dem Flügel die Fernlenkanlage eingebaut, bei einem Tiefdecker analog dazu oberhalb des Flügels. Da es sehr schwierig ist, mit Balsaholz ovale oder runde Rumpfquerschnitte herzustellen, standen im Laufe der letzten Jahre Rumpfkonstruktionen aus glasfaserverstärktem Kunststoff (GfK) im Vordergrund. GfK-Rümpfe werden unter Verwendung von ungesättigten Polyester-Harzen oder Epoxid-Harzen in Negativform hergestellt. Sie sind in vielen Formen und Größen im Handel erhältlich, so daß sich Eigenbau kaum noch lohnt. Der Vorteil der GfK-Rümpfe liegt in der Möglichkeit, elegante Formen herzustellen, die auch aerodynamisch besonders hochwertig sind. Nachteilig ist das höhere Gewicht und auch der höhere Preis. Ähnliches ist über Rümpfe die im Spritzgußverfahren aus ABS-Kunststoff hergestellt sind, zu sagen (Abb. 25).

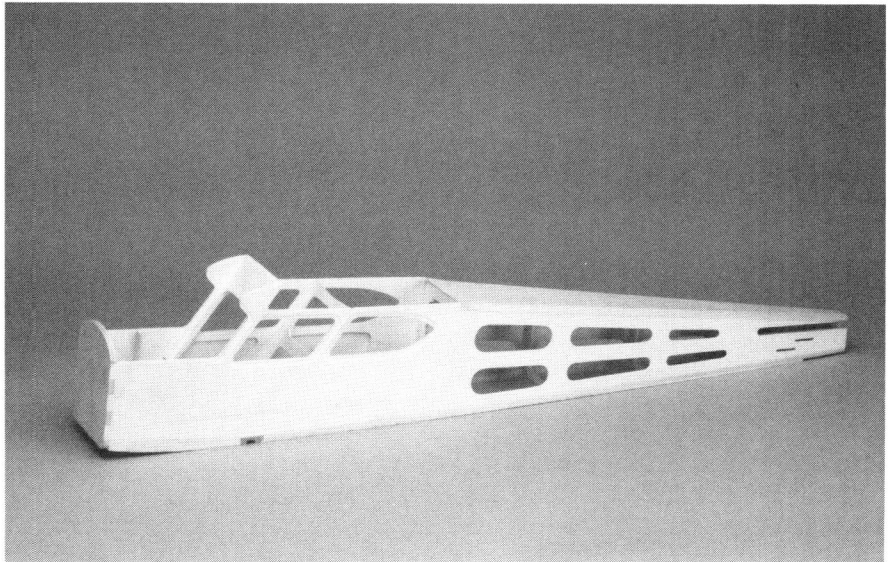

Abb. 25: Im Schnellbausystem eines Serienfabrikates ist oft bereits der fertig zusammengebaute Rumpf aus Sperrholz, Balsaholz und Kunststoffteilen enthalten.

Der Flügel

Die gebräuchlichste Art, bei ferngelenkten Motorflugmodellen den Flügel herzustellen, ist die Holm-Rippen-Bauweise, bei der der Flügel aus Balsaholzrippen aufgebaut wird (Abb. 26 a, b und c). An der Flügelvorderkante die Nasenleiste, an der Flügelhinterkante die Endleiste; zur Aufnahme der Biegekräfte zwei Holmgurte, die durch Holmstege verbunden werden und im Bereich des ersten Drittels der Flügeltiefe eine Beplankung an der Ober- und Unterseite, die sogenannte Nasenbeplankung. Meist ist die Nasenleiste aus einer 10 mm × 10 mm oder 10 mm × 15 mm starken Balsaholzleiste gefertigt und die Endleiste etwa 20 mm breit und entsprechend dem Flügelprofil dick. Sie ist natürlich keilförmig. Die Rippen bestehen aus 2 bis 3 mm dickem und mittelhartem Balsaholz, die Nasenbeplankung schließlich aus 1,5 bis 2 mm dickem Holz. Für die Flügelholme verwendet man in Deutschland häufig Kiefernleisten in der Stärke 3 mm × 8 mm oder 5 mm × 5 mm. Der Abstand der Rippen voneinander beträgt 40 bis 50 mm. Tragflügel für Motorflugmodelle sind nicht teilbar, sie werden daher in der Mitte zusammengeleimt. Dies ist möglich, weil ihre Spannweite meist nicht größer als 1,60 m ist, sie also auch in den Kofferraum eines Autos passen. Bei den größeren Spannweiten der Segelflugmodelle ist das nicht der Fall. Als Flügelprofile werden für Sportflugmodelle solche mit einer geraden Unterseite und einer Dicke von etwa 12 bis 15% bevorzugt. Das bedeutet, daß ein Flügel mit einer Tiefe von 220 mm Rippen hat, die 220 × 0,12 beziehungsweise 220 × 0,15 = 26,4 beziehungsweise 33 mm hoch sind. Kunstflug-Motorflugmodelle haben meist symmetrische Profile von 15 bis 18% Dicke. Der Bau eines Flügels mit einem symmetrischen Profil ist ein wenig schwieriger als der eines Flügels mit einem Profil, das eine gerade Unterseite hat, da man letzteren direkt auf dem Hellingbrett bauen kann. Den äußeren Abschluß eines Flügels bildet der sogenannte Randbogen, der oftmals aber gar kein Bogen ist, sondern aus einer eckigen Randrippe besteht.

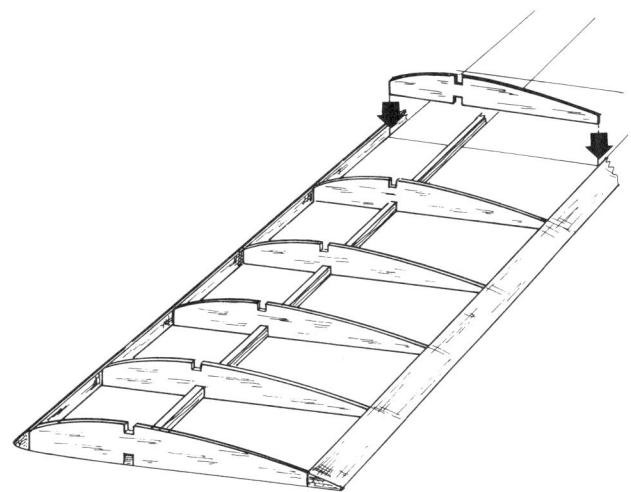

Abb. 26 a: Die Holmrippenbauweise, bestehend aus der Nasenleiste, dem Hauptholm, der wiederum aus den beiden Holmgurten und -stegen aufgebaut ist, der keilförmigen Endleiste, den Rippen und oft auch der Nasenbeplankung, hat sich bei den Motorflugmodellen bewährt

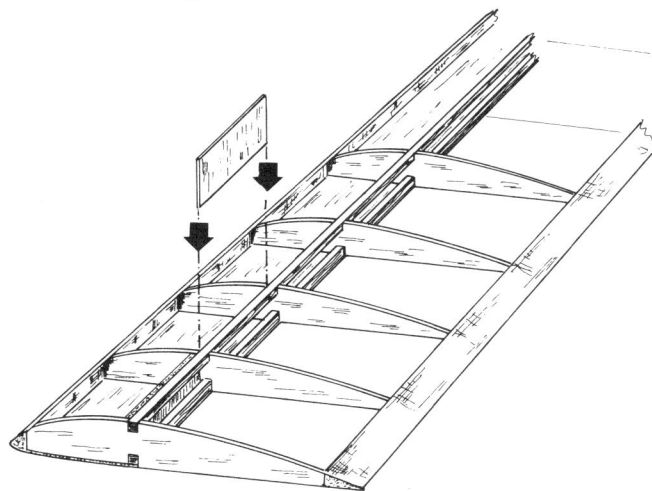

Abb. 26 b: Um ein Einknicken der Holmgurte (Kiefernleisten) zu verhindern, werden beide Leisten durch Stege aus 1-mm-Sperrholz oder 2-mm-Balsaholz verbunden. Nach Aufkleben der Nasenbeplankung entsteht dann eine sehr drehsteife (torsionssteife) Flügelkonstruktion

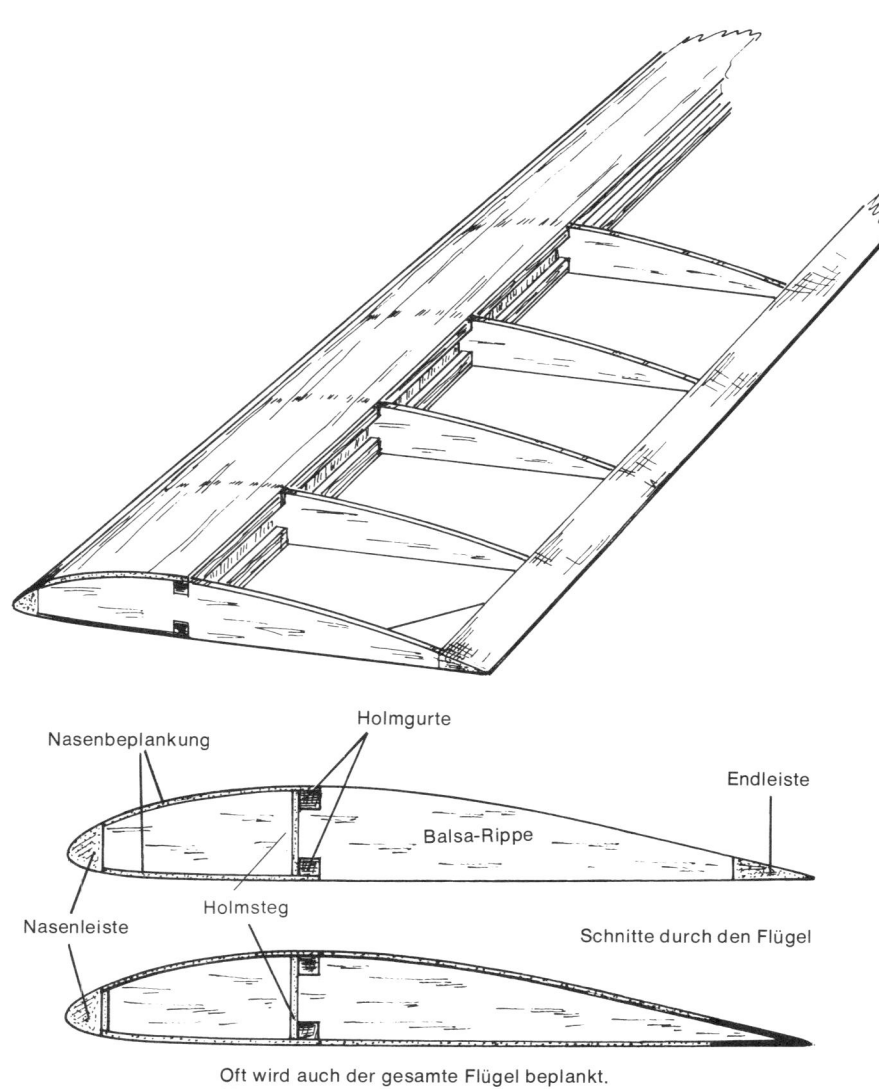

Nasenbeplankung

Holmgurte

Endleiste

Balsa-Rippe

Nasenleiste

Holmsteg

Schnitte durch den Flügel

Oft wird auch der gesamte Flügel beplankt.
Man nennt diese Bauweise „Vollschalenbauweise".

Abb. 26 c: Fertig aufgebauter Flügel mit Nasenbeplankung in der Holmrippenbauweise

Auch beim Bau des Flügels haben Kunststoffe in den letzten Jahren mehr und mehr an Bedeutung gewonnen, da sie oft vorteilhafte Bauverfahren möglich machen. Eine dieser Kunststoff-Bauweisen ist die sogenannte Sandwich-Bauweise (Abb. 27 b). Dieses Wort stammt aus dem Englischen und heißt in der Übersetzung etwa »Brötchen«. Bei der Sandwich-Bauweise wird ein weicher Kern mit zwei harten Deckschichten verbunden. Ein Flügel, in der Sandwich-Bauweise hergestellt, besteht dementsprechend aus einem weichen Styropor-Kern und zwei relativ harten Deckschichten aus 1 mm-Balsaholzbrettchen oder 0,8 bis 1 mm Abachifurnier. Die Deckschichten werden entweder mit einem Weißleim auf den Kern geklebt oder aber mit einem Epoxidharz-Kleber verklebt. Der Kern selbst wird mittels eines Heißdrahtes aus einer Styroporplatte herausgeschnitten. Zwei Musterrippen aus Sperrholz, Aluminium oder Kunststoff, an den beiden Enden dieser Platte befestigt, dienen als Schablonen und sorgen dafür, daß der Kern eine exakte Form erhält. Bei normalen Sportmodellen ist es oft nicht notwendig, besondere Längsträger, also Holme, einzubauen, da die Sandwich-Bauweise eine außerordentlich hohe Stabilität besitzt. Sowohl die Tragflügel in der Holm-Rippen-Bauweise wie auch die Tragflügel in der Sandwich-Bauweise werden zum Schluß mit Japanpapier, Japanseide oder auch mit einer Kunststoff-Folie bespannt. Verwendet man Japanpapier oder Japanseide, so ist es unerläßlich, daß die Bespannung mit einem Spannlack dreimal angestrichen wird. In dem Kapitel über die Bespannung wird auf die Bespanntechniken noch näher eingegangen.

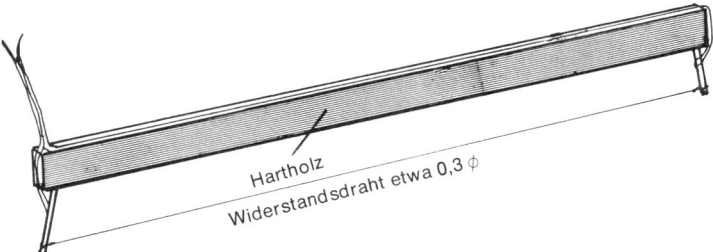

Abb. 27 a: »Styropor-Säge«

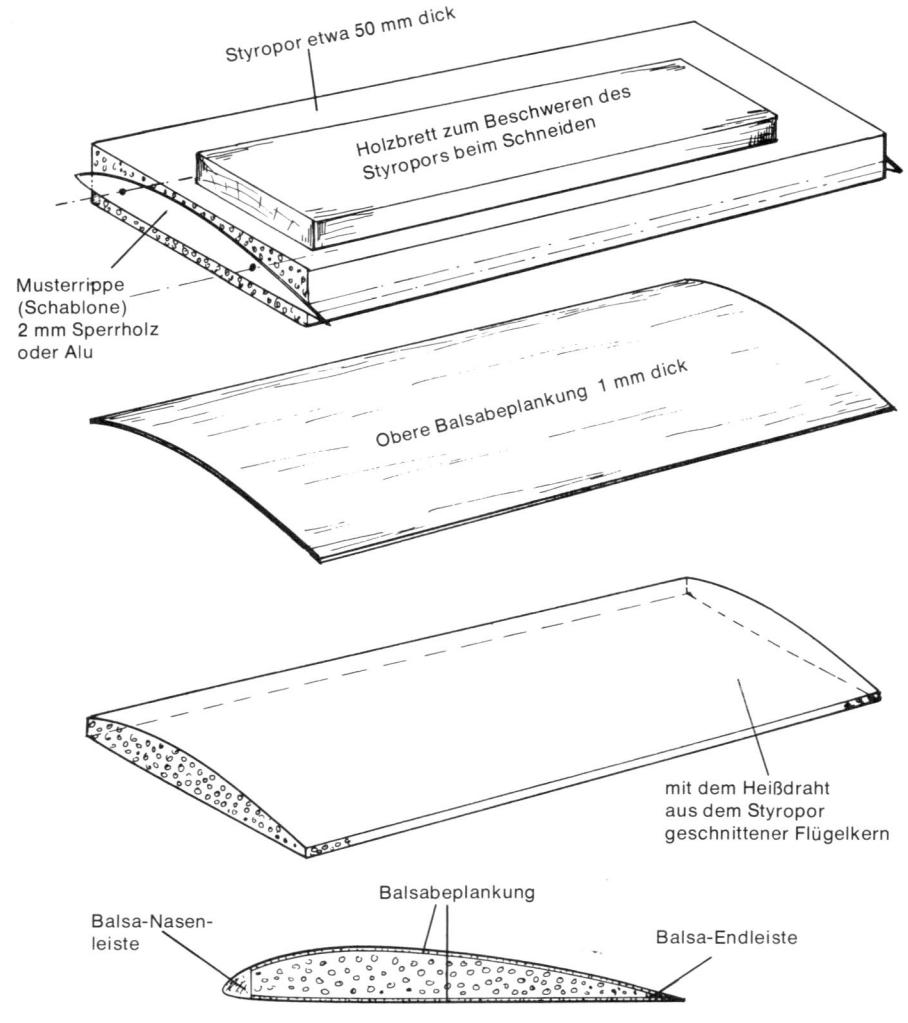

Styropor etwa 50 mm dick

Holzbrett zum Beschweren des Styropors beim Schneiden

Musterrippe
(Schablone)
2 mm Sperrholz
oder Alu

Obere Balsabeplankung 1 mm dick

mit dem Heißdraht
aus dem Styropor
geschnittener Flügelkern

Balsabeplankung

Balsa-Nasen-
leiste

Balsa-Endleiste

Abb. 27 b: So wird ein Sandwichflügel hergestellt.

Die Flügelbefestigung

Eine sichere Methode, die Flügel lösbar, aber dennoch fest mit dem Rumpf zu verbinden, ist die Gummibefestigung. Eine solche Tragflügelbefestigung ist seit Jahrzehnten bekannt und hat sich vielfach bewährt. Sie ist einfach in der Herstellung, leicht im Gewicht und ermöglicht es, den Flügel in kürzester Zeit auf den Rumpf zu schnallen. Unterhalb der Nasenleiste und unterhalb der Endleiste werden quer durch den Rumpf zwei Buchendübel von etwa 4 bis 5 mm Stärke gesteckt, verleimt und so abgeschnitten, daß sie auf jeder Seite etwa 5 bis 10 mm herausschauen. Nachdem man den Flügel auf den Rumpf gelegt hat, schnallt man kreuzweise von der linken Vorderkante bis zur rechten Hinterkante des Flügelmittelstückes und von der rechten Vorderkante bis zur linken Hinterkante des Flügelmittelstückes starke Gummibänder, die im übrigen kraftstoffest sein müssen, damit sie sich nicht durch die Rückstände des Motors von selbst auflösen (Abb. 28). In aerodynamischer Hinsicht ist diese Flügelbefestigung jedoch nicht ganz befriedigend. Es entsteht ein zusätzlicher Widerstand, der zwar bei Motorflugmodellen nicht von so großer Bedeutung ist wie er es bei Hochleistungssegelflugmodellen sein würde, der aber dennoch nicht weggeleugnet werden kann. Auch sieht diese Befestigung nicht sehr schön aus, vor allem dann nicht, wenn es sich um ein vorbildgetreues Flugzeugmodell handelt oder um ein elegantes Kunstflugmodell. Zur Befestigung der Tragflügel von mehrachsgesteuerten RC-Flugmodellen hat sich eine andere Konstruktion, die schraubbare Tragflügelbefestigung, bewährt. Sie ist in aerodynamischer Hinsicht vorteilhafter als die übliche Gummibefestigung und mit ihr ist eine genaue Fixierung des Tragflügels zum Rumpf möglich, bei gleichzeitig festem, unverrückbarem Sitz des Flügels. Auch eine schnelle Montage und Demontage ist gegeben. Die Schrauben sind aus elastischem, zähen Kunststoff (Nylon), der sich bei extrem harter Beanspruchung deformiert und Beschädigungen am Modell mindert, natürlich nicht völlig verhindert. Diese Befestigungsart wird durch die Einwirkung der Kraftstoffrückstände nicht beeinträchtigt. Die schraubbare Tragflügelbefestigung läßt sich gleichermaßen für ein Tiefdecker- oder ein Schulterdeckermo-

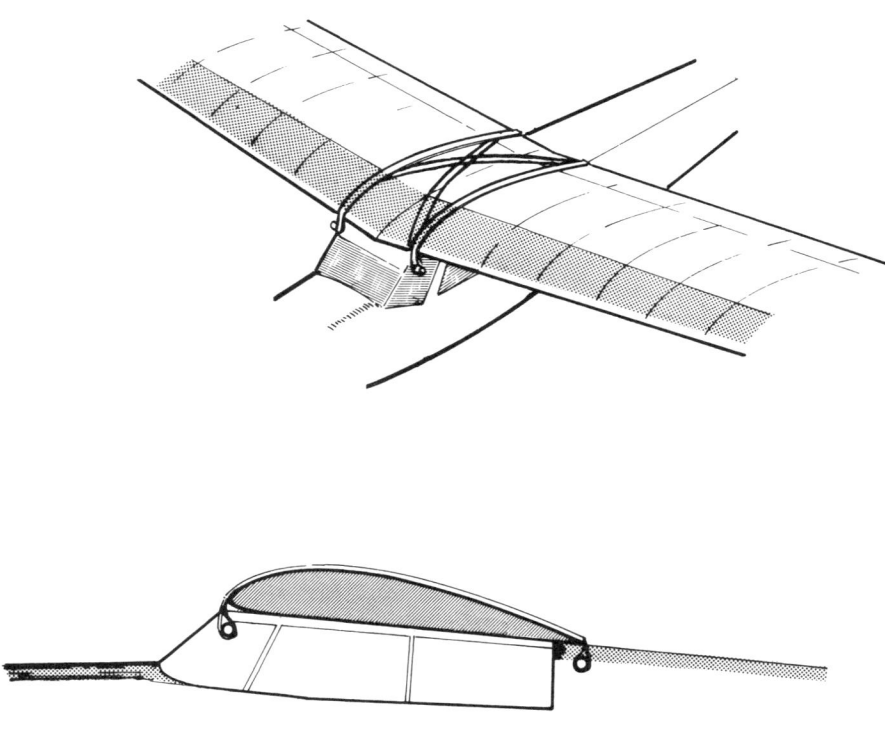

Abb. 28: Flügelbefestigung durch Gummibänder

dell verwenden. Im Folgenden wird der Einbau in ein Tiefdeckermodell beschrieben (Abb. 29).

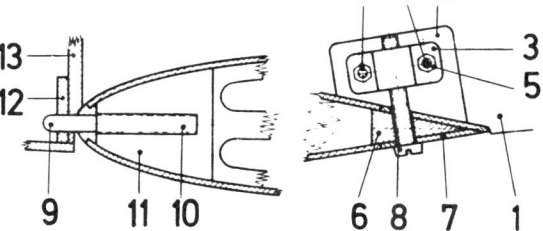

Abb. 29: Flügelbefestigung – hier an einem Tiefdecker – durch Kunststoffschrauben

An die rechte und linke Rumpfseitenwand (1) wird innen je eine Versteifung (2) aus 2 mm-Sperrholz geklebt. Darauf sind die Lagerböcke (3) durch jeweils zwei Zylinderschrauben M 3 (4) mit den Muttern (5) und den Unterlegscheiben zu befestigen. Zur festeren Verbindung kann jeweils zwischen Versteifung (2) und Lagerbock (3) Klebstoff (Hartkleber) angegeben werden. Die Tragflügelendleiste wird durch einen Lindenholzkeil (6) und aufgesetzte Sperrholzblättchen (7) versteift. Mit den Kunststoffschrauben (8) wird der Tragflügel fest an die Auflage des Rumpfes gedrückt.

Vorn ist der Tragflügel durch zwei Buchendübel (9) von 6 mm Durchmesser arretiert. Diese Dübel stecken im Tragflügel in passenden Messingröhrchen (10) von 6,2 mm Innendurchmesser, sie sind in die Röhrchen also nicht einzukleben, damit sie gegebenenfalls rasch ausgetauscht werden können. Zur besseren Kraftübertragung sind die Messingröhrchen in eine verstärkte Rippe (11) geleimt. Im Rumpf sind die Dübel zwei Bohrungen in den Spantaufsatz (12) des Spantes (13). Der Spantaufsatz (12) ist aus Buchensperrholz von 4 bis 6 mm Dicke zu machen und ist im Rumpf besonders sorgfältig zu befestigen, da er hohe Kräfte aufnehmen muß. Die Bohrungsmittelpunkte für die beiden Kunststoffschrauben (8) im Tragflügel ermittelt man wie folgt:

Die Kunststoffschrauben werden angespitzt, an der Spitze mit Bleistiftgrafit eingerieben und dann umgekehrt in die beiden Lagerböcke so eingedreht, daß sie mit der Spitze circa 1 mm über die Tragflügelauflage des Rumpfes überstehen. Der Tragflügel ist dann mit den Dübeln in die Bohrungen zu stecken und auf die Schrauben zu pressen. Der Abdruck der Schrauben ist der gesuchte Mittelpunkt.

Beim Bohren der beiden Löcher von 6 mm Durchmesser ist darauf zu achten, daß sie senkrecht zur Auflage des Schraubenkopfes gebohrt werden.

Das Leitwerk

Oft sind ferngelenkte Motorflugmodelle mit Leitwerken, die lediglich aus einem 3 bis 4 mm dicken Balsabrettchen bestehen, ausgestattet, die hin und wieder eine verstärkte Vorderkante haben. Will man jedoch Gewicht sparen, so wird das Leitwerk so wie der Flügel aus Holmen und Rippen aufgebaut. Aber auch Leitwerke in Sandwich-Bauweise sind bekannt und haben sich durchaus bewährt, wenngleich ihr Gewicht ein wenig höher ist als das der anderen Leitwerksbauweisen. Während die Seitenleitwerksflosse oder auch die Höhenleitwerksflosse fest mit dem Rumpf verbunden sind, werden sowohl das Seitenruder als auch das Höhenruder über kleine, im Handel erhältliche Kunststoff- oder Metallscharniere mit der Flosse beweglich verbunden. Gabelköpfe an den Stoßstangen übertragen die Bewegung der Rudermaschinen (der Servos) auf das Ruder mittels Ruderhörnern; das sind kleine Kunststoffhebel, die möglichst in der Nähe der Ruderdrehachse und in Rumpfnähe auf den Rudern befestigt sind. Über die Ruderhörner wird in einem eigenen Abschnitt noch gesondert berichtet.

Das Bespannen

Mit der Bespannung des Flügels und der Leitwerke beendet man den Rohbau des Modelles. Zunächst allerdings muß man sich entscheiden, welchen Bespannstoff man wählt. Entschließt man sich dazu, das Modell mit Japanpapier zu bespannen oder auch mit Japanseide, dann ist es notwendig, daß man alle Holzteile, die später mit dieser Bespannung in Berührung kommen, ein- bis zweimal mit einem Porenfüller oder mit einem Nitro-Schnellgrund einstreicht. Nach dem Trocknen dieses Nitro-Lackes werden die Balsa-Teile noch einmal fein mit einem Wasserschleifpapier oder mit einem sehr feinen Sandpapier übergeschliffen. Es dürfen keinerlei Ecken oder Fasern mehr vorstehen. Dann rührt man den Kleister an. Man nimmt einen Tapetenkleister, der mit Wasser angerührt werden muß und streicht die Holzteile damit ein. Man beginnt mit der Flügelunterseite und wenn diese fertig bespannt ist, folgt die Oberseite (Abb. 30). Von großer Wichtigkeit ist es, auf den Faserverlauf

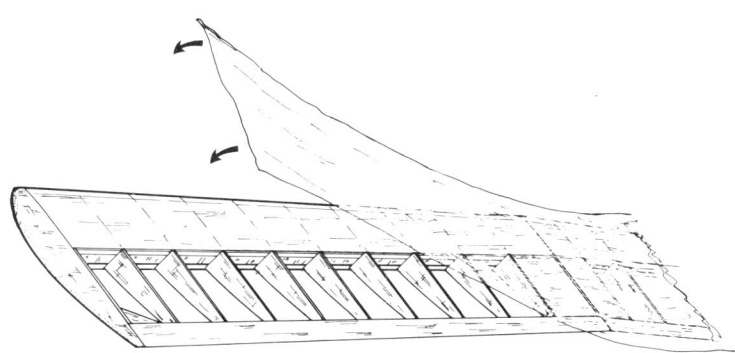

Abb. 30: Das Bespannpapier wird zunächst auf die Flügelunterseite geklebt. Die Faserrichtung des Papiers muß quer zur Flugrichtung, also parallel zur Nasenleiste verlaufen

des Bespannpapieres zu achten. Die Faser muß unbedingt quer zur Flugrichtung, also parallel zur Nasen- und Endleiste, verlaufen. Andernfalls wird man möglicherweise Schwierigkeiten haben, die Bespannung glatt zu bekommen. Der Faserverlauf des Papieres ist durch Einreißen zu erkennen. Man kann aber auch davon ausgehen, daß die Faser entlang der längeren Seite des rechteckigen Papierbogens verläuft.

Überstehende Papierstreifen werden nicht abgeschnitten (mit einer Rasierklinge), sondern mit einem Schleifklotz leicht angeschliffen (Abb. 31). Man kann diese Streifen dann einfach abziehen. Die Schleifkante ist faserig und verklebt sehr gut mit dem Untergrund. Die Bespannung des Höhenleitwerkes und des Seitenleitwerkes erfolgt in gleicher Weise wie die des Flügels.

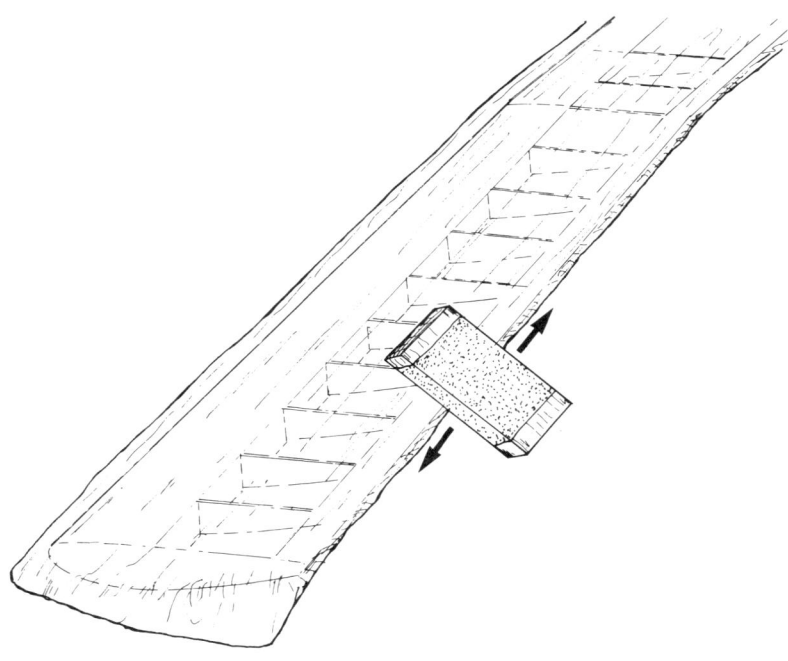

Abb. 31: Mit Glutofix oder einem ähnlichen Tapetenkleister wird das Bespannpapier auf das Balsaholzgerippe geklebt. Die überstehenden Papierstreifen werden mit einem Schleifklotz angeschliffen und abgezogen

Ist der Leim getrocknet, so wird der Flügel und auch das Leitwerk »gewässert«. Unter »Wässern« versteht man dabei ein Besprühen des Papieres mit einem Wäschesprüher oder auch ein Betupfen mit einem nicht zu nassen Schwamm. Dieses Wässern soll bewirken, daß nach dem Verdunsten des Wassers das Papier völlig stramm auf dem Flügel beziehungsweise auf dem Leitwerk liegt; danach wird der Flügel etwa dreimal mit Spannlack eingestrichen. Der Spannlack bildet zusammen mit dem Bespannpapier eine zähelastische luft- und wasserfeste Schicht. Die Bespannung wird erst durch den Spannlack so fest, wie es notwendig ist. Spannlack trocknet schnell, dennoch sollten mindestens 4 bis 6 Stunden Zwischenraum zwischen den einzelnen Spannlackanstrichen liegen, um bei normaler Zimmertemperatur eine gute Durchtrocknung des Lackes zu gewährleisten. Es ist auch zweckmäßig, den Flügel nach dem Spannlackanstrich wieder mit Stecknadeln auf der Helling zu befestigen, um ein nachträgliches Verziehen sicher zu vermeiden. Nach dem Anstrich der Flügelunterseite ergeben sich hier natürlich einige Schwierigkeiten. Wir legen deshalb zwischen Flügelunterseite und Hellingbrett 2 bis 3 keilförmige, also dreieckige Kiefernleisten, die verhindern, daß der Flügel an der Helling festklebt und gewährleisten, daß das Lösungsmittel des Spannlacks einwandfrei verdunsten kann. Ein Festkleben dieser Dreiecksleisten an der Bespannung kann man vermeiden, wenn man die spitze, nach oben zur Bespannung zeigende Kante mit einem Tesafilm überklebt. Nach dem letzten Spannlackanstrich ist es möglich, allerdings nicht unbedingt erforderlich, die Bespannung zu lackieren.

Hat man sich für eine Bespannung mit Japanseide entschieden, so muß man wie folgt verfahren: Auf den mit Porenfüller eingestrichenen Flügel legt man ein passend zugeschnittenes Stück Japanseide und heftet es zunächst an den vier Ecken mit Stecknadeln fest. Dann besprüht man die Japanseide leicht mit Wasser. Sie haftet nun am Flügel und muß so straff gespannt werden, daß weder Blasen noch Falten vorhanden sind. In dieser Lage wird die Seide mit Stecknadeln festgehalten. Nun bestreicht man die Teile der Seide, die auf dem Balsaholz liegen, mit Spannlack. Der Spannlack dringt durch die Seide hindurch, löst den Untergrund — Porenfüller — an und verbindet sich mit diesem, so daß die Seide festgeklebt wird. Ist der Spannlack getrocknet, muß man den gesamten Flügel mit Spannlack bestreichen. Zunächst wird dabei die Japanseide ein wenig milchig-weiß aussehen, denn Wasser und Spannlack vertragen sich schlecht. Nach drei bis fünf Spannlackanstrichen – soviel sind bei Japanseide notwendig – verschwindet diese milchig-weiße Schicht und man erhält eine elastische und sehr feste, aber dennoch äußerst leichte Bespannung.

Es empfiehlt sich auch den Rumpf, der aus Balsaholz hergestellt wurde, mit Japanseide oder mindestens mit Papier zu bespannen, da das Balsaholz dazu neigt, bei harten Landestößen zu reißen.

Die Bespannung des Flügels mit einer Kunststoff-Folie setzt einige Kenntnisse voraus. Die Folie selbst ist glasklar, sie ist mit einem Heißsiegelkleber beschichtet, der auch den Farbstoff enthält. Der Heißsiegelkleber ist trocken und aktiviert erst durch die Hitzeeinwirkung des Bügeleisens. Die optimale Siegelungstemperatur liegt bei circa 120° bis 140°C. Die Vorteile: Die Folie kann nicht unbeabsichtigt miteinander verkleben, Holz- und Schmutzteilchen, die das spätere Aussehen der hochglänzenden Oberfläche stören würden, bleiben an der trockenen Klebeschicht nicht haften.

Die mit 25 µ (0,025 mm) sehr dünne und elastische Ausführung der Folie ermöglicht es, auch Rundungen sauber zu bespannen.

Die Folie behält die vorteilhaften klebetechnischen und mechanischen Eigenschaften in einem breiteren Temperaturbereich von circa −20° bis +50°C. Der Heißsiegelkleber ist relativ feuchtigkeitsunempfindlich und zeigt nach der Wärmebehandlung keine Fließeigenschaften mehr. Dadurch kann sich die aufgebrachte Folie nachträglich nicht mehr verschieben. Die erzielte Folienspannung bleibt erhalten.

Die Bespannfolien sollen kühl und trocken gelagert werden. Handelt es sich um Bogenware, sollte sie flach liegend aufbewahrt werden. Es ist darauf zu achten, daß die mit Klebstoff beschichtete Seite durch die Abdeckfolie geschützt ist. Eine leichte Faltenbildung der Folie, bedingt durch Lufteinschlüsse zwischen Folie und Schutzabdeckung, ist bedeutungslos.

Die Abdeckfolie ist durch ein aufgeklebtes Etikett als solche gekennzeichnet. Sie ist daher auch bei der farblos transparenten Folie eindeutig zu erkennen.

Die mit Klebstoff beschichtete Seite der Bespannfolie ist an dem etwas matteren Aussehen erkenntlich. Zum Aufbügeln und zum Spannen der Folie kann nur ein elektrisches Bügeleisen mit einem guten Temperaturbereichsregler verwendet werden. Die optimale Siegelungstemperatur von 120° bis 140°C muß unbedingt eingehalten werden. Da die einzelnen Bügeleisen verschieden ausgelegt sind, muß anhand von Proben die richtige Reglereinstellung selbst gefunden werden. Bei zu hoher Temperatur, die sich meistens durch Blasenbildung der Folie bemerkbar macht, kann der Kleber verbrennen und sich von der Folie lösen. Bei zu niedriger Temperatur haftet dagegen die Folie nur ungenügend auf dem Untergrund und neigt mit der Zeit zu Faltenbildung.

Bei genügender Erhitzung dagegen kann sich auch die Folie etwas verfärben; sobald sie jedoch abkühlt, gewinnt sie die ursprüngliche Farbe zurück. Bleibt die Verfärbung dagegen bestehen, so muß die Bügeltemperatur etwas niedriger gewählt werden.

Beim Aufbringen und Bespannen der Folie sollte kein allzu großer Druck mit dem heißen Bügeleisen auf Rippen, Holme, Beplankung und so weiter ausgeübt werden, da die Gefahr besteht, daß der in heißem Zustand weich werdende Kleber weggeschoben wird und dadurch die Folie an Deckkraft verliert. Es empfiehlt sich auch, nach dem Festbügeln der Ränder für das darauffolgende Aufspannen zwischen Bügeleisen und Folie einen Bogen Seidenpapier zu legen, um Kratzer auf der Folie zu vermeiden. Falls die Folie bei hohen Temperaturen Luftpolster bildet, sticht man mit einer Stecknadel hinein, damit die Luft entweichen kann.

Bauteile, die nicht genügend Haftfläche für den Klebstoff der Folie bieten, zum Beispiel nicht beplankte Flügel und Leitwerke, bespannt man zunächst mit einem leichten Bespannpapier (12 g/m²), das nur an den Außenkanten festgeklebt und nur durch Wässerung gestrafft werden darf. Auf dieser Auflagefläche klebt die Folie auch unter extremen Bedingungen sicher.

Sollte die Spannkraft der Folie nach längerer Zeit nachlassen, so ist dies in erster Linie darauf zurückzuführen, daß die Folie zu wenig Haftfläche hat oder die Bügeltemperatur für das Aufbügeln zu niedrig war. Durch Überbügeln mit dem heißen Eisen läßt sich die Spannkraft wiederherstellen. Auch Fingereindrücke und ähnliches lassen sich durch mehrfaches Überbügeln vollständig beseitigen.

Klebstoffreste auf Folie und Bügeleisen lassen sich mit einer Nitroverdünnung entfernen. Vorher aber bitte das Bügeleisen abkühlen lassen!

Wird die Folie beschädigt, kann sie auf dem Flugfeld provisorisch mit Selbstklebefilm sofort ausgebessert werden. Zu Hause allerdings entfernt man dann den Klebefilm und bügelt ein passendes Stück Folie auf.

Nach diesen Vorbemerkungen und Tips kann mit dem Bespannen begonnen werden.

Das zu bespannende Teil, entweder der Flügel oder das Leitwerk, muß weitgehend drehsteif gebaut sein. Im Gegensatz zu der Bespannung mit Papier oder Japanseide darf es nicht grundiert werden. Die Oberfläche muß allerdings sauber verschliffen und sehr sorgfältig vom Schleifstaub befreit werden. Je glatter der Untergrund, um so schöner wird die Oberfläche der Bespannung. Zum Schleifen verwendet man zweckmäßig Schleifpapier mit der Körnung 400.

Bei der Tragfläche und dem Höhenleitwerk bespannt man wie gewohnt zuerst die Unterseite. Die Folie wird entsprechend dem zu bespannenden Teil mit etwas Übermaß zugeschnitten und von der Schutzunterlage abgezogen. Dann legt man sie mit der Klebeschicht – das ist die matte Seite – auf das Bauteil und richtet sie sorgfältig aus. Danach wird sie ringsum mit dem heißen Bügeleisen festgebügelt (Abb. 32). Eine empfehlenswerte Reihenfolge der einzelnen Arbeitsgänge und der jeweiligen Bügelrichtung kann der Abb. 33 entnommen werden.

Die überstehende Folie der bespannten Tragflächenunterseite wird bis auf einen circa 5 mm breiten Rand abgeschnitten. Hierzu legt man an das Bauteil eine Leiste entsprechender Breite und schneidet mit einer Rasierklinge entlang dieser Leiste die Folie ab. Der an der Tragfläche belassene Folienrand wird sodann auf die Tragflächenoberseite umgeschlagen und festgebügelt. In entsprechender Weise bespannt man danach die Flügeloberseite.

Um die Bespannung zu straffen, gleiten wir mit dem heißen Bügeleisen, entlang einer Fläche von etwa 25 cm, auf der Folienoberseite ganz leicht vor und zurück und wechseln danach auf die angrenzende Fläche über. Die bearbeitete Folie kühlt ab und strafft sich. Man wiederholt diesen Bearbeitungsgang solange, bis die Bespannung einwandfrei glatt ist (Abb. 34 a und b).

Bei den Randbögen ziehen wir die zuvor mit der Hitze des Bügeleisens flexibel gemachte Folie um das Bauteil herum und verharren kurze Zeit in dieser Stellung, bis der Klebstoff durch Abkühlung abgebunden hat. Eventuelle Falten werden schrittweise mit der heißen Bügeleisenspitze herausgearbeitet. Wird eine mehrfarbige Gestaltung gewünscht, so muß das andersfarbige Folienteil zunächst etwa 20 mm überlappend auf der bereits aufgebrachten Folie aufgebügelt werden.

Rümpfe mit Rundungen können ebenfalls mit Folie bespannt werden, wenngleich das nicht in jedem Fall empfehlenswert ist. Man verfährt folgendermaßen:

Die mit Übermaß zugeschnittene Folie wird auf das zu bespannende Teil gebracht und mit dem Bügeleisen festgeklebt. Bei stark gewölbten Rumpfteilen, zum Beispiel bei der Rumpfnase, geht man in der gleichen Weise vor, wie beim Randbogen der Tragfläche beschrieben. Übergänge zwischen Höhen- und Seitenleitwerk überklebt man mit einem passend zugeschnittenen Folienstreifen, den man mit der heißen Bügeleisenspitze festbügelt. Die Rundungen selbst können nicht in einem Stück, sondern müssen mit mehreren Teilen bespannt werden.

Neuerlich gibt es Bespannfolien, die bei Wärmeeinfluß schrumpfen. Mit diesen Folien ist es möglich, Flügel mit Hilfe eines Heißluftgebläses zu bespannen. Auch geschäumte und aus Styropor geschnittene Tragflächen können mit einer solchen Folie vorzüglich überzogen werden.

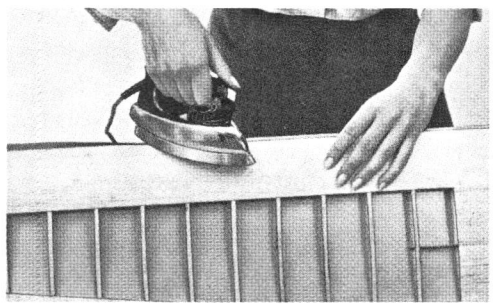

Abb. 32: Die Kunststoff-Folie wird ringsum mit dem heißen Bügeleisen festgebügelt

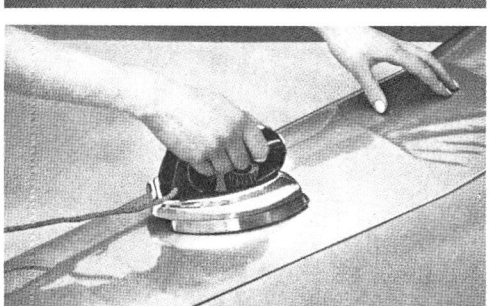

Abb. 33: Empfehlenswerte Reihenfolge und Bügelrichtung

Abb. 34 a: Die bearbeitete Folie kühlt ab und strafft sich

Abb. 34 b: Bei den Randbögen wird die durch Hitze flexibel gemachte Folie um das Bauteil herumgezogen

Zunächst schneidet man die Folie entsprechend dem zu bespannenden Modellteil zu. Nach dem Zuschneiden löst man die Schutzfolie ab und legt das Stück mit der Klebeschicht nach unten auf das zu bespannende Teil des Flugmodells. An allen vier Seiten wird – nachdem das Material möglichst faltenfrei gezogen wurde – vorsichtig mit einem Bügeleisen die Folie angeheftet. Danach ist das Schrumpfen der Bespannfolie der nächste Arbeitsgang. Hierzu ist ein Heißluftfön das beste Werkzeug. Normalerweise erzeugt ein Haarfön nicht die notwendige Temperatur zum Schrumpfen. Mit dem speziellen Heißluftgebläse, das von verschiedenen Modellbaufirmen angeboten wird, erreicht man einen großen Vorteil gegenüber dem Aufbügeln der Folie: Ein Finish ohne jede Kratzer und Druckstellen, das kaum zu übertreffen ist. Sollte einmal eine Falte sichtbar sein, so muß man an der betreffenden Stelle nochmals aufheizen, bis sich das Material richtig strafft. Mit einer Schrumpffolie kann man stabile Tragflächen, wie sie für Motormodelle üblich sind, bespannen, nicht jedoch Tragflügel, die sehr leicht aufgebaut sind, deren Torsions- und Biegesteifigkeit erst durch die Bespannung das notwendige Maß erreicht. Die Struktur des Flügels muß also fest sein. Auch ist es unmöglich, mit einer Schrumpffolie Flügel zu bespannen, deren Flügelunterseite konkav (nach innen gewölbt) ist. Schrumpffolien gibt es als Rollenware, die normalerweise 70 cm breit ist, sowie in verschiedenen Farben: Schwarz, Weiß, Gelb, Grün, Rot, Orange, Hellblau, Dunkelblau, Gold, Transparentblau, Transparentrot, Transparentgelb, Transparentorange, Transparentviolett.

Das Fahrwerk

Die Teile eines Flugzeuges, die der Fortbewegung auf dem Boden dienen, werden in der Luftfahrt als Fahrwerk bezeichnet, obgleich es bei den Fliegern verpönt ist zu sagen: »das Flugzeug fährt«. Das Fahrwerk dient sowohl zum Rollen (»Fahren«), wie auch zum Start und zur Landung.
Bei den ferngelenkten Motorflugmodellen unterscheidet man zwei Fahrwerksanordnungen:
Die »normale« Fahrwerks-Konstruktion, wie sie bei den großen Flugzeugen der Vorkriegsjahre üblich war, besteht aus dem Hauptfahrwerk, das vor dem Schwerpunkt etwa in Höhe der Flügelnase angeordnet ist, und einem Schleifsporn oder einem Spornrad am hinteren Ende des Rumpfes (Abb. 35 a).

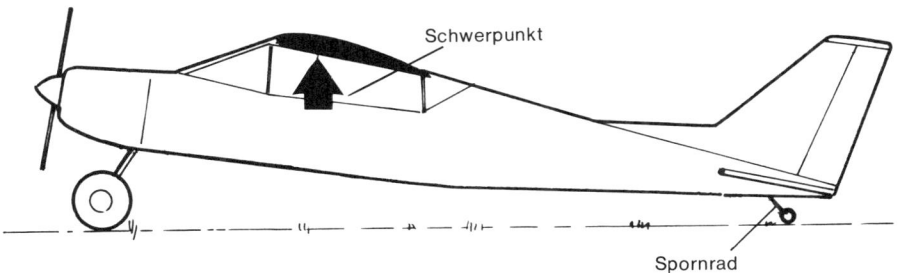

Abb. 35 a: Normales Fahrwerk
Schwerpunkt hinter dem Hauptfahrwerk

Entsprechend der Konstruktion dieses Fahrwerks steht der Rumpf mit einem relativ großen Anstellwinkel zum Boden auf der Erde, während bei einem Bugfahrwerk die Rumpflängsachse etwa parallel zur Erdoberfläche verläuft. Wenn ein Flugzeug oder auch ein Flugmodell mit der als »normal« angegebenen Anordnung des Fahrwerkes startet, so wird zunächst durch die zunehmende Geschwindigkeit, durch den Fahrtwind der Auftrieb am schräg angestellten Höhenleitwerk soweit vergrößert, daß sich das Höhenleitwerk vom Boden abhebt und der Flügel in eine Lage mit einem geringeren Anstellwinkel gedreht wird. Damit wird auch der Widerstand des Flügels geringer, vornehmlich der induzierte Widerstand, das Modell wird schneller und hebt schließlich vom Boden ab, wenn der Auftrieb, der ja von der Startgeschwindigkeit abhängt, größer als das Gewicht des Modelles geworden ist. Der Nachteil dieser Anordnung eines Fahrwerkes ist nun folgender: Bei kleinen Unebenheiten des Bodens, bei Steinen und dergleichen mehr, gegen die eines der Hauptfahrwerksräder trifft, ist die Gefahr eines Kopfstandes des Modelles sehr groß. Dann würde nämlich der Schwanz nach oben geschleudert, weil das Flugzeug weit unterhalb des Schwerpunktes abgebremst wird. Die Folge für ein Fernlenkmodell ist im allgemeinen eine beschädigte oder zerstörte Luftschraube. Das ist einer der Gründe dafür, daß sich die Bugrad-Fahrwerkanordnung durchgesetzt hat (Abb. 35 b).

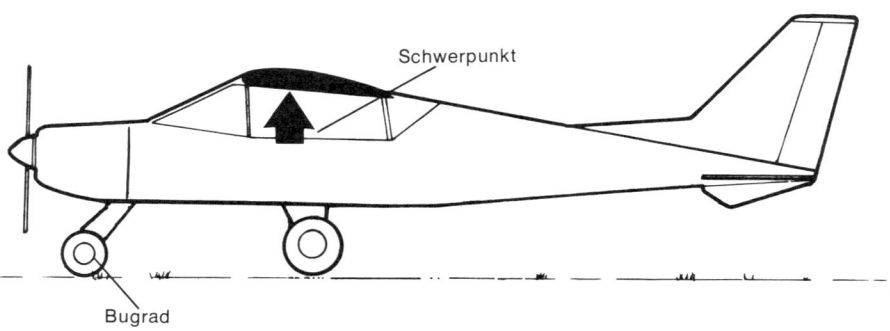

Abb. 35 b: Bugradfahrwerk
Schwerpunkt ein wenig vor dem Hauptfahrwerk

Bei diesem Dreibein-Fahrwerk sitzt das Hauptfahrwerk mit seinen beiden Rädern kurz hinter dem Schwerpunkt des Flugmodells und das Bugfahrwerk, das Bugrad, sitzt hinter dem Motor in einer genügend großen Entfernung zur Luftschraube. Als Fahrwerkstreben dienen im allgemeinen Stahldrähte von etwa 3 bis 4 mm Durchmesser, je nach Gewicht des Modelles. Diese Fahrwerkstreben werden mit dem Rumpf verschraubt, wobei eine entsprechend breite Sperrholzplatte zur Verstärkung an den Rumpf geklebt wird (Abb. 35 c).

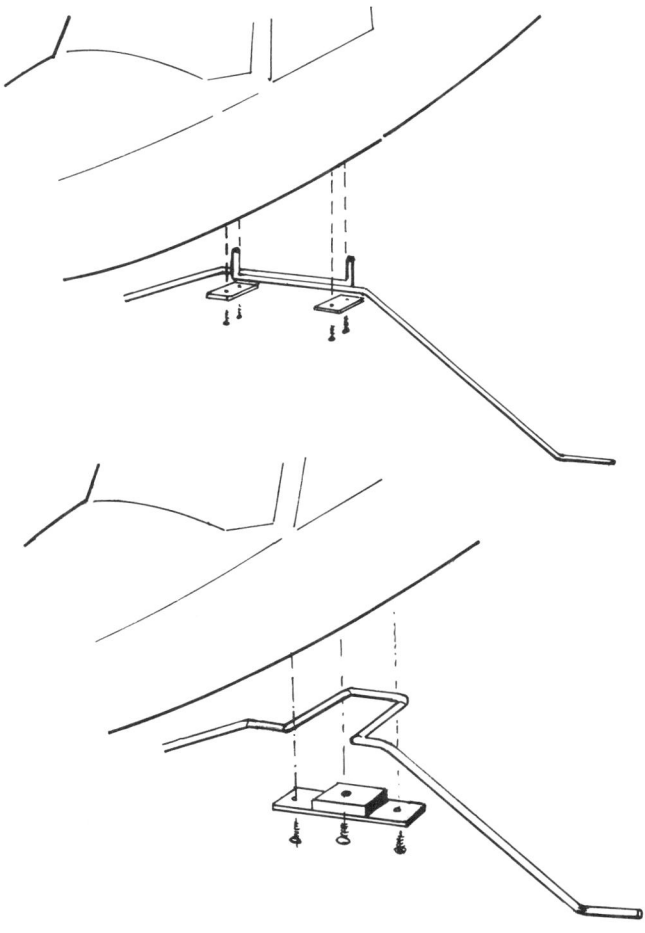

Abb. 35c: Befestigungsmöglichkeiten des Hauptfahrwerkes

Es gibt Bugradfahrwerke, die steuerbar sind, das heißt, durch eine Rudermaschine kann das Bugfahrwerk seitlich bewegt werden und das Modell somit
am Boden rollend gesteuert werden (Abb. 35 f). Räder für das Fahrwerk gibt
es handelsüblich in verschiedenen Größen und Durchmessern. Je größer der
Durchmesser eines Rades ist, um so geringer ist der Rollwiderstand am
Boden, je unempfindlicher das Rollen gegenüber Unebenheiten des Bodens,
um so größer ist aber auch der Luftwiderstand während des Fliegens.

so werden die Räder befestigt

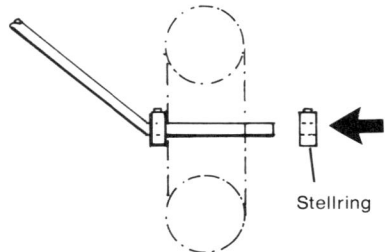

Stellring

Abb. 35 d: Radbefestigung

Bei einem Tiefdecker-Flugmodell wird in das Mittelteil des Flügels eine genu-
tete Eschenleiste oder eine Leiste aus einem anderen Hartholz von etwa
10 mm × 10 mm Querschnitt und etwa 10 cm Länge für jede Flügelhälfte einge-
lassen und verleimt. Die Nut hat eine Breite und Tiefe, die dem Durchmesser
des Stahldrahtes des Hauptfahrwerkes entspricht. Am inneren Ende, also in
der Nähe der Rumpfmitte, ist ein Loch senkrecht in diese Leiste gebohrt, in
das das abgewinkelte kurze Ende der Hauptfahrwerksstrebe hineingesteckt
wird. Das Hauptfahrwerk wird dann mit einer oder zwei Laschen so befestigt,
daß das sich in der Nut befindende Stahldrahtteil federnd drehbar bewegen
kann. Dieses Fahrwerk hat also eine Torsionsfederung.
Ein Fahrwerk erzeugt einen nicht unbeträchtlichen Luftwiderstand. Vor allem
sind es die – im Verhältnis zum Modell – großvolumigen Räder, die den Widerstand verursachen. Schon vor etlichen Jahren sind Konstruktionen bekannt
geworden, die es ermöglichten, das Fahrwerk in den Rumpf und in den Flügel
einzuziehen, so wie man es von großen Flugzeugen kennt. Hier wird das

Bugfahrwerk nach hinten in den Rumpf des Tiefdeckers und die Hauptfahrwerke zur Mitte hin in den Flügel des Tiefdeckers eingeklappt (Abb. 35 e). Die

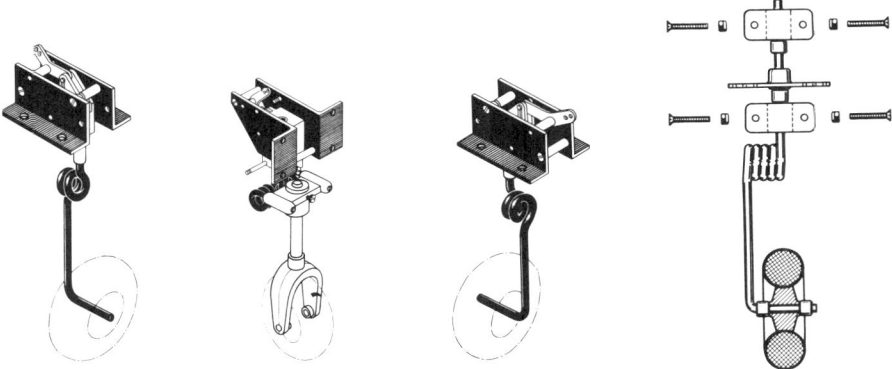

Abb. 35 e: Einziehbares Fahrwerk   Abb. 35 f: Lenkbares Bugrad

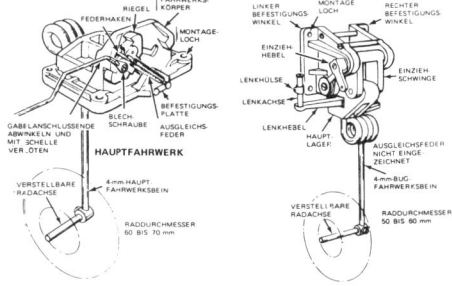

Technologie des einziehbaren Fahrwerkes ist heute gelöst, wenngleich der Aufwand nicht ganz unbeträchtlich ist (Abb. 36 a). Einfacher ist eine andere Lösung vor allem bei Schulter- und Hochdeckern, nämlich die Fahrwerkstreben zu verkleiden und um den größten Teil des Rades eine Kunststoff-Stromlinienverkleidung zu setzen (Abb. 36 b). Es gibt eine Reihe von flugzeugähnlichen Modellen, bei denen solche stromlinienförmigen Radverkleidungen im Baukasten enthalten sind. Indes soll ein Nachteil auch hier nicht verschwiegen werden: Solche Radverkleidungen können den Start erschweren, wenn sich Schmutz zwischen Verkleidung und Rad setzt; dies ist vor allem beim frisch gemähten Rasen oft der Fall.

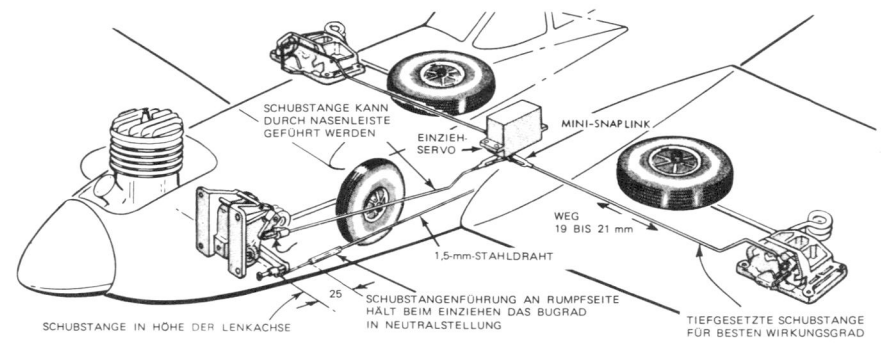

SCHUBSTANGE KANN
DURCH NASENLEISTE
GEFÜHRT WERDEN

EINZIEH-
SERVO

MINI-SNAPLINK

WEG
19 BIS 21 mm

1,5-mm-STAHLDRAHT

25

SCHUBSTANGENFÜHRUNG AN RUMPFSEITE
HÄLT BEIM EINZIEHEN DAS BUGRAD
IN NEUTRALSTELLUNG

SCHUBSTANGE IN HÖHE DER LENKACHSE

TIEFGESETZTE SCHUBSTANGE
FÜR BESTEN WIRKUNGSGRAD

Abb. 36 a: Darstellung der Anordnung eines einziehbaren Fahrwerks

Abb. 36 b: Stromlinienförmige Verkleidung der Räder verringern den Widerstand

Das Lackieren der Flugmodelle

Werkstoff	Arbeitstechnik
Japanpapier Japanseide und Perlon	Bespannung durch wässern vorspannen, 3- bis 5maliger Spannlackanstrich farblos, danach farbiger Lackanstrich möglich
Holz	Vorbehandlung durch hobeln, schleifen mit Schleifpapier verschiedener Körnung Grundieren mit Nitro-Einlaßgrund, Porenfüller, eventuell mit feinem Schleifpapier nachschleifen Lackieren mit Universallack oder Alkydharz-Lack
Glasfaserverstärktes Epoxid- oder Polyesterharz	Oberflächen mit Azeton entfetten (Formtrennmittel), mit feinem Schleifpapier schleifen Grundieren mit einem Haftgrund Lackieren mit Kunstharzlack (Alkydharz-Lack)
Kunststoff ABS (z. B. Terluran)	Anschleifen mit feinem Wasserschleifpapier Lackieren nur mit Alkydharz-Lack
Metall	Entfetten mit Azeton und eventuell anschleifen der Oberflächen Grundieren mit einem Haftgrund Lackieren mit Universallack oder einem Alkydharz-Lack

Anmerkung: Grundsätzlich jeden durchgetrockneten Anstrich sorgfältig schleifen, wenn ein zweiter oder dritter Anstrich vorgesehen ist. Auf einem Kunstharz-Lack darf Universallack oder Spannlack nicht aufgetragen werden, da der Lack zerstört wird! Besondere Vorsicht ist bei Reparaturen geboten.
Zum Verdünnen der Lacke immer die dazu passende und vom Hersteller angegebene Verdünnung verwenden.

Der Motor

Ferngelenkte Motorflugmodelle werden meist durch Verbrennungsmotoren und Luftschrauben angetrieben. Nur Elektroflugmodelle, die ebenfalls zu den Motorflugmodellen zählen, bilden hier die Ausnahme. Bei den Verbrennungsmotoren unterscheiden wir zwei wesentliche Systeme, den Zweitakt- und den Viertaktmotor. Der letztgenannte wird nicht zuletzt aus Gründen der Geräuschentwicklung immer häufiger verwendet.

In der Gruppe der Zweitakter sind uns zwei Arten bekannt: »Dieselmotore« und Glühkerzenmotore. Der »Dieselmotor« ist auf unseren Modellflugplätzen kaum noch anzutreffen. Dominierend ist heute der Glühkerzenmotor. Zum besseren Verständnis der Arbeitsweise wollen wir aber beide Arten kurz beleuchten.

Der »Dieselmotor« ist ein Selbstzünder-Motor, der fälschlich den Namen Dieselmotor trägt. Bei dem Fahrzeug-Diesel wird nämlich nur die angesaugte Luft verdichtet und in diese hochkomprimierte heiße Luft das Kraftstoffgemisch eingespritzt, das sich dann entzündet. Beim Modell-Dieselmotor ist das anders. Beim Aufwärtsgang des Kolbens wird ein Kraftstoff-Luft-Gemisch angesaugt, das je nach Motorenbauart durch die Bohrung in der Kurbelwelle oder durch das Flatterventil an der Rückseite des Kurbelgehäuses in das Kurbelgehäuse strömt. Beim Abwärtsgang des Kolbens wird das Kurbelgehäuse geschlossen und das angesaugte Gemisch verdichtet. Kurz vor dem unteren Totpunkt des Kolbens werden die Auspuff- und dann die Überströmkanäle freigegeben. Das verdichtete Frischgas strömt in den Verbrennungsraum und die verbrannten Gase verlassen den Brennraum durch die Auspuffschlitze. Beim nun folgenden Aufwärtsgang des Kolbens wird das Frischgas komprimiert und im oberen Totpunkt gezündet. Gleichzeitig hat der nach oben gehende Kolben frisches Gemisch aus dem Vergaser angesaugt, das nach dem Abwärtsgang des Kolbens in den Verbrennungsraum strömt. Dieser Vorgang wiederholt sich ständig. Die Auf- und Ab-Bewegung des Kolbens wird durch das Pleuel auf die Kurbelwelle übertragen und versetzt diese in Drehbewegung. Beim Modelldiesel erfolgt die Zündung allein durch die bei der hohen Verdichtung erzeugte Wärme in

Verbindung mit leicht entzündbaren Kraftstoffen. Zwar kann man sich den Dieselkraftstoff auch selbst mischen, dennoch lohnt dies kaum, da hervorragende Kraftstoffe im Handel erhältlich sind.

Im Prinzip arbeitet der Glühkerzenmotor genau wie der Modelldiesel. Allerdings hat er keine so hohe Verdichtung und braucht zur Zündung eine Glühkerze. Die aus einer Speziallegierung bestehende Glühwendel der Kerze wirkt glühend als Katalysator, und ermöglicht die Verbrennung, nimmt aber am chemischen Verbrennungsprozeß nicht teil. Während des Startvorganges muß die Glühkerze über eine Stromquelle geheizt werden. Die Starterbatterie hat im allgemeinen 1,5 Volt. Wird ein 2-Volt-Akku verwendet, so ist es notwendig, ein entsprechend langes Starter-Kabel zu nehmen, damit die Glühwendel nicht durchbrennt. Läuft der Motor, so wird die Glühkerze durch den Verbrennungsvorgang hellglühend gehalten und braucht keine Stromzufuhr mehr. Die unterschiedliche Zündungsart erfordert für den Glühkerzenmotor einen anderen Kraftstoff. Dieser besteht zu etwa 75% aus Methanol und zu 25% aus Rizinusöl. Es gibt aber auch Kraftstoffe, die 80% Methanol und 20% Rizinusöl enthalten. Unter 20% sollte der Schmierölanteil nicht sinken. Geringe Zusätze an Nitromethan erhöhen die Leistung. Beimischungen zwischen 3% und 15% Nitromethan sind üblich. Leistungsfähige Kraftstoffe unterschiedlicher Fabrikate sind in jedem Fachgeschäft erhältlich.

Der Viertakt-Glühkerzenmotor wird heute wegen seiner etwas weniger unangenehmen Geräuschentwicklung immer gebräuchlicher. Er ist zwar im landläufigen Sinne nicht unbedingt leiser als ein Zweitakter, die Tonfrequenzen liegen jedoch in einem angenehmeren Spektrum. Da auch die Drehzahlen geringer als beim Zweitakter sind, ist auch das Luftschraubengeräusch angenehmer.

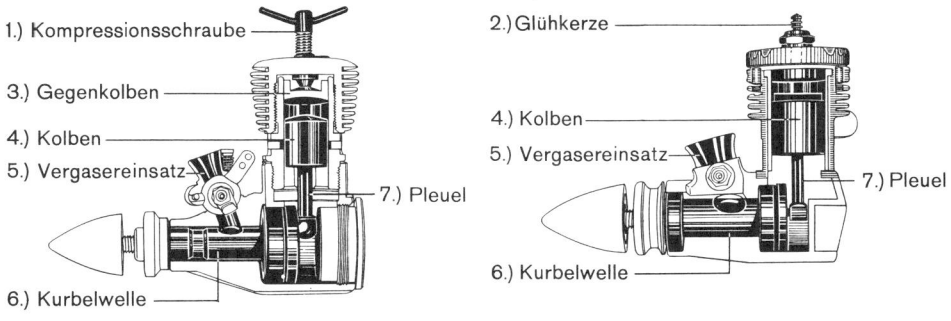

1.) Kompressionsschraube

3.) Gegenkolben

4.) Kolben

5.) Vergasereinsatz

7.) Pleuel

6.) Kurbelwelle

Modelldiesel

2.) Glühkerze

4.) Kolben

5.) Vergasereinsatz

7.) Pleuel

6.) Kurbelwelle

Glühkerzenmotor

Abb. 37: Schnitte durch einen Modelldiesel und durch einen Glühkerzenmotor

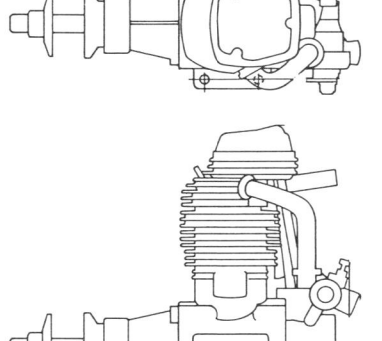 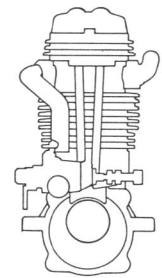

Abb. 37 a:
Strichzeichnung
(Dreiseitenansicht)
eines Viertakt-
Glühkerzenmotors

Vom Grundprinzip arbeitet der Viertakter wie der Zweitakt-Glühkerzenmotor, allerdings werden Gemischeinlaß und Abgasauslaß durch Ventile gesteuert. Auch hier gibt es unterschiedliche Bauarten wie z. B. zahnriemengetriebene Drehschieberventile oder stößelgesteuerte Kipphebelventile. Auch die Modell-Viertakter arbeiten wie z. B. die uns bekannten Viertaktmotoren in unseren Autos, d. h. daß sie jeweils nur jede 2. Umdrehung einen Zündvorgang ausführen. Daher rührt natürlich ein etwas ungünstigeres Gewichts-Leistungsverhältnis.

Wenn es auch schon Zweitakt-Glühkerzenmotoren von 0,33 ccm Hubraum gibt, so werden doch in der Hauptsache Motoren von etwa 2,5 bis etwa 10 ccm Hubraum verwendet. Viertakt-Glühkerzenmotoren sind in der Regel mit Hubraumgrößen zwischen 3,5 und 20 ccm erhältlich, soweit es sich um Einzylinder-Motoren handelt. Oft ist es üblich, eine englische Bezeichnung für den Hubraum anzugeben; es sind dies cubic inch, also 2,5 cm × 2,5 cm × 2,5 cm. In der nachfolgenden Tabelle sind die Vergleichszahlen angegeben.

0,09 inch³	=	1,62 ccm Hubraum		0,30 inch³	=	4,86 ccm Hubraum	
0,10 ''	=	1,76 ''	''	0,35 ''	=	5,83 ''	''
0,15 ''	=	2,48 ''	''	0,40 ''	=	6,50 ''	''
0,20 ''	=	3,24 ''	''	0,50 ''	=	8,30 ''	''
0,25 ''	=	4,07 ''	''	0,60 ''	=	10,00 ''	''

Zweitakt-Glühkerzenmotoren wiegen etwa 40 bis 60 g pro ccm Hubraum, je nach Größe des Motors, aber ohne Schalldämpfer. Ihre Leistung ist enorm, wenn man sie etwa mit unseren Automotoren vergleicht. Immerhin haben sie

Hubraumleistungen von 0,1 bis 0,15 PS pro ccm Hubraum. Das entspricht einer Liter-Leistung von 100 bis 150 PS.

Viertakt-Glühkerzenmotoren hingegen haben ein Gewicht von ca. 70 – 90 g pro 1 ccm Hubraum. Ihr Gewichts-Leistungsverhältnis ist mit etwa 0,08 bis 0,1 PS je 1 ccm Hubraum deutlich geringer als das der Zweitakter. Auch die Drehzahl ist sehr unterschiedlich, während der Zweitakter seine Maximalleistung bei Drehzahlen zwischen 13000 und 20000 U/min (je nach Motorart und -fabrikat) erreicht, entwickelt der Viertakter sein Leistungsmaximum bereits bei etwa 10 000 U/min.

Wenn wir Spaß am Motormodellfliegen haben wollen, dann muß der Motor eine Drosselvorrichtung besitzen. Sie ermöglicht eine stufenlose, feinfühlige Drehzahlregulierung von etwa 2000 U/min bis zur Maximaldrehzahl des jeweiligen Motors.

Bei Verwendung einer Proportional-Fernlenkanlage ist darauf zu achten, daß die Rudermaschine für die Betätigung der Drossel in beiden Richtungen ihren vollen Weg ausführen kann, ohne mechanisch abgebremst zu werden. Die Justierung der Endstellung kann daher nur über den Anschluß des Drosselgestänges am Hebelarm der Drossel beziehungsweise der Rudermaschine vorgenommen werden. Während man bei einem Automotor den schnellen oder langsamen Lauf durch die Menge des Kraftstoff-Luft-Gemisches reguliert, der Motor also mit hoher Drehzahl läuft wenn man Gas gibt, oder langsam läuft wenn man den Fuß vom Gaspedal nimmt, ist das in dieser Form beim Modell nicht möglich. Hier macht man sich die Tatsache zunutze, daß ein Motor mit einem optimalen Kraftstoff-Luft-Gemisch mit hohen Drehzahlen laufen kann, während er mit einem zu fetten Gemisch, also mit einem Kraftstoff-Luft-Gemisch, bei dem der Kraftstoffanteil der Menge nach konstant, aber prozentual zur Luftmenge größer ist, langsamer läuft (Abb. 38).

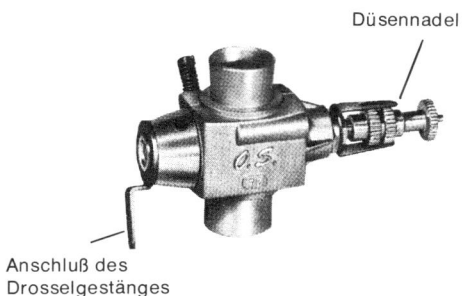

Düsennadel

Anschluß des Drosselgestänges

Abb. 38: Spezialvergaser zur Drehzahlregelung (Drosselvorrichtung)

Schalldämpfer

Die Menschen reagieren auf Umwelteinflüsse wie Lärm allergisch; vor allem dann, wenn sie nicht selbst die Verursacher sind. Verbrennungsmotore erzeugen Lärm. Auch Flugmodelle werden durch lärmerzeugende Verbrennungsmotore angetrieben. Dieser Lärm kann so groß werden, daß Nachbarn sich erheblich gestört fühlen und durch polizeiliche oder Ordnungsvorschriften dafür sorgen, daß mit den Flugmodellen nicht mehr geflogen werden darf. Eine große Anzahl von solchen Verfügungen liegt vor und mancher schöne Modellflugplatz und mancher große Modellflug-Verein mußte seine Existenz aufgeben, weil die Nachbarn nicht damit einverstanden waren. Es ist also unerläßlich, den Fluglärm auch der Flugmodelle zu dämpfen, wenn man weiter fliegen will. Dies geschieht am einfachsten, indem der Lärm an der Quelle verringert wird. Hierfür gibt es zu jedem Motor einen passenden Schalldämpfer (Abb. 39). Zwar verringert der Schalldämpfer auch heute noch die Leistung eines Motors um etwa 5 bis 15 %, dennoch ist er unentbehrlich. Die Bauarten der Schalldämpfer sind etwa gleich. Das mit hoher Geschwindigkeit aus dem Zylinder ausströmende Gas verpufft in einen großen Hohlraum, nämlich in den Schalldämpfer hinein und verläßt diesen mit einer

Abb. 39: Schalldämpfer

verminderten Geschwindigkeit nach außen. Dadurch kann der Schallpegel um etwa 10 bis 20 dBA verringert werden und wird auf 80 bis 85 dBA gedämpft, wenn man etwa 10 m vom Modell entfernt mißt. dBA = Dezibel A ist ein physikalisches Maß für die Größe des Schallpegels, in etwa vergleichbar mit dem physikalischen Maß phon. Da die dBA-Skala logarithmisch ist, bedeutet dies immerhin, daß eine Schalldämpfung um 10 dBA einer Halbierung der Lautstärke in etwa gleichkommt, das heißt, ein Motor, bei dem wir einen Schallpegel von 90 dBA ohne Schalldämpfer und 80 dBA mit Schalldämpfer messen, ist nur halb so laut wie der Motor ohne Schalldämpfer. Das Luftverkehrsgesetz fordert, daß der Startplatz eines Motorflugmodells mindestens 1,5 km von der nächsten Wohnsiedlung entfernt sein muß, wenn man zum Start keine besondere Starterlaubnis haben will. Dies gilt ganz besonders auch für Modellflugplätze. Wenn wir auch weiterhin mit ferngelenkten Motorflugmodellen fliegen wollen, dann müssen alle Modellflieger sehr diszipliniert sein. Auf keinen Fall darf ein an dem Motor befestigter Schalldämpfer entfernt werden, nur um dadurch die Leistung ein wenig zu erhöhen. Man sollte auch an die Freunde auf dem Modellflugplatz selbst denken, die ebenso wie die Anrainer gestört werden und kein Verständnis für unnötigen Krach und dessen Verursacher aufbringen.

Wohin mit dem Sprit?

Der Kraftstoff, auch Treibstoff oder kurz »Sprit« genannt, wird in den Kraftstofftank eingefüllt. Einen solchen Kraftstofftank gibt es fertig – zum Beispiel aus Weißblech gelötet – zu kaufen, wenngleich Kunststofftanks, die man aus kleinen Bausätzen selbst zusammenbauen muß, bei den Fernlenk-Flugmodellen beliebter sind. Diese Kunststofftanks werden in Größen von etwa 20 bis 500 cm^3 angeboten (Abb. 40). Jeder Tank hat einen Füll-, einen Entlüftungs- oder Überlaufstutzen und einen Ansaugstutzen. Die größeren Tanks

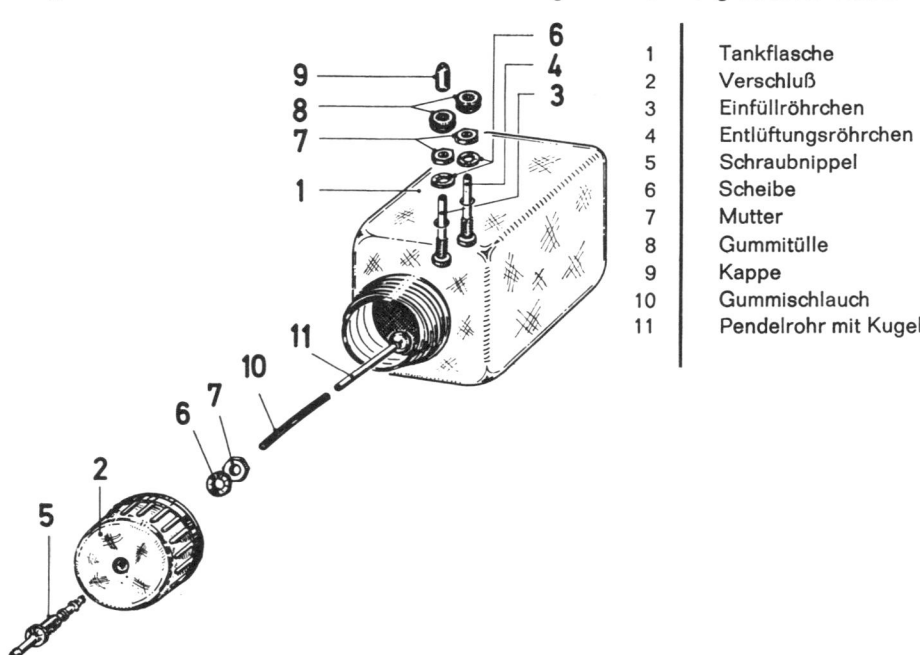

1	Tankflasche
2	Verschluß
3	Einfüllröhrchen
4	Entlüftungsröhrchen
5	Schraubnippel
6	Scheibe
7	Mutter
8	Gummitülle
9	Kappe
10	Gummischlauch
11	Pendelrohr mit Kugel

Abb. 40: Kraftstofftank aus einer Kunststoffflasche

84

für Kunstflugmodelle haben zusätzlich ein Pendel-Ansaugrohr, damit der Kraftstoff in allen Fluglagen sicher bis zum (beinahe) letzten Tropfen angesaugt werden kann. Es gibt auch Kraftstofftanks mit zwei Entlüftungsstutzen, von denen einer zum Betanken oder Enttanken verwendet werden kann. Durch die spezielle Anordnung der doppelten Entlüftung ist ebenfalls in jeder Fluglage ein zuverlässiger und gleichmäßiger Lauf des Motors gewährleistet. Das Material der Kunststofftankflaschen, es sind kleine, meist quadratische Flaschen, ist gegen Diesel- und Glühzünderkraftstoff weitgehend unempfindlich. Wir sollten jedoch in jedem Falle nach Beendigung des Flugbetriebes den Tank entleeren. Dies geschieht am besten über den Ansaugstutzen. Auf den Skizzen sind die verschiedenen Möglichkeiten der Montage eines solchen Tanks dargestellt (Abb. 41).

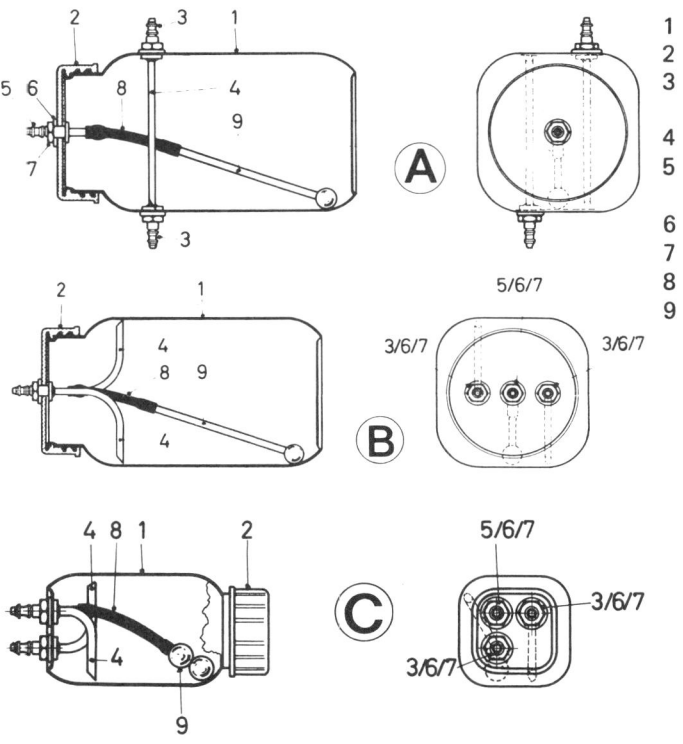

1	Tankflasche
2	Verschluß
3	Schraubnippel für Entlüftungsröhrchen
4	Röhrchen
5	Schraubnippel für Pendelrohr
6	Scheibe
7	Mutter
8	Gummischlauch
9	Pendelrohr mit Kugel

Abb. 41: Schnitte durch Kunststofftanks

85

Im Folgenden werden die wichtigsten Punkte für den Zusammenbau eines Kunststofftanks zusammengefaßt:

1. Alle Bohrungen für die Schraubnippel im Tank oder Verschluß haben 5 mm Durchmesser. Das ist sehr praktisch, weil man mit nur einem Bohrer auskommt.

2. Die beiden Röhrchen für die Entlüftungsstutzen müssen entsprechend der Größe des Tanks auf Länge geschnitten und in die Schraubnippel eingelötet werden.

3. Möglicherweise müssen die Entlüftungsröhrchen gebogen werden; dabei darf man sie nicht zusammendrücken.

4. Die Enden der Entlüftungsröhrchen, die aus dem Rumpf herausstehen, sollen schräg abgeschnitten werden, damit durch den Fahrtwind kein Unterdruck im Tank entsteht.

5. Der Verschluß des Kunststofftankes, in dem auch der Ansaugnippel sitzen kann, muß nach der Montage natürlich fest angeschraubt werden, wenn man keine bösen Überraschungen erleben will.

6. Ein Gummischlauch für die Pendelröhrchen liegt dem Bausatz meistens bei. Er muß jedoch, entsprechend der jeweiligen Tankgröße, zugeschnitten werden. Vom Ansaugnippel wird ein Kraftstoffschlauch zum Vergaserstutzen des Motors geführt. Es ist zweckmäßig, in diesen Kraftstoffschlauch ein kleines Kraftstoffsieb mit einzubauen, um zu verhindern, daß Schmutz in den Motor gelangt (Abb. 42). Auf die anderen Stutzen des Tanks können ebenfalls Kraftstoffschläuche gesteckt und nach außen zur Rumpfwand geführt werden. Einer dieser Stutzen dient dabei zum Betanken und zum Entleeren des Kunststofftanks. Beim Entleeren dürfen selbstverständlich die Zuleitungen nicht verschlossen werden.

Über den Einbau des Kraftstofftanks in das Modell wird an anderer Stelle berichtet.

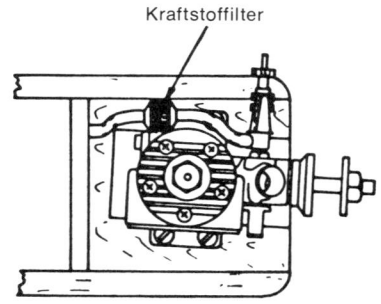

Kraftstoffilter

Abb. 42: Vorteilhaft ist der Einbau eines Kraftstoffilters zwischen Motor und Kopfspant des Rumpfes

Die Montage des Motors

Es scheint selbstverständlich zu sein, daß eine sichere Verbindung des Motors mit dem Modell, die der starken Vibration und allen sonstigen auftretenden Kräften sicher widersteht, vorhanden ist. Es haben sich verschiedene Einbaumethoden bewährt. Die Motore selbst werden mit Schrauben M 3 und M 4, je nach Größe, mit dem Motorträger verbunden. Die Muttern müssen mit Sprengringen gesichert werden, wenn man nicht STOP-Muttern verwendet. Auch sollte man es sich zur Regel machen, den Motor des öfteren auf seinen festen Sitz hin zu überprüfen. Dunkelgraue oder schwarze Ölrückstände am Modell sind ein untrügliches Zeichen dafür, daß irgendwo am Motor eine Schraube locker ist und Metallabrieb entsteht.

Stehender Einbau

Die normale Einbauart ist der stehende Einbau des Motors (Abb. 43). Der Zylinderkopf zeigt nach oben. Wenn nicht eine Motorverkleidung hindert, sind die Treibstoffzuführung, der Vergaser, die Ansaugöffnung sowie die

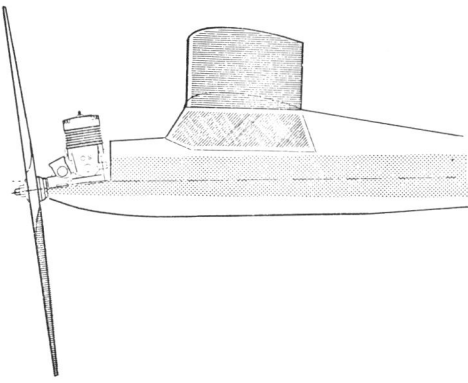

Abb. 43: Stehender Einbau des Motors

Glühkerze bei dieser Einbauart leicht zugänglich. Es ist auch leicht möglich, zum Anwerfen des Motors ein paar Tropfen Treibstoff einzuspritzen oder die Ansaugöffnung mit dem Finger zu schließen, damit das Gemisch beim Durchdrehen des Propellers etwas fetter in den Zylinder strömt.

Liegender Einbau

Beim liegenden Einbau des Motors weist der Zylinderkopf zur Seite (siehe Abb. 10). Diese Einbauart wird oft aus optischen Gründen gewählt und ist ein Kompromiß zwischen der stehenden und der hängenden Einbauart. Der Vorteil liegt vor allem darin, daß man eine Seite der Rumpfnase vollständig verkleiden kann und daß der Motor von dieser Seite her völlig von der Rumpfnase verdeckt wird. Bei vorbildgetreuen oder vorbildähnlichen Modellen ist diese Bauweise deshalb sehr beliebt. Auch bei einem liegend eingebauten Motor ist im allgemeinen eine gute Zugänglichkeit zum Vergaser gewährleistet.

Hängender Einbau

Der hängend eingebaute Motor, bei dem der Zylinderkopf zum Boden, also nach unten hin, zeigt, bringt gewisse Probleme mit sich. Dennoch wird er bei hohen Rümpfen mit Motorhauben auch aus optischen Gründen hin und wieder gewählt. Bei dieser Anordnung des Motors ist es vor allem der Start, der Schwierigkeiten bereitet. Dies ist verständlich, wenn man bedenkt, daß sich überschüssiger Treibstoff nicht im Kurbelgehäuse, sondern im Zylinderkopf sammelt, was dazu führt, daß die Glühkerze feucht wird, nicht so leicht zum Glühen kommt und somit den Startvorgang erschwert. Wenn also ein hängender Motoreinbau nicht unumgänglich ist, sollte man ihn aus freien Stücken nicht wählen.

Anordnung des Kraftstofftanks

Der Tank soll so dicht wie möglich hinter dem Motor eingebaut werden. Er muß mit seiner Mittellinie genau auf der Höhe der Düsennadel liegen. Durch die unterschiedlichen Fluglagen des Modelles ändert sich die Saughöhe laufend, wodurch der Motor einmal zu fettes (kraftstoffreiches) und dann wieder zu mageres (kraftstoffarmes) Gemisch zugeführt bekommt. Je näher nun der Motor am Tank liegt und je genauer die Mittellinie Tank / Düsennadel übereinstimmt, desto kleiner werden die störenden Druckdifferenzen. Der Motor kann magerer (Düsennadel weiter zu) und damit leistungsfähiger eingestellt werden. Wie alle anderen Teile auch, muß natürlich der Kraftstofftank fest liegen. Er darf keineswegs im Modell umherfliegen. Eine Vibrationsdämpfung durch um den Kraftstofftank gelegten Schaumgummi ist in jedem Falle zu empfehlen.

Die Spritzufuhr zum Motor wird vereinfacht, wenn ein direkter Schlauchanschluß vom Tank zum Vergaser möglich ist. Schleifen und scharfe Knicke sind auf jeden Fall zu vermeiden.

Die Luftschraube

Die Luftschraube dient zur Fortbewegung eines ferngelenkten Motorflugmodelles. Von ihrer Größe, von ihrer Steigung und Oberflächenbeschaffenheit ist die Vortriebsleistung, das heißt die Umsetzung der Motorkraft in Geschwindigkeit, abhängig. Es lohnt daher, sie ein wenig näher zu betrachten.

Die Luftschraube weist eine für die Fluggeschichte lange Entwicklungszeit auf. Wurden anfangs noch zwei Gänsefedern als Luftschraubenblätter verwendet, so scheint heute in der Zweiblatt-Luftschraube die günstigste und endgültige Lösung für den Antrieb der Flugmodelle gefunden zu sein.

Für die Verbrennungsmotoren werden Luftschrauben maschinell in verschiedenen Größen vor allem aus Kunststoff hergestellt, so daß für jeden Zweck eine annähernd passende »Latte« zu bekommen ist. Die Tabelle am Schluß dieses Kapitels zeigt, welcher Motor und welche Luftschraube genommen werden sollen. Vorher aber noch ein bißchen Theorie, denn wenn man weiß, wie der Vortrieb zustande kommt, können Fehlentscheidungen vermieden werden.

Die Luftschraube hat – wie schon erwähnt – die Aufgabe, die Leistung des Triebwerkes in Vortrieb umzuwandeln. Da sie sich bei ihren Umdrehungen gleichzeitig vorwärts bewegt, beschreibt sie einen schraubenförmigen Weg in der Luft, woraus ihr Name entstanden ist. Sie ist durchaus auch mit einer Schraube und damit auch mit dem Fortschreiten derselben in einem Muttergewinde zu vergleichen, nur ist das »Muttergewinde« die Luft in der die Luftschraube auch nicht ganz den Weg zurücklegt, der ihrer Steigung entspricht (Abb. 44). Als Steigung bezeichnet man in der Technik die Höhe einer Luftschraubenwindung, das ist die Steighöhe bei einer Umdrehung. Der Unterschied zwischen der Steigung und dem wirklich zurückgelegten Weg wird als »Schlupf« bezeichnet (Abb. 45). Der Schlupf besteht aus Widerständen, die an der Luftschraube in ähnlicher Weise auftreten wie an Tragflügeln. Es ist verständlich, daß von seiner Größe der Wirkungsgrad und daher die Güte der Luftschraube abhängig ist. Luftschrauben für große Flugzeuge können einen Wirkungsgrad bis zu etwa 80% haben. Bei unseren Modell-Luftschrauben ist

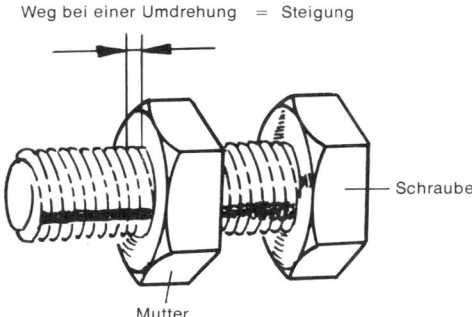

Weg bei einer Umdrehung = Steigung

Schraube

Mutter

Abb. 44: Steigung einer Schraube

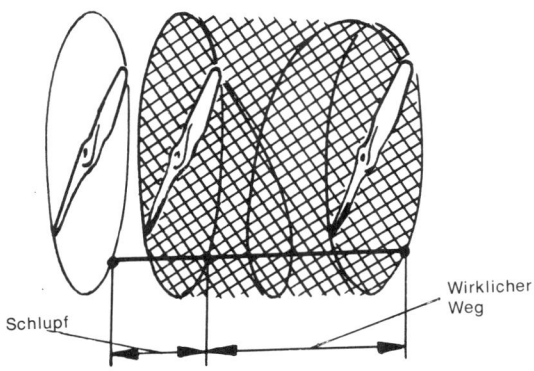

Wirklicher Weg

Schlupf

Abb. 45: Steigung und Schlupf einer Luftschraube

dies leider nicht zu erreichen. Hier kann man bestenfalls mit Wirkungsgraden bis zu 70% bei großen und langsam drehenden Luftschrauben rechnen. Luftschrauben für ferngelenkte Motorflugmodelle indes haben Wirkungsgrade, die bis höchstens 50% reichen.

Zur näheren Erklärung der Wirkungsweise einer Luftschraube denkt man sich eine der Luftschraubenblätter in eine Reihe schmaler Schnitte zerlegt. Jedes dieser Teilstückchen hat zweckmäßigerweise einen Querschnitt, der einem Tragflügelprofil gleicht. Das Schraubenblatt besteht also praktisch aus einer

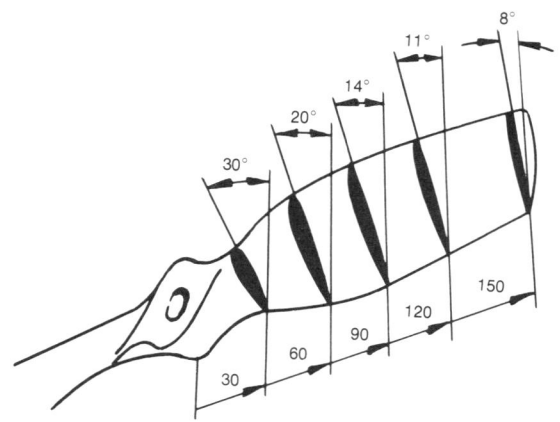

Abb. 46: Blattwinkel einer Luftschraube

Reihe von kurzen Tragflügelstücken, die mit um so größerer Geschwindigkeit durch die Luft bewegt werden, je weiter sie von der Drehachse entfernt sind (Abb. 46). Dabei entsteht an den einzelnen Tragflügelstücken eine Kraft, die wie der Auftrieb eines Flügels in ihre Teilkräfte zerlegt werden kann (Widerstand und Luftkraft). Die Kraftanteile in Flugrichtung ergeben den Schraubenzug, der für die Vortriebsleistung entscheidend ist. Die Größe dieses Schubes ist abhängig von der Anblasgeschwindigkeit und der Anblasrichtung der einzelnen Blattelemente.

Die Anblasgeschwindigkeit und Anblasrichtung ergeben sich als Resultierende aus Umfangs- und Fluggeschwindigkeit. Die Abb. 47 zeigt, daß die Anblasrichtung mit zunehmender Fluggeschwindigkeit bei einer bestimmten Umfangsgeschwindigkeit (Drehzahl) flacher wird.

Jedes Blatt ist zu der Anblasrichtung in einem bestimmten Winkel, dem Anstellwinkel, geneigt. Ändert sich für die Luftschraube die Umfangsgeschwindigkeit (Drehzahl) oder aber die Fluggeschwindigkeit, so wird sich zwangsläufig auch der Anstellwinkel der einzelnen Luftschraubenschnitte ändern.

Wie bei den Tragflügeln gibt es auch hier einen Bereich, in dem das Verhältnis von Schub und Umfangskraft besonders günstig ist oder mit anderen Worten, in dem man mit einer bestimmten Kraft eine große Vortriebsleistung erreicht.

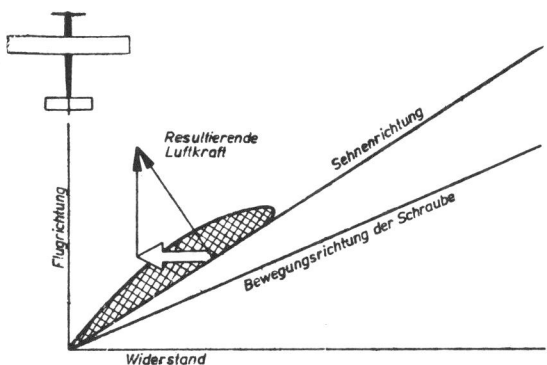

Abb. 47: Anblasrichtung und Luftkräfte an einem Luftschraubenblatt

Wie schon erwähnt, wird der Wirkungsgrad der Luftschraube durch die Größe des Schlupfes beeinflußt. Er beträgt bei den ferngelenkten Motorflugmodellen bis zu 70 %, so daß man mit einem Wirkungsgrad von etwa 30 bis 50 % rechnen kann.

Ohne Berücksichtigung des Schlupfes legt die Luftschraube bei einer Umdrehung einen Weg zurück, der ihrer Steigung entspricht. Beträgt der Schlupf 50 %, so ist der tatsächlich zurückgelegte Weg nur halb so groß. In gleichem Maße ändert sich die Anblasrichtung der Luftschraubenschnitte, der Anblaswinkel wird größer.

Ohne Berücksichtigung des Schlupfes ist die Anblasrichtung 0°, wenn der Steigungswinkel gleich dem Anstellwinkel der Luftschraubenblätter ist. Da der zurückgelegte Weg kleiner als die Steigung ist, wird sich die Anblasrichtung in dem gleichen Maße ändern, wie sich der Wirkungsgrad der Luftschraube ändert. Diese Tatsache ist bei der Wahl einer Luftschraube zu berücksichtigen. Die Steigung einer Luftschraube ist also entsprechend der Motordrehzahl und der voraussichtlichen Fluggeschwindigkeit des Modelles auszuwählen. Schnell fliegende Modelle erfordern Luftschrauben mit einer grcßen Steigung, langsam fliegende Modelle solche mit einer geringeren Steigung. Hochleistungsmotore mit einer hohen Drehzahl verlangen Luftschrauben mit einer geringen Steigung, Motore mit einer geringeren Drehzahl wiederum Luftschrauben mit einer größeren Steigung. Das Ganze erscheint reichlich kompliziert, vor allem wenn man bedenkt, daß auch die Drehzahl der Motore während des Fluges durch die Drosseleinrichtung zu verändern ist, der Wirkungsgrad sich also auch während des Fluges verändert. Ganz so tragisch ist dies aber in der Praxis nicht. Die Tabelle gibt Rat, welche Luftschraube zu verwenden ist.

Im Laufe ihrer Entwicklungsgeschichte hat die Luftschraube eine vielfache Wandlung erfahren. Im Großflugzeugbau spielen vor allem oft wechselnde Drehzahl, wechselnde Fluggeschwindigkeiten und an den Luftschraubenspitzen die Schallgeschwindigkeit eine Rolle. Im Flugmodellbau, vor allem bei den ferngelenkten Flugmodellen, wird auch ein Teil dieser Forderungen akut. Es ist verständlich, daß bei einem starken Motor die Luftschraube groß sein kann, bei einem schwachen Motor aber klein sein muß. Für Modellmotore von etwa 2 ccm Hubraum sind daher Luftschrauben von etwa 20 cm Durchmesser günstig, während man für die großen und starken Motore von 10 ccm Hubraum Luftschrauben mit einem Durchmesser von 28 bis 30 cm nehmen sollte. Die aus einem Kunststoff, meist aus Polyamid, hergestellten Luftschrauben der verschiedenen Hersteller sind einander sehr ähnlich, aber nicht unbedingt gleichwertig. Die Unterschiede sind zwar nicht gravierend groß, aber dennoch vorhanden. Es lohnt, verschiedene Luftschrauben verschiedener Hersteller mit gleichem Durchmesser und gleicher Steigung an einem Modell auszuprobieren, um festzustellen, welche die günstigste ist. Da eine Luftschraube ohnehin nicht ewig lebt und bei harten Landungen oft kaputtgeht, ist dies nicht weiter tragisch. Man sollte ohnehin eine größere Anzahl von Reserveluftschrauben mit aufs Flugfeld nehmen.

Tabelle zur Luftschraubenauswahl

Motorhubraum in ccm	Luftschraube Durchmesser in cm / Steigung
1,7	18 / 10
	18 / 12
	20 / 10
2,5	20 / 10
	20 / 15
	23 / 10
3,2	23 / 10
	23 / 12
4,0	23 / 10
	23 / 12
	25 / 10
4,86	23 / 10
5,83	25 / 10
	25 / 12
6,5	23 / 15
	25 / 10
	25 / 12
8,3	28 / 15
	30 / 15
10,0	28 / 18
	28 / 20
	30 / 15

Der Motorsturz

Unter »Motorsturz« verstehen die Modellflieger einen um einige Grad schräg nach unten eingebauten Motor (Abb. 48). Beim Geradeausflug mit Vollgas ist die Wirkung des Motorsturzes zwar gering. Aber wenn wir das Modell steil nach oben ziehen und die Geschwindigkeit bei voll drehendem Motor stark zurückgeht, wird der Motorsturz sehr stark wirksam. Er bringt das Modell wieder weich in die Normalfluglage.

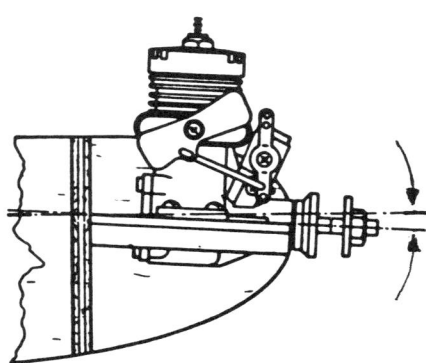

Abb. 48: Motorsturz – der Winkel zwischen der Rumpflängsachse und der Mittellinie des Motors wird als Motorsturz bezeichnet

Diese Wirkung kann auch beobachtet werden, wenn ein Modell mit starkem Motorsturz im Handstart gestartet wird. Dies ist vor allem bei Sportmodellen der Fall. Beim Start ist die Geschwindigkeit meist nicht groß genug, da die Flächenbelastung kleiner Motorflugmodelle beträchtlich ist und diese Modelle sehr schnell fliegen müssen. Ist also die Geschwindigkeit niedrig, so zieht der Motorsturz das Modell zunächst in einem steilen Gleitflug nach unten, bis das Modell genug Geschwindigkeit erreicht hat und der Auftrieb gleich dem Gewicht ist. Dies ist, wie wir wissen, die Voraussetzung für einen Flug ohne Höhenverlust. Der Motorsturz wird dann weniger wirksam, die Fluggeschwindigkeit wird noch etwas größer, und das Modell fängt an zu steigen. Ein paar Grad Motorsturz gewährleisten auch zu einem schönen langen, flachen Start. Ohne Motorsturz würden viele Modelle nach dem Start die Nase hoch nehmen, der Anstellwinkel würde so groß, daß die Strömung am Flügel abreißt und das Modell abstürzt. Es wurde in der Modellflugliteratur viel über den Verlust an Motorleistung durch den Motorsturz und auch durch den oft notwendigen Motorseitenzug geschrieben. Tatsächlich aber liegen die Werte für die Verluste etwa bei 1% je Grad Sturz, und das ist sicherlich nicht viel. Fliegen doch heute die meisten Modellflieger Modelle, die einen genügend großen Kraftüberschuß haben. Dieser Verlust fällt also überhaupt nicht ins Gewicht. Der Motorsturz ist bei Sportmodellen unerläßlich. Tiefdecker, also schnelle Kunstflugmodelle, haben hingegen kaum einen Motorsturz.

Wie fliegt ein Flugzeug?

Jahrtausende war den Menschen die Eroberung der Luft verwehrt. Erst um 1800 n. Chr. gelangen dem Engländer Sir George Caley, wenn man den Berichten Glauben schenken darf, einige Gleitflüge mit einfachen Flugmodellen; 100 Jahre später hatte man ausreichende Kenntnisse der Aerodynamik und begriff, weshalb es möglich ist, mit einem Luftfahrzeug, schwerer als Luft, zu fliegen. Das Wort »Aerodynamik« kommt aus der altgriechischen Sprache, es enthält die Begriffe Luft und Kraft. So stellt die Aerodynamik die Lehre von den Luftkräften dar. Mit diesen Kräften hat es jeder Modellflieger ständig zu tun, und immer gilt es, sie sinnvoll anzuwenden. Am Flugmodell, wie bei allen Luftfahrzeugen, laufen vielfältige flugphysikalische Vorgänge ab. Ehe etwas näher darauf eingegangen wird, zunächst etwas über die Zusammensetzung der Luft. Die Luft stellt ein Gemisch aus verschiedenen Gasen dar. Darin finden sich 21% Sauerstoff, der für das biologische Leben und die Verbrennung von größter Bedeutung ist. Den höchsten Anteil mit 78% weist der Stickstoff auf. Das restliche eine Prozent besteht aus Edelgasen wie Argon, Neon und Helium; dazu kommt etwas Kohlensäure. Die Luftdichte ist abhängig von der Höhe. Am Boden wiegt 1 l, das sind 1000 cm^3, etwa 1,25 g.

Wenn die Luft in Ruhe ist, kann sie keine Kräfte erzeugen. Es kommt also darauf an, sie in Bewegung zu bringen oder, was die gleiche Wirkung hervorruft, Körper durch die Luft zu bewegen. Bei der Durchführung von Versuchen ist es einfacher, eine künstliche Luftströmung gegen ein stillstehendes Versuchsteil wirken zu lassen. Auf diese Weise arbeiten die aerodynamischen Versuchsanstalten, in denen für die Neukonstruktion von Flugzeugen (auch von Land- und Wasserfahrzeugen) Messungen durchgeführt werden. Auch Leistungsmodellbauer verfügen manchmal über kleine (meist selbstgebaute) Windkanäle. Etwas ähnliches gibt es an manchen Schulen unter der Bezeichnung Rauchkanal. Damit kann man hinter einem kleinen durchsichtigen Fenster beobachten, wie sich die durch Rauch sichtbar gemachte Luft bei der Umströmung bestimmter Körper verhält (Abb. 49 und 50).

Vor allem interessiert natürlich die Frage, wie es kommt, daß Flugmodelle durch die Luft gleiten und nicht wie Steine zur Erde fallen. Jeder wird sofort

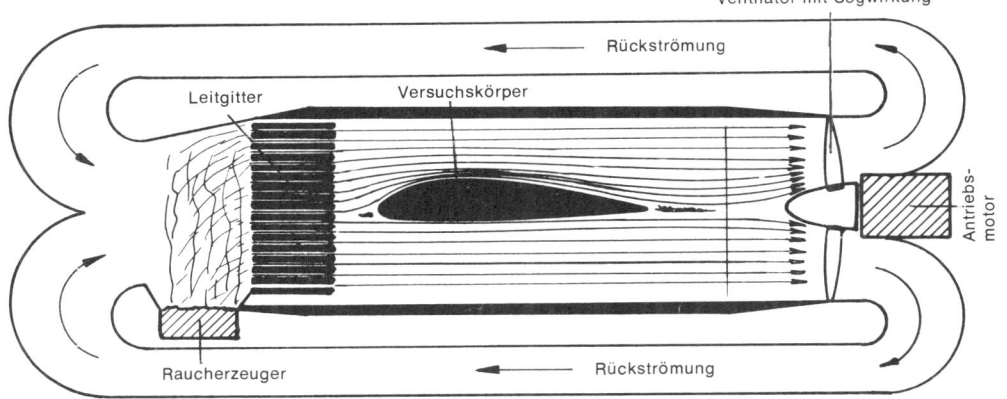

Ventilator mit Sogwirkung

Rückströmung

Leitgitter Versuchskörper

Antriebs-motor

Raucherzeuger Rückströmung

Abb. 49: Prinzip eines Rauchkanals, in dem die Strömungsvorgänge an Profilen durch weißen Rauch sichtbar gemacht werden

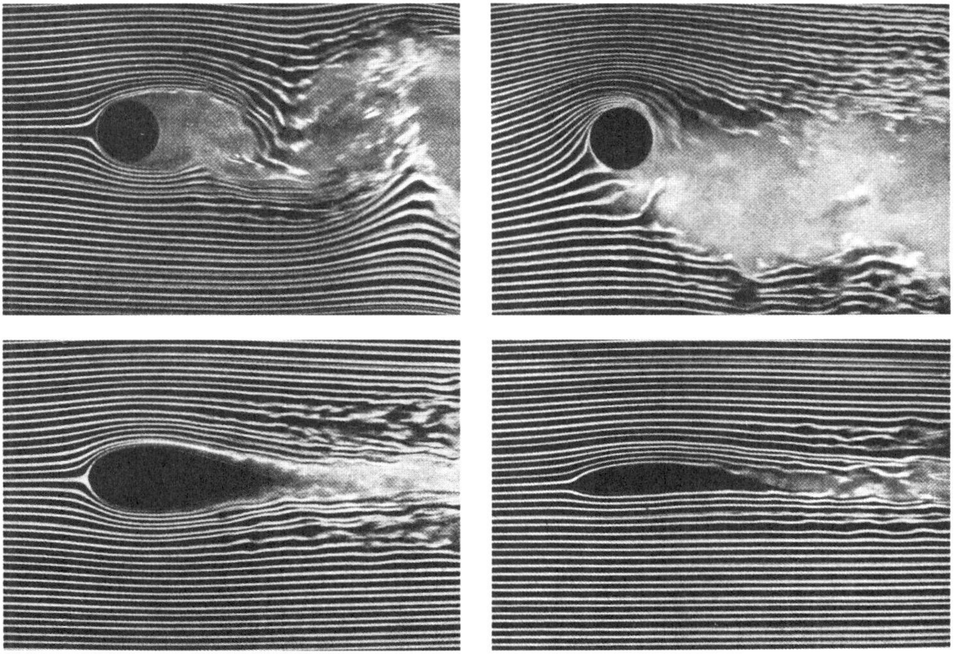

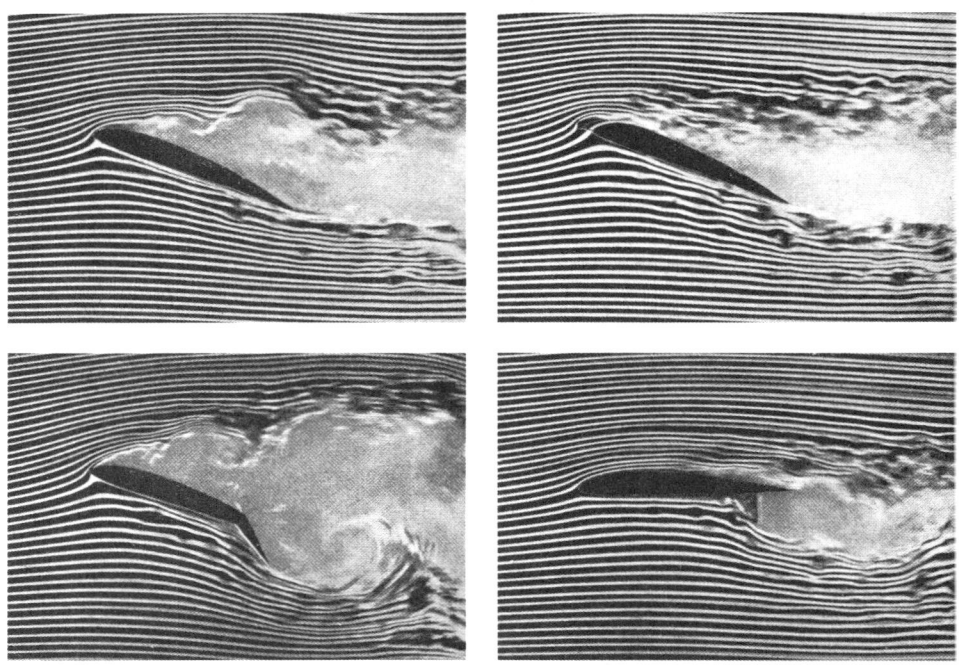

Abb. 50: Strömungsbilder im Rauchkanal

antworten: »Weil Flügel vorhanden sind.« Das ist richtig und deshalb lohnt es sich, den Flügelquerschnitt etwas eingehender zu betrachten. Bei ganz einfachen Modellen, wie den Papierschwalben, ist dieser vollkommen flach, wie das zur Herstellung benutzte Papier. Weil derartige Modelle sehr leicht sind und von ihnen auch keine besonderen Flugleistungen erwartet werden, kommt man dabei mit einem flachen Querschnitt aus. Sorgt man jedoch für eine Wölbung des Flügels, lassen sich die Flugleistungen erheblich verbessern. Eine weitere Steigerung der Flugleistung kommt zustande, wenn die Flügelunterseite annähernd gerade ist, während die Oberseite eine Wölbung aufweist. Damit erhält der Flügel zugleich eine gewisse Dicke; man kann Versteifungen und Holme einbauen, so daß eine große Festigkeit entsteht. Den Querschnitt durch einen Flügel bezeichnet man als Profil. Es gibt eine außerordentlich große Zahl von Flügelprofilen, die alle ihre bestimmten Eigenschaften haben und dementsprechend verwendet werden. Die Abb. 51 bringt eine kleine

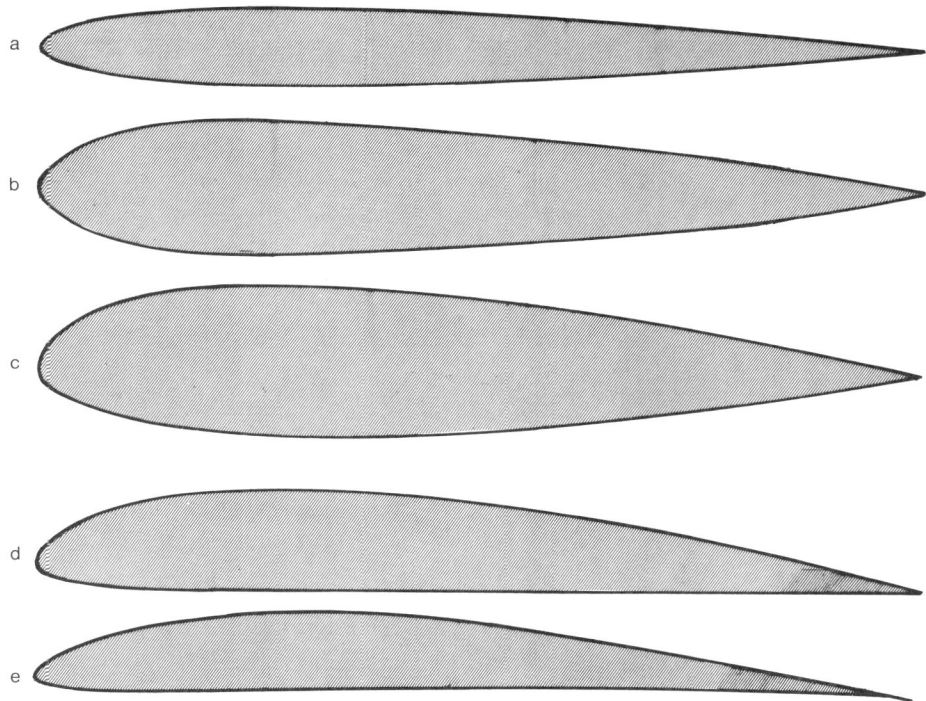

Abb. 51: Flügelprofile; für ferngelenkte Motor- und Segelflugmodelle, a + b: Symmetrische Profile, c: Halbsymmetrisches Profil 18% dick, d: Profil mit gerader Unterseite, e: Profil mit konkav gewölbter Unterseite

Auswahl davon. Zunächst sind zwei Formen dargestellt, die an der Ober- und Unterseite die gleiche Wölbung aufweisen, so daß hier eine Mittel- oder Symmetrielinie vorhanden ist. Aus diesem Grunde werden sie auch als symmetrische Profile bezeichnet. Solche Formen werden vorwiegend beim Seitenleitwerk benutzt, häufig aber auch im Höhenleitwerk. Sie sind dann allerdings dünn und haben eine Dicke von etwa 6% bis 10% der Flügeltiefe. Bei Modellen für Steuerleinen- oder Fernsteuerflug sind sie auch im Tragflügel zu finden, nur sind sie dann dicker; dadurch läßt sich ein Rückenflug gut ausführen. Symmetrische Profile erzeugen, wenn die Luftströmung genau von vorn kommt, d. h. parallel zur Mittenlinie, keinen Auftrieb; erst wenn sie schräg gegen den Wind angestellt werden, entsteht Auftrieb. Ihr maximaler Auftrieb ist geringer als der anderer, gleich dicker Profile, bei denen die Unterseite nicht so stark konvex, also nach außen (unten), gewölbt ist.

Ganz anders verhalten sich die sogenannten tragenden Profile, wovon drei charakteristische Formen abgebildet sind. Die Bezeichnung ist an sich irrig, da auch die symmetrischen Profile natürlich »tragen«, also Auftrieb erzeugen, wenn der Anstellwinkel groß genug ist. Während aber bei den symmetrischen Profilen bei dem Anstellwinkel 0° der Auftrieb gleich Null ist, erzeugen »tragende« Profile bei Anstellwinkeln, die kleiner als Null sind, bereits Auftrieb.

Bei den »tragenden« Profilen fällt auf, daß sie vor allem an der Oberseite eine kräftige Wölbung haben, während sie an der Unterseite entweder gerade sind oder schwach nach innen oder außen gewölbt. Diese auffällig starke Oberseitenwölbung ist es, die im wesentlichen den Auftrieb erzeugt. Das läßt sich durch folgenden Umstand erklären. Wegen des größeren Weges entlang der Oberseite im Verhältnis zur Unterseite müssen die Luftteilchen oben schneller fließen (Abb. 52). Das ist ein physikalisches Gesetz, welches von Daniel B. Bernoulli im 18. Jahrhundert entdeckt wurde. Seine nach ihm benannte Glei-

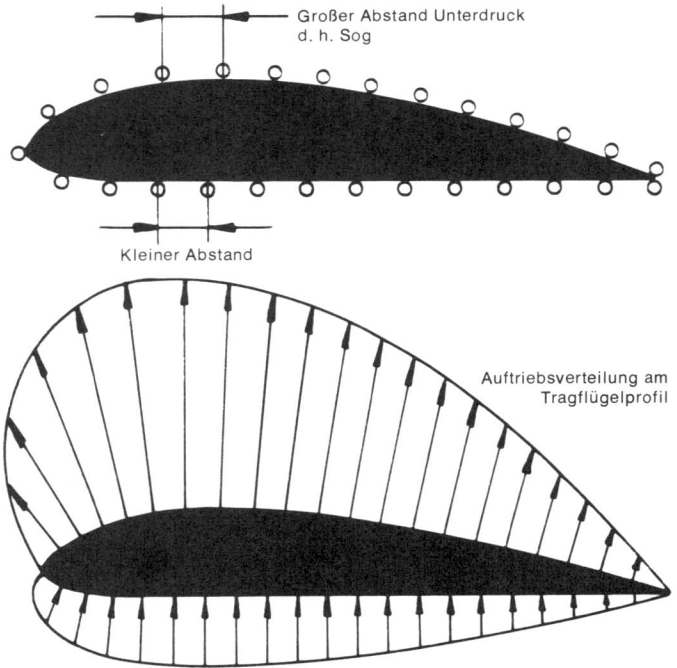

Abb. 52: Druckverteilung an einem Flügelprofil

chung beschreibt die Beziehung zwischen Druck und Geschwindigkeit in reibungsfrei strömenden inkompressiblen Gasen und Flüssigkeiten. Die Luftströmungen unterhalb der Schallgeschwindigkeit zählen dazu. Die Summe aus dem statischen Druck und dem Staudruck (= Gesamtdruck) ist in einem bestimmten Strömungsfaden konstant – so die Versuchsergebnisse. Wenn also die Luftteilchen über einem Hindernis, etwa über einem Haus oder auch über einem gewölbten und schräg angestellten Flügel, schneller fließen, dann muß zwangsläufig der statische Druck geringer werden, also ein Unterdruck, ein Sog, entstehen. Dieser trägt zur Auftriebserzeugung weit stärker bei als der Staudruck unter dem angestellten Flügel. Bei einem nicht angestellten Flügel, wenn also die Profilunterseite in keinem positiven Winkel zum Luftstrom steht, entsteht auch kein Staudruck an der Flügelunterseite und somit kein »Druck-Auftriebsanteil«. Es ist daher falsch anzunehmen, daß ein Flügel in erster Linie durch die unter ihm hinwegströmende Luft nach oben gedrückt wird. Man leitet diese Annahme fast immer von der Wirkungsweise der Drachen ab, die tatsächlich allein durch den Staudruck der Luft getragen werden. Das reicht aus, da jeder Drachen an einer Schnur hängt, der Luftwiderstand somit ohne Bedeutung ist und man sich passenden Wind aussuchen kann. Man sollte sich ganz fest die fundamentale Erkenntnis einprägen: Der profilierte Tragflügel wird viel stärker durch die über ihn hinwegstreichende Luft nach oben gesaugt, als durch das unter ihm vorhandene Luftpolster nach oben gedrückt. Der sorgfältigen Ausbildung einer Tragflügeloberseite ist daher immer besondere Aufmerksamkeit zu widmen. Es gibt eine Reihe einfacher Versuche, mit denen man die Wirkung des Auftriebes sehr anschaulich darstellen kann. Zunächst biegt man aus glattem, dünnem Blech (Büchsenblech) oder auch wasserabstoßender Pappe, eine Profilform, wie sie auf Abb. 53 zu erkennen ist. Diese hängt man an der abgewinkelten Kante über eine Stricknadel oder dünne Holzleiste. Wird nun die Wölbung vorsichtig an einen langsam fließenden (möglichst nicht verwirbelten) Wasserstrahl gehalten, so merkt man deutlich, wie die Wölbung zum Strahl hin gesaugt wird. Jeder Laie nimmt vorher ganz selbstverständlich an, daß die Platte auf Grund der Wölbung durch die Wirkung des Strahles weggedrückt wird! Den vorhandenen Sog spürt man recht deutlich, wenn man die Platte vorsichtig vom Strahl wegschwenken möchte; es entsteht dabei förmlich der Eindruck, daß diese am Strahl »klebt«. Der Versuch mit dem Wasserstrahl lehrt auch, daß sich Flüssigkeiten ganz ähnlich wie Luft verhalten. Durch die größere Dichte kommt sogar noch eine weit stärkere Wirkung zustande.

Für den nächsten Versuch biegt man zwei Postkarten oder ähnlich große Stücke Zeichenkarton und hält beide, wieder auf Nadeln oder Holzleisten

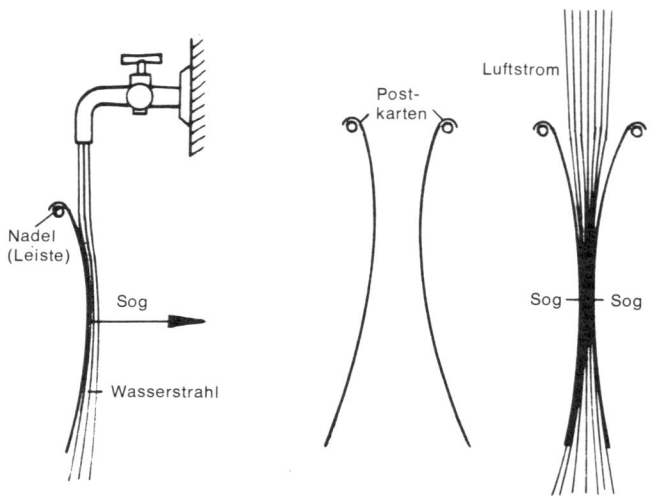

Abb. 53: Profilversuch

Abb. 54: Profilversuch mit zwei
gewölbten Postkarten

gelagert, gemäß Abb. 54 in einigem Abstand voneinander. Pustet man jetzt
zwischen die Karten, legen sie sich sofort als Folge des vorhandenen Sogs
dicht aneinander. Hört man zu pusten auf, schwenken sie selbstverständlich
wieder auseinander.

Wer einen etwas größeren Aufwand nicht scheut, baut sich aus Zeichenkarton
das konisch auslaufende Blasrohr mit Kegel. Wie diese Teile in der sogenannten »Abwicklung« aussehen, zeigt die Abb. 55; außerdem ist dargestellt,
wie die Teile zusammenzubauen sind. Steckt man den Kegel in das konische
Stück des Blasrohres (beide Teile müssen selbstverständlich gut ineinander
passen) und bläst man von oben hinein, so tritt wiederum eine verblüffende
Erscheinung auf. Der Kegel wird keinesfalls wie eine Harpune aus dem Blasrohr herausgeschleudert, sondern er wird durch den entstehenden Sog im
Konus des Blasrohres gehalten. Er möchte in das Rohr hineinwandern und
kann dies in dem Maße tun, wie gerade noch die von oben kommende Luft
Durchlaß findet.

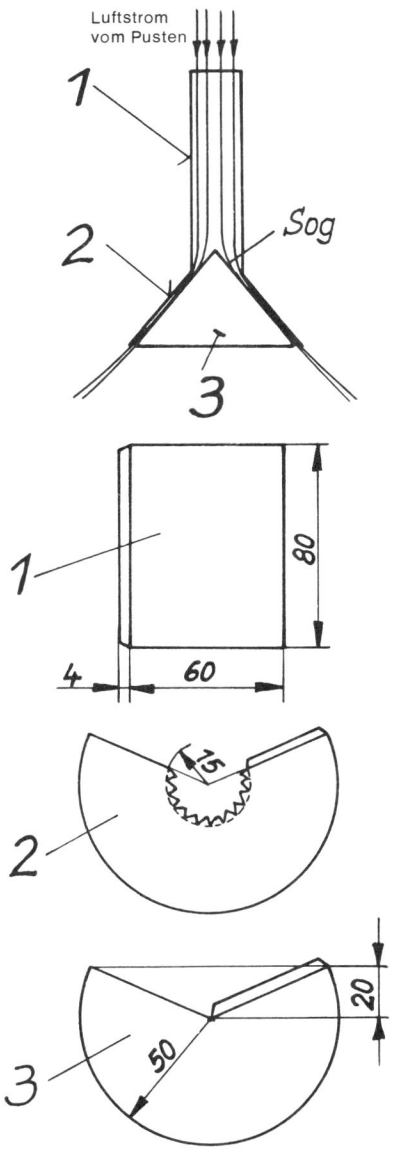

Abb. 55: Versuch mit Kegel und Blasrohr

Noch etwas zum typischen Verhalten von profilierten Tragflügeln. Wird ein Flügel mit +2° schwach gegen die Luft angestellt, so erreicht man einen verhältnismäßig guten Auftrieb bei sehr geringem Widerstand, was sich im Verhältnis von 1 : 5 ausdrückt (Abb. 56).

Vergrößert man den Anstellwinkel auf ungefähr +8°, so steigt zwar der Auftrieb weiterhin, aber auch der Widerstand erhöht sich beträchtlich, so daß mit 1 : 3 ein ungünstiges Verhältnis entsteht (Abb. 57).

Sind ca. 15° Anstellwinkel vorhanden, sinkt der Auftrieb bereits wieder ab, jedoch nimmt der Widerstand ganz erheblich zu; das Verhältnis beträgt dadurch nur noch 1 : 1 (Abb. 58).

Dieses Verhältnis Auftrieb : Widerstand (beide in kg) oder das Verhältnis der dimensionslosen Beiwerte von Auftrieb (c_a) und Widerstand (c_w), $c_a : c_w$, ist eine wichtige aerodynamische Größe und wird als Gleitzahl bezeichnet. Je größer dieses Verhältnis ist, um so größer ist die Gleitflugstrecke, die ein Flugzeug aus einer bestimmten Höhe zurücklegt.

Wenn die Verhältnisse bei +8° und +15° Anstellwinkel für ein gutes Gleiten auch schlecht sind, so haben sie jedoch andererseits ihre Berechtigung, wenn ein Flugzeug landen möchte. Hier soll für den Langsamflug ein möglichst hoher Auftrieb vorhanden sein, während der große Widerstand die Landestrecke verkürzt.

Betrachtet man die Darstellungen näher, so fällt weiterhin auf, daß sich der Angriffspunkt der Auftriebskräfte mit zunehmendem Anstellwinkel immer weiter nach vorn zur Profilnase hin verlagert. Der Fachmann spricht hier von einer Druckpunktwanderung. Dieser Umstand ist es in erster Linie, der an den Modellen ein Leitwerk von ausreichender Größe notwendig macht, um die Stabilisierung im Fluge sicherzustellen. Im Kapitel »Flugmechanik« wird näher darauf eingegangen.

Nun verursacht nicht nur ein Tragflügel Luftwiderstand; auch alle anderen Teile des Modells sind von ihm betroffen, was die Flugleistungen natürlich herabsetzt. Das Bestreben geht deshalb dahin, diesen unerwünschten Luftwiderstand so gering wie möglich zu halten. Das gelingt durchweg, indem alle Teile der sogenannten Stromlinienform angenähert werden. Was es mit diesem Begriff auf sich hat, lehrt sehr eindrucksvoll die Durchführung einer kleinen Versuchsreihe. Dazu benötigt man zunächst einen Ventilator in der Art eines Propellers, sogenannte Querstromlüfter sind nicht besonders brauchbar. Zur Not geht jedoch auch die »Pusteseite« eines Staubsaugers. Weiterhin ist eine Briefwaage erforderlich.

Außerdem muß man sich einen Winkel-Umlenkhebel bauen, weil jede Briefwaage nach unten wirkt, die Widerstandsmessung aber horizontal vorgenom-

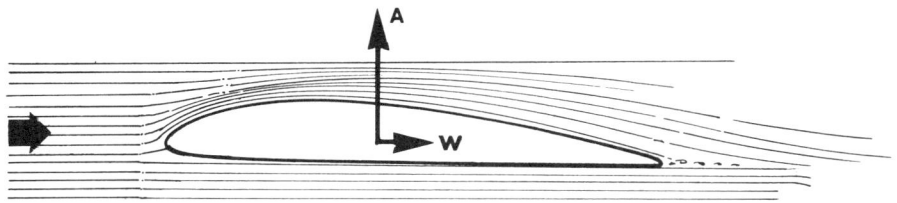

Abb. 56: Flügelumströmung bei +2° Anstellwinkel

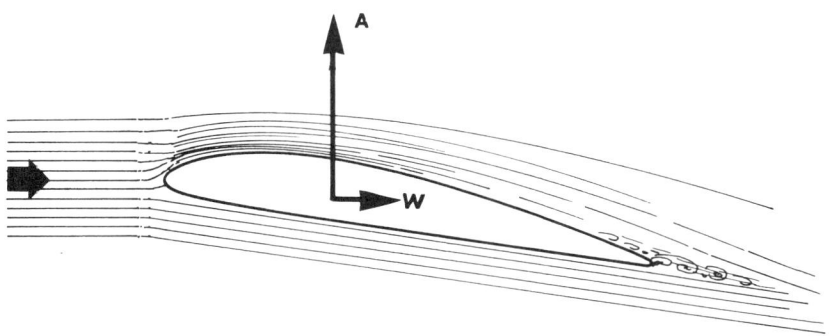

Abb. 57: Flügelumströmung bei +8° Anstellwinkel, der Druckpunkt ist etwas nach vorn gewandert, Auftrieb A und Widerstand W sind größer

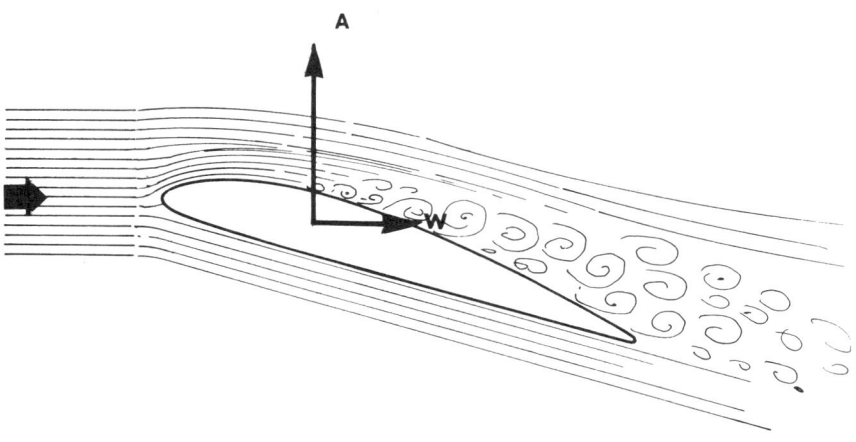

Abb. 58: Flügelumströmung bei +15°; die Strömung reißt an der Oberseite ab, der Widerstand wächst stark an, ohne daß der Auftrieb größer wird

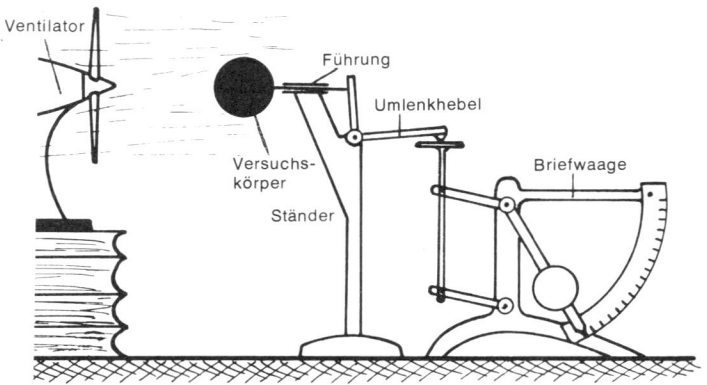

Abb. 59: Einfache Versuchsanordnung zur Widerstandsmessung

men wird. Die Versuchsanordnung, vor allem auch die Form des Umlenkhebels, geht aus Abb. 59 hervor.

Als Rundkörper wird ein Tischtennisball verwendet (Abb. 60; 3). Einen zweiten zerschneidet man, so daß zwei hohle Halbkugeln entstehen (1 und 4). Aus dünner Pappe wird dann eine Scheibe mit genau dem gleichen Durchmesser wie der Tischtennisball hergestellt (2). Als letzten Versuchskörper benötigt man noch die Stromlinienform (5). Hier wird ein Tischtennisball vorn und hinten mit Aufleimungen aus weichem Balsa oder nicht zu porösem Schaumstoff versehen. Dieser Stromlinienkörper muß sorgfältig verschliffen werden und auch einigermaßen symmetrisch sein. Zuletzt leimt man noch ein dünnes Holzstäbchen an den Versuchskörper, um ihn sicher am Umlenkhebel befestigen zu können. Als erstes wird die nach vorn offene Halbkugel festgemacht. Nun kann unsere »Windmaschine« vor dem Versuchskörper aufgestellt und eingeschaltet werden (Abb. 59). Die Wirkung der Luftströmung ist durch entsprechenden Abstand so zu bemessen, daß beim genannten Versuchskörper die Skala der Briefwaage möglichst weitreichend durch den Zeiger bestrichen wird. Den Endwert schreibt man auf. Danach befestigt man in der angegebenen Reihenfolge die anderen Versuchskörper. Auch hier wird der jeweilige Endwert des Zeigerausschlages notiert. Damit die Messungen keine Verfälschungen erfahren, ist nach Möglichkeit der Teller an der Briefwaage abzunehmen und durch ein kleines Gewicht auszugleichen; auch muß die Luftströmung immer exakt von vorn auf die Versuchskörper treffen. Auf diese

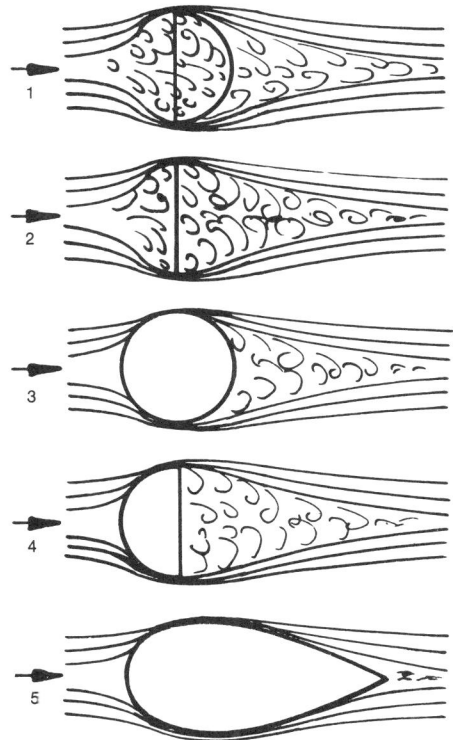

1. Darstellung: Halber Tischtennisball = Halbkugel, vorne offen.
2. Darstellung: Scheibe, Größe = Querschnittsfläche des Balles.
3. Darstellung: Tischtennisball = Kugel
4. Darstellung: Halber Tischtennisball hinten offen.
5. Darstellung: Stromlinienkörper. Querschnittsfläche wie Tischtennisball oder Scheibe.

Abb. 60: Verschiedene Widerstandskörper. Der Widerstand der offenen Halbkugel ist am größten, der des Stromlinienkörpers am geringsten

Weise werden sich dann die Verhältnisse des Luftwiderstandes, wie sie auf der Abb. hinter jedem Körper vermerkt sind, ergeben. Sicher ist die Feststellung für manchen verblüffend, daß der Stromlinienkörper einen so erstaunlich geringen Luftwiderstand aufweist, obwohl er doch vom Volumen her die größten Abmessungen hat. Es macht jedoch verständlich, warum man bei schnellen Fahrzeugen (also nicht nur bei Flugzeugen) bemüht ist, alles der Stromlinienform anzunähern, um den Luftwiderstand möglichst gering zu halten. Kann es dabei nicht als ein glückliches Zusammentreffen gelten, daß man gerade bei einem großen Körper zugleich einen geringen Luftwiderstand erzielt?

Wir wollen aber nicht vergessen zu erwähnen, daß man von einem möglichst hohen Luftwiderstand auch zweckdienlichen Gebrauch macht. So bremst ein Fallschirm, der eine offene Halbkugel darstellt, die Fallgeschwindigkeit derart, daß Personen oder Lasten unversehrt den Boden erreichen. Den hohen Luftwiderstand von senkrecht im Luftstrom stehenden Platten nutzt man bei Segelflugzeugen in Form von Bremsplatten, die zur Verkürzung des Landeweges am Flügel ausgefahren werden. Ist der Luftwiderstand vor allem auf Grund der Form sehr unterschiedlich, so kann er auch bei gleicher Körperform und Strömungsgeschwindigkeit stark voneinander abweichen. Das ist dann die Folge unterschiedlicher Oberflächenrauhigkeiten. Wurde die Oberfläche auf Hochglanz poliert, so wird der Luftwiderstand geringer sein, als wenn eine Rauhigkeit wie bei Sandpapier vorliegt.

Außerdem entsteht noch Widerstand, wenn sich Luftströmungen unterschiedlichen Druckes ausgleichen, beispielsweise am Randbogen des Tragflügels. Hier verursacht der Überdruck (Flügelunterseite) mit dem Unterdruck (Flügeloberseite) einen regelrechten »Wirbelzopf« (Abb. 61), dessen Widerstand um so größer ist, je ausgeprägter er ist.

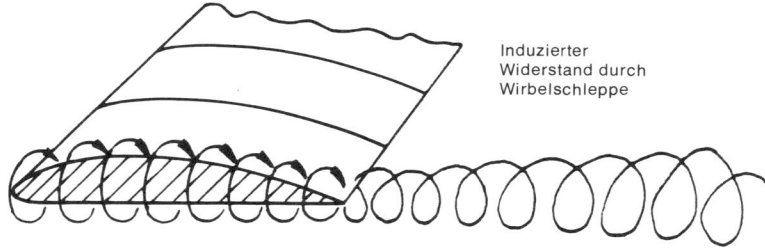

Induzierter
Widerstand durch
Wirbelschleppe

Abb. 61: Der Randwiderstand, auch als induzierter Widerstand bezeichnet, entsteht durch Ausgleich des Überdruckes an der Flügelunterseite mit dem Unterdruck (Sog) an der Flügeloberseite

Es gibt eine Reihe von Möglichkeiten, um diesen sogenannten »induzierten« Widerstand zu vermindern. Beispielsweise kann man den Flügel, wie bei Segelflugzeugen üblich, lang und schmal bauen. Dadurch ist am Randbogen nur noch eine geringe Breite mit geringen Luftmengen unterschiedlicher Druckverhältnisse und damit kleinem Druckausgleich vorhanden. Man kann aber auch den Flügel zum Randbogen hin an der Endleiste etwas hochziehen, was als Schränkung oder Verwindung bezeichnet wird (Abb. 62). Dadurch werden am Randbogen gleichfalls die Druckverhältnisse und damit der Widerstand verringert. Manchmal versieht man auch die Flügelenden mit Stromlinienkörpern, um die Wirbelbildung zu vermindern. Bei Motorflugzeugen dienen diese häufig als Kraftstoffzusatzbehälter. Sehr gebräuchlich sind indessen Kombinationen aus allen drei Möglichkeiten. Beispielsweise benutzt man einen schlanken Flügel, der geschränkt ist und noch einen kleinen Tropfenkörper (so wird die Stromlinienform manchmal auch bezeichnet) als Abschluß aufweist (Abb. 63).

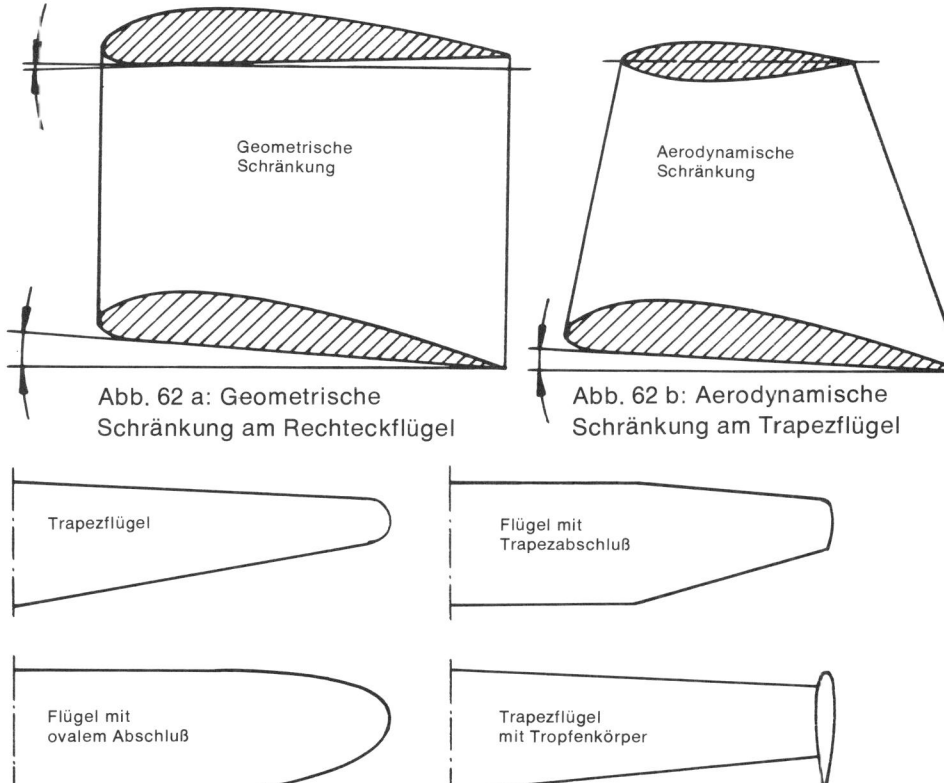

Geometrische
Schränkung

Aerodynamische
Schränkung

Abb. 62 a: Geometrische
Schränkung am Rechteckflügel

Abb. 62 b: Aerodynamische
Schränkung am Trapezflügel

Trapezflügel

Flügel mit
Trapezabschluß

Flügel mit
ovalem Abschluß

Trapezflügel
mit Tropfenkörper

Abb. 63: Die Flügelumrißform beeinflußt den induzierten Widerstand. Am günstigsten ist der Flügel mit einer elliptischen Grundfläche

111

Der induzierte Widerstand ist ein Naturgesetz. Er kann für eine gegebene Flügelstreckung, also für ein gegebenes Verhältnis von Spannweite zur mittleren Flügeltiefe bestenfalls einen Minimalwert erreichen, der eine elliptische Auftriebsverteilung voraussetzt. Man kann daher mit einer besonderen Gestaltung der Flügelenden lediglich eine einer verbesserten Ellipse ähnlichen Auftriebsverteilung erreichen. Damit läßt sich der induzierte Widerstand bei Motorflugmodellen bis zu etwa 8% verringern.

Derartige Dinge haben bei kleinen Anfängermodellen verständlicherweise nur geringe Bedeutung. Anders ist es bei den ferngelenkten Motorflugmodellen, wenn der Motor nur schwach ist oder bei den großen ferngelenkten Segelflugmodellen.

Da öfter vom Luftdruck die Rede war, sollen noch ein paar Erläuterungen hierzu folgen. Es ist doch etwas ungewöhnlich, daß die uns umgebende Luft, auch wenn sie in Ruhe ist, einen Druck ausübt. Weil der menschliche Körper normalerweise vollständig von diesem Druck »durchsetzt« ist, spüren wir ihn nicht. Und doch ist er ganz erheblich! Kleine Auswirkungen bemerken wir bei einer schnellen Talfahrt mit dem Auto, nachdem wir längere Zeit in größerer Höhe waren. Dann drückt es ebenso auf die Ohren, wie wenn man im Wasser tief taucht. Letzteres rührt daher, daß die oberen Wassermassen auf die darunterliegenden drücken, der Wasserdruck also in der Tiefe höher ist. Nicht anders verhält es sich mit der Luft. Weil wir auf dem Grunde dieses »Luftmeeres« leben, ist der Druck auf Höhe des Wasserspiegels (darauf wird er immer bezogen) am größten und nimmt mit zunehmender Höhe nach bestimmten Gesetzen ab. Das nutzt man übrigens aus, um mit Meßgeräten die Höhe festzustellen; auf diesem Prinzip beruhen die Höhenmesser der Flugzeuge und auch die der Bergsteiger. Der Luftdruck ist aber auch vom Wettergeschehen abhängig und drückt sich durch die Erscheinungen von Hoch- und Tiefdruckgebieten aus. Wer genauer hinhört, wird beim Wetterbericht erfahren, welchen Wert der Luftdruck zu einer bestimmten Tageszeit an einem bestimmten Ort aufwies, beispielsweise 760 mm Quecksilbersäule oder 1013 Millibar. Das ist der gleiche Wert, nur in unterschiedlichen Meßgrößen ausgedrückt. Angenähert beträgt der Luftdruck etwas über 1 Kilogramm pro Quadratzentimeter (kg/cm²).

Was das für ein unglaublich hoher Wert ist, davon überzeugt ein ganz einfacher Versuch. Man nimmt eine stabile, nicht zu flache Tasse, drückt sie fest um die Mundpartien und saugt kräftig – möglichst in kleinen Intervallen – die Luft heraus. Sogleich preßt der nun stärkere Außendruck die Tasse so stark gegen das Fleisch, daß man sie nicht mehr mit den Händen zu halten braucht, ja man verspürt bald Schmerzen im Gesicht. Selbst wenn nur ein ganz kleiner

Teil der Luft aus der Tasse herausgesaugt wurde, müßte man wegen unerträglicher Schmerzen aufhören. Man stelle sich nur einmal vor, daß ein anderer so kräftig gegen die Tasse pustet, daß sie ebenso stark gegen die Mundpartien gedrückt wird wie beim Ansaugen. Dabei könnte man bei einem Behälter in Tassengröße soviel Luft heraussaugen (natürlich mit Maschinen), daß ein Druck von über 50 kg entstehen würde. Es ist schlecht vorstellbar, den gleichen Druck durch Anblasen mit Preßluft zu erreichen. Nichts macht wohl deutlicher, daß sich mit Hilfe von Unterdruckerzeugung (so, wie sie am Tragflügel praktiziert wird) weit mehr erreichen läßt als durch bloßen Staudruck!

Über die besonderen Erfordernisse aerodynamischer Art bei Flugmodellen werden noch genauere Hinweise folgen.

Flugmechanik

Nachdem nun klar ist, warum die Tragfläche Auftrieb erzeugt, wenn wir sie angestellt gegen die Luft bewegen und der Propeller Vortrieb erzeugt, wenn er sich dreht, wäre es wohl das Einfachste, mit der Tragfläche allein zu fliegen: Man spart Gewicht und Widerstand vom Schwanz und vom ganzen Rumpf. Leider ist dies nicht ganz so einfach. Dazu ein kleiner Versuch: Man läßt eine Postkarte senkrecht nach unten fallen oder schräg zu Boden gleiten und stellt fest, daß sie sich immer nach kurzer Flugdauer am Vorderrand aufbäumt, in ihrer Flugrichtung umkehrt und schließlich im Zick-Zack-Flug zu Boden taumelt, wenn sie es nicht vorzieht, ihren Flug als Rollbewegung fortzusetzen. Folgerichtig bezeichnen wir diese Flugform als »fallendes Blatt«, eine sonderbare, vollkommen unkontrolliert scheinende Bewegung (Abb. 64).

Abb. 64: Eine Postkarte
fällt niemals in gerader Linie,
sondern immer im Zick-Zack-Flug zu Boden

Man darf nicht vergessen, daß die Luftkräfte (Auftrieb und Widerstand) nicht nur eine Größe haben, sondern auch eine gewisse Richtung und einen Angriffspunkt. Wenn viele Männer einen Balken vorwärtsschieben, so kann man ihnen einen einzigen Riesen, der dieselbe Kraft aufbringt wie sie alle zusammen, entgegenstellen. Aber es kommt auch darauf an, an welchem Punkt man diesen Riesen einsetzt. Schieben die Männer symmetrisch, so muß der Ersatzriese in der Mitte stehen. Dieser Fall käme bei der Schwerkraft in Frage, die überall gleich stark ist und ein ebenes Brett genau senkrecht nach unten zieht. Der Schwerpunkt eines ebenen Brettes liegt genau in der Mitte. Aber wenn zwei Männer rechts schieben und nur einer links, so besteht rechts Übergewicht. Der Gigant müßte, damit er den Balken im Gegensinn dreht, etwas seitlich angesetzt werden (Abb. 65). Und tatsächlich ist bei den Luftkräften, wie man sehen konnte, das erste Drittel der Tragfläche so sehr bevorzugt, daß die Gesamtluftkraft, die Resultierende, stark vorn, etwa im ersten Drittel der

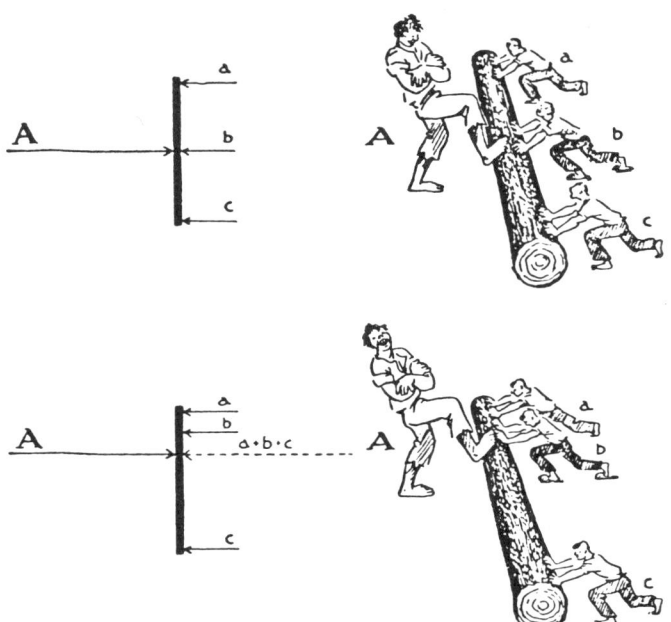

Abb. 65: Kräftegleichgewicht bei symmetrischer (oben) und unsymmetrischer Kraftverteilung

Fläche angreift. Was passiert bei einer solchen Fläche (oder bei der Postkarte)? Sie fällt. Die Luftkraft zieht nach oben, aber sie greift wieder sehr weit vorn an: Sie richtet die Vorderkante auf. Dadurch ändert sich der Anstellwinkel und

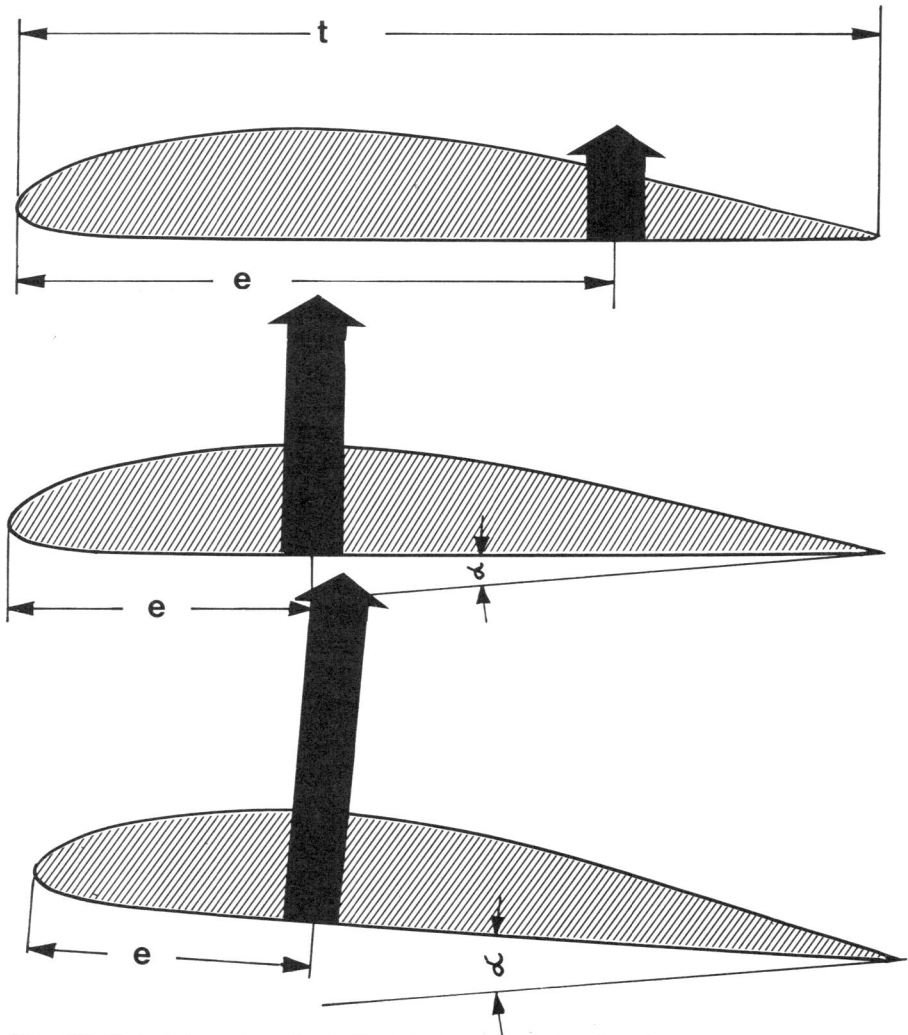

Abb. 66: Bei steigendem Anstellwinkel wandert der Angriffspunkt der Luftkraft bis auf etwa e = 0,3 · t nach vorn. Die Luftkraft (Auftrieb) wird zudem größer

mit ihm die Luftkraft, sie wächst; aber – und das ist hier ausschlaggebend – sie rückt auch noch weiter nach vorn, wenn die Postkarte oder der Flügel gewölbt ist. Bei wachsendem Anstellwinkel wandert der »Druckmittelpunkt« der Fläche immer weiter nach vorn (Abb. 66)! Und diese Eigenschaft bereitet viel Kummer, denn natürlich richtet sich die Fläche noch mehr auf, das aufbäumende Kraftmoment wird noch größer; dadurch wächst der Anstellwinkel weiter und diese beiden Kräfte treiben sich gegenseitig an. Es kann nicht gut gehen – und es geht auch nicht gut.

Sehr bald ist der kritische Winkel erreicht, wo die Fläche »überzogen« ist und nun sinkt der Auftrieb, der Widerstand nimmt rasch zu. Das Blatt hält in der geneigten Lage an und setzt seinen Flug dann in der anderen Richtung fort. Dies ist einer der Gründe, warum fast alle früheren Flugmaschinenprojekte fluguntauglich waren; weil nämlich bei ihrem Entwurf nicht an die Druckpunktwanderung gedacht, geschweige denn auf Gegenmittel gesonnen wurde. Das Gegenmittel ist das Höhenleitwerk, und das wurde um 1800 von dem Engländer Caley entdeckt.

Die Tragfläche allein ist also unstabil. Die Luft mit einem einzigen Flügel durchsegeln zu wollen, gleicht etwa einem Spaziergang auf einer rollenden Kugel hoch oben auf einem Dachfirst. Man muß den Mut Lilienthals immer wieder bewundern, der mit einem so einfachen Hilfsmittel wie der Gewichtsverlagerung des Körpers, den Flug von der Höhe wagte. Der Schwanz, den er anbrachte, konnte seine Gleitapparate nicht vollständig stabilisieren. Er dämpfte lediglich ihre Bewegung. Das Höhenleitwerk am Schwanz des Flugzeuges kann es. Nach dem Engländer Caley Anfang des 19. Jahrhunderts machte es sich der Franzose Alphonse Pénaud zu nutze.

Dazu folgende Überlegung: Ein Flugzeug fliegt geradeaus. Aus irgend einem Grund, vielleicht wegen einer Bö, richtet sich der Flügel auf und der Druckpunkt wandert nach vorn. Da aber eine Schwanzfläche angebracht ist – und unter der Annahme, daß sie anfangs genau waagerecht gestanden habe – lieferte sie nur etwas Widerstand, aber keinen Auftrieb. Nun bäumt sich das Flugzeug auf. Die Schwanzfläche, das Höhenleitwerk, stellt sich ebenfalls schräg. Damit wird an ihr eine Luftkraft erzeugt, sie wird rasch größer und bewegt den Schwanz in die Höhe. Diese Luftkraft ist der Auftrieb, den das schräg angestellte Höhenleitwerk nun liefert. Nun, das Höhenleitwerk ist klein und die Luftkraft ist deshalb nicht sehr groß. Aber immerhin sitzt sie weit hinter dem Flügel und dreht an einem längeren Hebelarm; so wird sie trotz ihrer geringen Größe den Flugzeugschwanz wieder heben. Sie wird das Flugzeug in die ebene Lage zurückbringen; denn je länger der Hebelarm, desto größer ist die Wirkung ein und derselben Kraft (Abb. 67). Die Druckpunktwanderung am

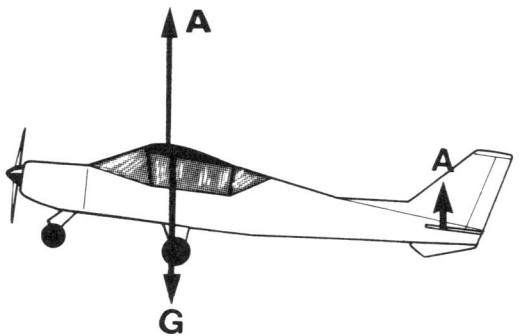

Abb. 67: Greift der Auftrieb vor dem Schwerpunkt eines Flugzeugs an, so muß zum Ausgleich der unsymmetrischen Kraft das Höhenleitwerk Auftrieb liefern.

Flügel kann unter diesen Umständen eigentlich gar nicht erst beginnen. Sie erstickt im Anfangsstadium. Aber angenommen, durch einen Zufall, durch einen Windstoß, wird das Höhenleitwerk angehoben, dann kommt das Flugzeug in eine schiefe Lage. Die Tragflächen haben einen geringeren Anstellwinkel, ihr Druckpunkt wandert zurück und sucht, den Flügel weiter nach vorn zu drehen; aber er dreht auch die Höhenflosse, nun zu einem großen negativen Winkel und eine starke, abwärtsdrückende Luftkraft, ein negativer Auftrieb, zwingt das Höhenleitwerk in die Horizontale zurück. Diese auftretenden Schwankungen von selbst automatisch auszugleichen, ist die Aufgabe des Höhenleitwerks, denn man verlangt auch von einem Flugmodell, daß es alleine fliegt, also in der Luft automatisch stabil ist und die Steuerung wirklich nur zur Richtungsänderung herangezogen werden soll. Das Höhenleitwerk muß daher die richtige Größe und Lage haben, die natürlich noch von der Gewichtsverteilung, von der Lage des Schwerpunktes im Flugzeug abhängig ist (Abb. 68).

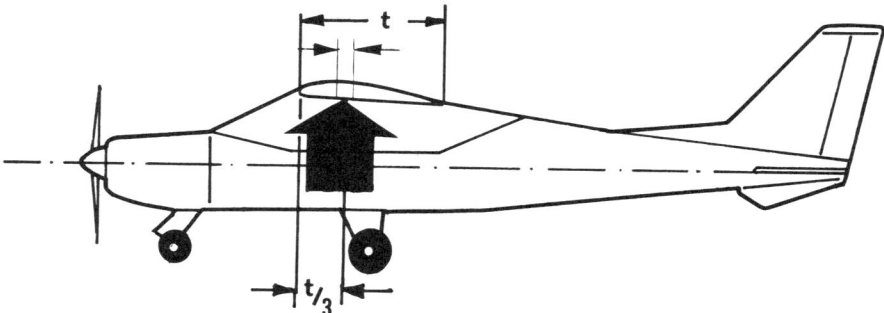

Abb. 68: Möglicher Schwerpunktbereich für einen stabilen Flug: etwa 5% · t; Schwerpunkt in ⅓ · t

Soweit, so gut; leider wirkt sich noch ein anderer Faktor aus. Die Luft, die gegen den schräg angestellten Flügel bläst, wird schräg nach hinten unten abgeleitet. Man spricht von einem »Abwind hinter dem Flügel«. Bedingt durch den Abwind, dessen Winkel vom Anstellwinkel des Flügels abhängig ist, wird sich der Anstellwinkel des Höhenleitwerkes nicht im gleichen Maße ändern, wie der des Flügels. Ist nämlich der Anstellwinkel des Flügels groß, so ist der Abwindwinkel auch groß und damit der Anstellwinkel des Höhenleitwerkes entsprechend geringer. Dies ist der Grund dafür, daß das Höhenleitwerk immer ein bißchen größer sein muß, als es – lediglich auf Grund der Hebelgesetze errechnet – sein könnte.

So wie das starre Höhenleitwerk Bewegungen des Flugzeuges um die Querachse ausgleicht, genauso kann man mit einem beweglichen Höhenleitwerk Bewegungen um die Querachse erreichen. Man spricht von Nick-Bewegungen des Flugzeuges. Soll beispielsweise das Flugzeug langsamer fliegen, soll also der Anstellwinkel des Tragflügels größer werden, so schlägt man das Höhen-

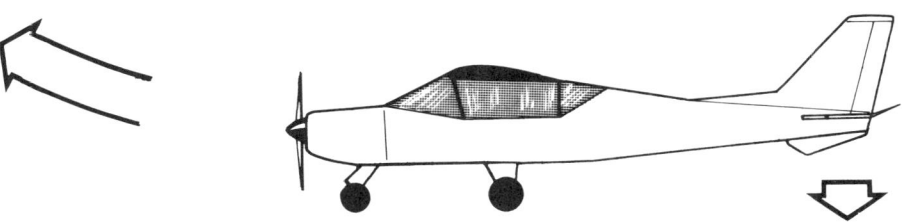

Abb. 69: Ein nach oben ausgeschlagenes Höhenruder bewirkt ein aufkippendes Moment

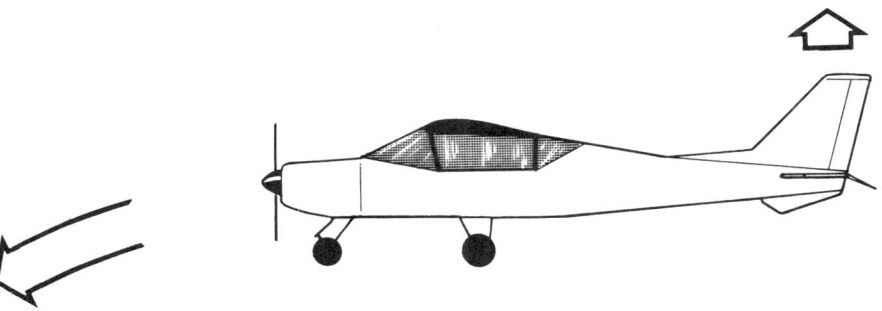

Abb. 70: Ein nach unten ausgeschlagenes Höhenruder verursacht ein abkippendes Moment

ruder ein wenig nach oben aus (Abb. 69). Das Höhenleitwerk erzeugt negativen Auftrieb und dreht das Flugzeug nach oben. Der Anstellwinkel des Tragflügels wird größer und das Flugzeug kann langsamer fliegen. Umgekehrt kann man auch schneller fliegen, den Anstellwinkel des Tragflügels also verringern, wenn man das Höhenruder ein wenig nach unten ausschlagen läßt (Abb. 70).

An dem Experiment mit der Postkarte konnte man sehen, daß mehrere Kräfte gleichzeitig wirken: einmal die Schwerkraft, die die Postkarte nach unten zieht, zum anderen der Auftrieb, der an einer bestimmten Stelle der Postkarte angreift, aber auch wandert und eine Drehbewegung der Postkarte hervorruft, und zum dritten der Widerstand, der den Fall und die Bewegung der Postkarte bremst. Die Erdanziehungskraft, das Gewicht, greift in einem bestimmten Punkt an. Dieser Punkt wird Schwerpunkt genannt. Die Lage des Schwerpunktes in einem Flugzeug ist von außerordentlich großer Bedeutung für dessen Stabilität (siehe Abb. 68). Bei einem gleichförmig (»stationär«) fliegenden Flugzeug müssen alle Kräfte gleich groß sein, das heißt, der Auftrieb muß so groß sein wie das Gewicht und der Widerstand muß vom Propellerzug überwunden werden, der somit ebenso groß sein muß wie der Luftwiderstand des gesamten Flugzeuges. Sind die Kräfte nicht im Gleichgewicht, so wird sich der Flugzustand irgendwie ändern (Abb. 71). Auf das nüchterne Kräfteparallelo-

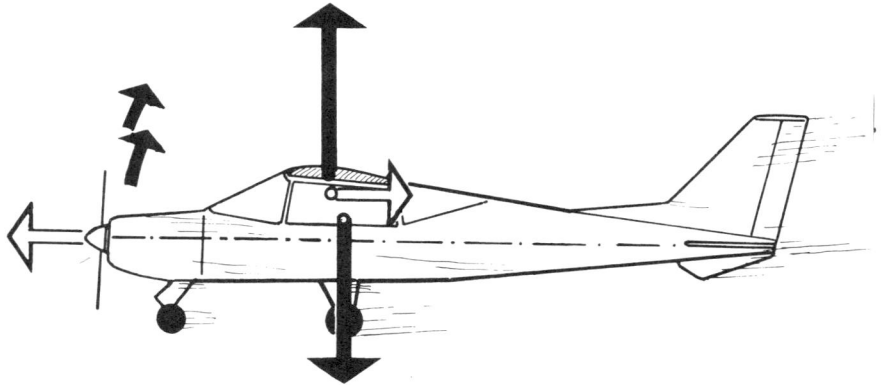

Abb. 71: Unsymmetrische Kräfteverteilung. Die Kräfte gehen nicht mehr durch einen Punkt (Schub-Widerstand), Drehmomente – in der Abbildung aufkippende (nach oben) – entstehen. Greifen Auftrieb und Gewicht nicht in einem Punkt an, so muß das Höhenleitwerk Auftrieb oder Abtrieb liefern, wenn ein auf- oder auch abkippendes Moment vermieden werden soll

gramm reduziert sieht die Lage dann so aus: Wieder müssen die Pfeile, die die Kraftgröße andeuten, einander paarweise gleich sein und am besten wird es offenbar sein, wenn alle vier Kräfte im gleichen Punkt angreifen, damit keine störenden Momente eintreten. Dieser Punkt ist der Schwerpunkt. Aber leider läßt sich das nicht immer durchführen und man muß zufrieden sein, wenn die Kräfte sich wenigstens »sekundär« aufheben – das soll heißen, wenn auch ihre Momente sich ausgleichen. Gesetzt den Fall, daß die Propellerzugkraft unterhalb des Schwerpunktes angreift. Dann hat sie das Bestreben, die Flugzeugnase stets und ständig aufzurichten und muß nun eine andere Kraft mobilisieren, die diesem aufbäumenden Moment die Waage hält. Die Höhenflosse könnte dazu herangezogen werden, aber das würde Widerstand kosten. Besser ist es, die Zugkraft des Propellers dafür einzusetzen, da sie ohnehin vorhanden ist. Man wird dieser daher eine Richtung schräg nach unten geben. Abb. 72 zeigt, wie die Kräfte verteilt werden müssen. Wenn umgekehrt die Motorkraft über dem Schwerpunkt angreift, so sucht sie, die Nase nach unten zu ziehen und die Luftkraft muß nun ein aufbäumendes Moment liefern, damit alles wieder ins Lot kommt. Aber auch der Luftschraubenstrahl hinter der Luftschraube kann eine sehr große Bedeutung haben. Der Luftschraubenstrahl bewegt sich schraubenförmig um den Rumpf herum und trifft auf eine Seite des Seitenleitwerkes, was wiederum ein Drehmoment verursacht. Die laufende Luftschraube wirkt am Modell wie ein kleiner Kreisel. Es ist sicher noch aus dem Physikunterricht bekannt, daß der Kreisel einer Lagenänderung seiner Achse einen beträchtlichen Widerstand entgegensetzt. Bei dem sich in einem Kurvenflug befindlichen Modell bewirkt diese Kraft ein aufrichtendes

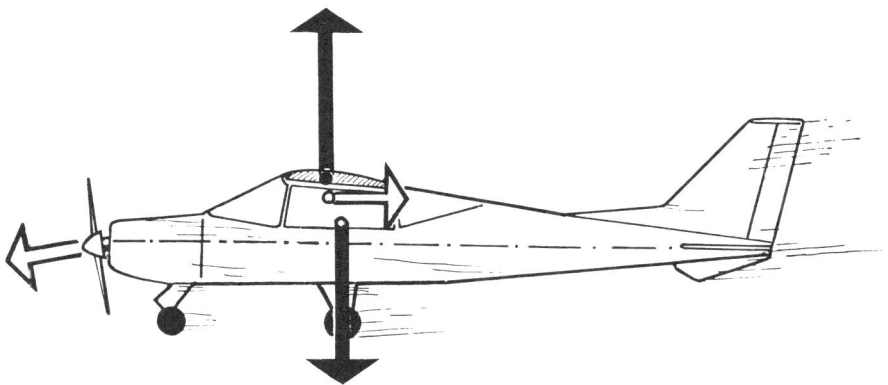

Abb. 72: Ein Motorsturz kann unsymmetrisch angreifende Kräfte ausgleichen

Moment bei einer Linkskurve und ein abkippendes Moment bei einer Rechtskurve. Die Größe der Kreiselkraft ist abhängig vom Gewicht, Durchmesser und der Drehzahl der Luftschraube sowie vom geflogenen Kurvenradius. Man sieht also, auch eine Luftschraube erzeugt Momente, die beachtet werden müssen. Eine weitere Bedeutung hat der Widerstandsmittelpunkt eines Modells. Es ist der Angriffspunkt des Gesamtwiderstandes. Liegt der Widerstandsmittelpunkt ober- oder unterhalb der Motorzugrichtung, so ergibt sich ein aufrichtendes oder ein abkippendes Moment. Der Effekt ist ähnlich wie der vorhin beschriebene, wenn die Motorzugachse unterhalb oder oberhalb des Schwerpunktes angreift. Da der Widerstand mit wachsender Geschwindigkeit im Quadrat der Geschwindigkeit zunimmt, werden die Momente nach dem Start schnell größer. Sie sind durch entsprechende Konstruktion zu beheben. Hier bedient man sich eines Motorsturzes, also einer schräg nach unten geneigten Zugrichtung des Motors; darüber später mehr.

Und nun zum letzten Teil der Flugmechanik: zu den Steuerungsvorgängen.

Es ist bekannt, auf welch verschiedene Weise man die Luftkräfte einsetzen kann und daß durch geeignete Ruder ein Flugzeug stabilisiert werden kann. Aber gerade hier ist es möglich, des Guten zuviel zu tun. Jede Steigerung der Lenkbarkeit und Bewegungsfreiheit muß durch eine größere Sorgfalt und Aufmerksamkeit des Piloten erkauft werden. So kann ein Flugzeug durch große Ruder, durch V- und pfeilförmige Flügelstellung gewissermaßen automatisch stabil gemacht werden; der Pilot sitzt dann nur noch drin und hält still oder der Modellflieger betätigt seine Anlage nicht und läßt das Modell allein fliegen. Aber je stabiler das Flugzeug ist, um so störrischer und widerspenstiger tritt es Störungen und Abweichungen von der Geraden entgegen. Um so schwerer wird es auch vom Piloten gewollten Abweichungen gehorchen. Höhere Stabilität geht mehr oder weniger auf Kosten der Lenkbarkeit.

Die Steuerwirkungen

In der Fliegerschule wird einem zwar immer wieder gesagt, man möge das Höhenruder zunächst einmal stillhalten. Aber beginnen wir gerade mit ihm. Auf der Abb. 73 a sehen wir die Stange, die von der Rudermaschine zum Höhenruder führt. Wenn man den kleinen Steuerknüppel am Sender zum Körper hin zieht, soll das Höhenruder nach oben ausschlagen. Das Flugmodell richtet sich auf. Knüppel drücken (vom Körper weg) bewirkt ein nach unten Schlagen des Höhenruders und damit eine Kippbewegung des Modells nach unten. Beim Ziehen erhält die Steuerfläche Druck von oben. Es entsteht

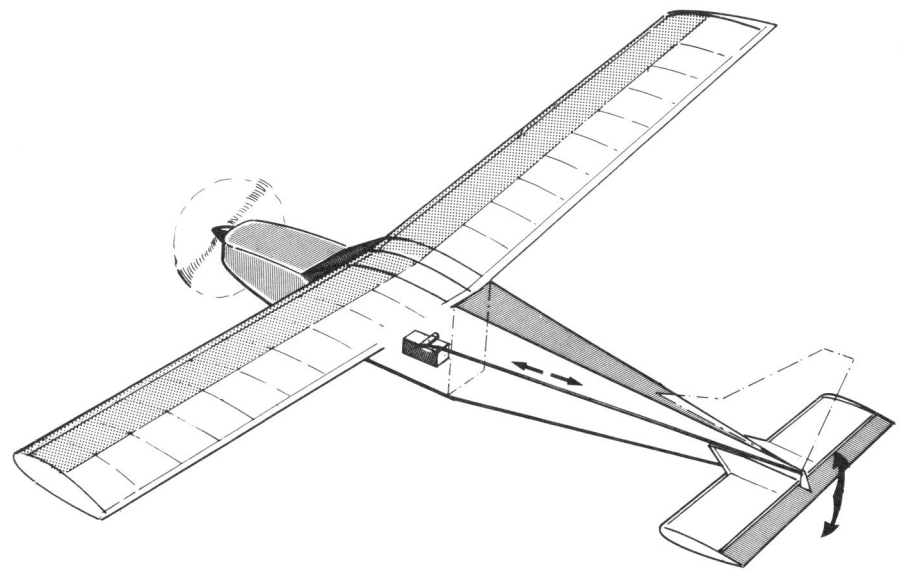

Abb. 73 a: Durch das Höhenruder erfolgt die Steuerung um die Querachse

ein Drehmoment, das den Schwanz des Modells senkt. Aber nicht deshalb, weil die Schnauze aufwärts zeigt, steigt das Flugzeug. Nein, es wird wegen seiner Trägheit zunächst noch in der geraden, horizontalen Bahn weiterfliegen, nur jetzt vorn aufgebäumt: Unter größerem Anstellwinkel. Ein größerer Anstellwinkel aber bedeutet auch größeren Auftrieb. Soweit der Propeller stark genug ist, um den erhöhten Widerstand zu überwinden, wird dieser Zusatzauftrieb das ganze Flugzeug in die Höhe heben und seine Bahn führt schräg nach oben, solange das Höhenruder die Maschine in den größeren Anstellwinkel zwingt. Für das Drücken, die Abwärtsbewegung, gilt die analoge Überlegung: Der Anstellwinkel wird vermindert, damit sinken Widerstand und Auftrieb. Die Fluggeschwindigkeit muß größer werden, damit das Kräftegleichgewicht Auftrieb = Gewicht wiederhergestellt wird.

Nicht die Richtungsänderung, nur die Anstellwinkelvergrößerung also hebt das Flugzeug. Man muß sich abgewöhnen, die Luftschraubenzugrichtung als allein ausschlaggebend anzusehen. Auch eine Anstellwinkelerhöhung durch andere Mittel, z. B. durch eine Drehung der ganzen Tragfläche, durch ein Ausschlagen an der Tragflügelhinterkante angeordneter Klappen nach unten würde das Flugzeug zum Steigen bringen, obwohl seine Längsrichtung dabei überhaupt nicht geändert wird.

Den besten, wenn auch nicht ganz ungefährlichen Beweis dieser Auffassung liefert der Flug im »überzogenen« Zustand. Wenn die Strömung schon abgerissen ist, mag sie noch Auftrieb genug liefern, um das Flugzeug gerade wackelnd in der Schwebe zu halten, aber in diesem kritischen Bereich sinkt mit steigendem Anstellwinkel der Auftrieb. Das Flugzeug sackt durch und wenn man jetzt »zieht«, fällt es um so rascher, je mehr man es aufrichtet.

In gewissem Sinn ist das Höhensteuer eine Enttäuschung – es wirkt zwar, aber anders als erwartet. Noch größer aber ist die Überraschung, die das Seitensteuer bereitet. Man stelle sich vor, man säße in einem Sportflugzeug und hätte den Knüppel zum Steuern in der Hand. Man fliegt munter geradeaus und will etwas nach links fliegen. Ein Tritt ins linke Seitenruderpedal: Das Seitenruder schlägt aus und die Luftkraft treibt den Schwanz nach außen, nach rechts. Soweit, so gut; aber die Maschine denkt nicht daran, dem Ruder zu gehorchen und in die Kurve zu gehen. Nein, sie schwebt flach nach rechts weg. Das ist schlimm genug, und gleichzeitig entdeckt man eine zweite Erscheinung: der rechte Flügel hebt sich, das Flugzeug neigt sich nach links. Man versuche nicht, durch Gegenverwindung die Flügel wieder gerade zu legen, sonst wird man niemals eine saubere Kurve fliegen können. Man lasse den Knüppel, wo er ist, dann beginnt die schrägliegende Maschine zu kurven. Wenn man weit genug herum ist, kann man das Seitenruder wieder geradelegen und das Flugzeug mit der Verwindung aufrichten. Genauso ist es auch bei unserem ferngelenkten Motorflugmodell (Abb. 73 b).

Was ging hier vor? Nun, ganz klar: als das Flugzeug auf den ersten Ruderausschlag hin den Schwanz nach rechts drehte, kam der rechte Flügel, der einen Außenbogen beschrieb, rascher voran. Er hatte höhere Geschwindigkeit und deshalb höheren Auftrieb und so hob er sich und das Flugzeug stellte sich ein wenig schräg. Hinzu kommt, daß der Flügel V-Form hat. Dadurch, daß er sich nach links dreht, wird auch der rechte Flügel unter einem größeren geometrischen Winkel angeblasen, der Auftrieb wird größer, der Effekt, das Drehen um die Längsachse, wird größer. Noch immer zog das Gewicht genau nach unten; aber die Luftkraft zeigte nun schräg nach links. Nur ein Teil von ihr war noch

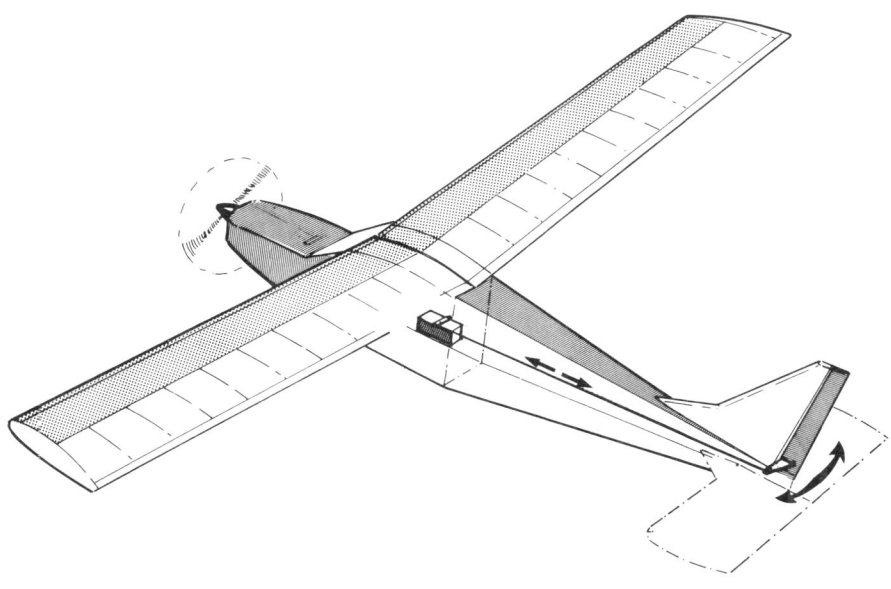

Abb. 73 b: Das ausgeschlagene Seitenruder bewirkt eine Drehung (gieren) um die Hochachse

bereit, das Gewicht zu kompensieren; der übrige Teil zog die ganze Maschine nach links herum. Dieser einwärts gerichtete Teil der Luftkraft hob die Fliehkraft auf, die in jeder Kurve das Flugzeug nach außen tragen will und führte zu der Abweichung von der Geraden, dem Kurvenflug (Abb. 74). Man sieht – ein Seitenruderausschlag bringt eine Querneigung, ein »Rollmoment« mit sich. Bewegungen um die Längsachse nennt man in der Fliegerei »Rollen«, und ebenso bringt ein Querruder-Ausschlag, ein Schiefstellen der Fläche, nur durch die Verwindung die eben beschriebene Abweichung der Luftkraft und

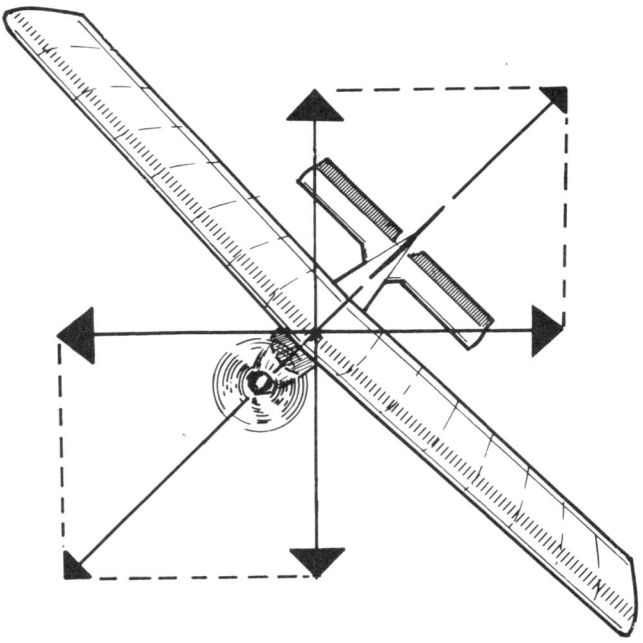

Abb. 74: Die Kräfte in der Kurve. Wegen der Querneigung des Flugmodells zeigt die Luftkraft nicht mehr senkrecht nach oben, sondern nach dem Kurveninneren. Nur ein Teil kann als Gegenkraft zum Gewicht wirken, der andere muß die Zentrilfugalkraft aufheben. Das Verhältnis Auftrieb = Gewicht kann nur durch einen größeren Anstellwinkel = größerer Auftrieb oder durch einen schnelleren Flug (ebenfalls = größerer Auftrieb) wieder hergestellt werden. Ist dies nicht möglich, wird im Kurvenflug Höhe verloren

eine seitliche Kursänderung, ein »Giermoment«, eine Kurve mit sich. Ein Kurvenfliegen mit dem Seitenleitwerk allein ist möglich, jedoch nicht direkt. Einfacher ist es daher, durch die Querruder das Flugzeug schräg zu legen und dann entweder durch einen zusätzlichen Seitenruderausschlag oder aber, weil das Flugzeug etwa 45° schräg liegt, durch einen Höhenruderausschlag die Kurve einzuleiten und zu durchfliegen (Abb. 75). Bei schnellen Motorflugmodellen verzichtet man aus diesem Grunde auf eine Betätigung des Seitenruders beim Kurvenflug. Das Seitenruder wird hier lediglich für die Lenkung des Modells am Boden und für einige Flugfiguren, wie den »Turn«, für das Trudeln, hier das Einleiten und Ausleiten aus dem Trudeln und für den Messerflug benötigt.

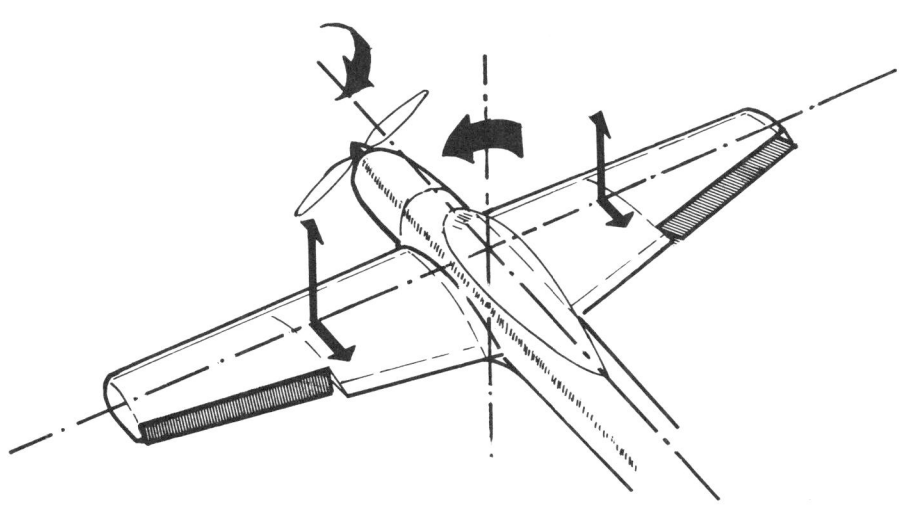

Abb. 75: Das nach oben ausgeschlagene Querruder bewirkt einen geringeren Auftrieb, aber auch einen geringeren Widerstand des rechten Flügels. Das nach unten ausgeschlagene Querruder vergrößert den Auftrieb, aber auch den Widerstand des linken Flügels. Folge: Drehung um die Längsachse = rollen und anfangs auch Drehung um die Hochachse = gieren – aber entgegen der Rolldrehung = negatives Wende(Gier)-Moment

Es wurde schon darauf hingewiesen, daß auch die Luftschraube, genauer gesagt die rotierende Luftschraube, einen Einfluß auf das Flugverhalten des Flugzeuges hat. Angenommen, die Schraube rotiert von hinten gesehen rechts herum. Sie versucht dann, das Modell links herum zu drehen, den linken Flügel zu senken. Man braucht also nur auf der linken Seite den Auftrieb etwas zu verstärken, beispielsweise indem man den Anstellwinkel des linken Flügels etwas erhöht und die Seitenflosse etwas schrägstellt. Damit wird zwar das Drehmoment der Luftschraube bei einer bestimmten Geschwindigkeit ausgeglichen, wie aber ist es, wenn das Flugzeug langsamer oder schneller fliegt? Im Flugmodellbau bedient man sich daher eines anderen Tricks. Man stellt den Motor schräg, das heißt, der Motor hat einen Seitenzug schräg nach rechts um etwa 2° (Abb. 76 a und b). Der Seitenzug wirkt ähnlich wie der Motorsturz, der schräg nach unten gerichtete Motor. Der Seitenzug wirkt jedoch um die Roll- und Gierachse, das ist die Längs- und Hochachse des Modells. Der Zweck dieses Motorseitenzuges, den man bei sehr vielen Modellen findet, ist eine Gegenwirkung zum Drehmoment des Motors. Natürlich kann man ein Modell so konstruieren, daß es keinen Seitenzug benötigt, handelt sich damit aber eine Reihe von Nachteilen bei einigen Flugfiguren ein. Der Motorseitenzug verursacht einen gewissen Leistungsverlust. Es sind aber nur einige Prozent. Man gewinnt mit ihm jedoch auch beträchtliche Vorteile, denn Nachstellungen vom Motorsturz oder Motorseitenzug sind leicht vorzunehmen und nicht kritisch. Wenn man sich an die im Bauplan angegebenen Maße hält, liegt man immer richtig. Das Modell fliegt dann auch ohne einen dauernden Ausschlag des Seiten- und Höhenruders geradeaus. Kompliziert wird es nur, wenn man das Modell auf den Rücken legt. Das Fahrwerk zeigt nun nach oben. Das Modell muß stark angestellt werden, damit der Auftrieb groß genug ist. Der Motorseitenzug ist aber jetzt falsch herum. Dem Drehmoment der Luftschraube muß durch einen Seitenruderausschlag, evtl. auch durch einen Querruderausschlag, entgegengewirkt werden.

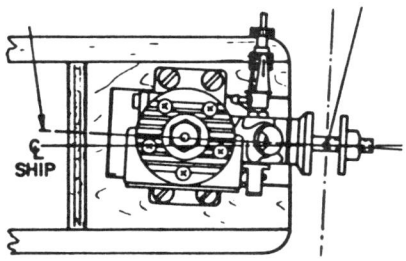

Abb. 76 a: Motorseitenzug nach rechts
Der Winkel zwischen der Rumpflängsachse und der Mittellinie des Motors ist
der Seitenzugwinkel

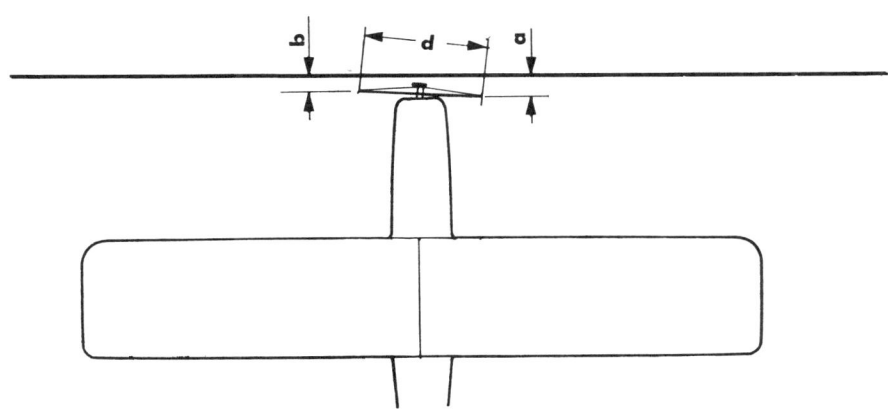

Abb. 76 b: So kontrolliert man den Motorseitenzug

a − b = x

x = 0,035 · d

x = 8,75 mm bei d = 250 mm

x = 9,80 mm bei d = 280 mm

x = 10,50 mm bei d = 300 mm

Das Querruder

Bei einem großen Flugzeug werden die Rollbewegungen, das sind die Bewegungen um die Längsachse des Flugzeuges, mit dem Querruder eingeleitet oder auch korrigiert. Wenn zum Beispiel eine Bö das Flugzeug um die Längsachse dreht, so schlägt man das Querruder entgegengesetzt aus (vgl. Abb. 75). Angenommen, das Flugzeug rollt nach links; man schlägt dann das rechte Querruder nach oben, das linke nach unten aus. Auf der rechten Tragfläche entsteht ein geringerer Auftrieb, auf der linken Tragfläche ein größerer Auftrieb, das Flugzeug dreht in die Normallage zurück. Leider entstehen aber beim Ausschlagen der Querruder unterschiedliche Widerstände an den beiden Tragflügelhälften, und zwar an dem nach unten ausgeschlagenen Querruder immer ein etwas größerer Widerstand als an dem nach oben ausgeschlagenen Querruder. Diese Unsymmetrie der Widerstände führt zu einem Giermoment, zu einer Drehung um die Hochachse. In der Fliegerei nennt man diese Erscheinung: »negatives Wendemoment«. Um das unangenehme und gar nicht erwünschte Wendemoment auszugleichen, erdachte man eine ganze Reihe von Vorrichtungen. Die einfachste ist die, daß man das nach oben ausgeschlagene Querruder höher ausschlägt als das nach unten gedrehte Querruder. $1/3$ nach oben (etwa 10°) und $2/3$ nach unten ist eine in der Praxis bewährte Lösung. Durch Winkelhebel in der Tragfläche ist dies möglich.
Einfache Sportflugmodelle werden indes nur mit dem Seitenruder gesteuert. Sie stabilisieren sich automatisch um die Längsachse durch eine ausreichend bemessene V-Form des Tragflügels. Schnelle Kunstflugmodelle aber sollten mit dem Querruder gesteuert werden. Hier werden dann auch die Kurven mit dem Querruder eingeleitet und das Modell nach links oder rechts schräggelegt. Dabei fliegt es aber zunächst weiterhin geradeaus. Wenn das Modell genügend Schräglage hat, etwa 45°, wird die Kurve mit dem Höhenruder vollendet: Linkskurve – linkes Querruder nach oben, rechtes Querruder nach unten, Höhenruder ziehen; Rechtskurve – rechtes Querruder nach oben, linkes Querruder nach unten, Höhenruder ziehen. Ein großer Höhenruderausschlag ergibt enge Kurven, ein kleiner Höhenruderausschlag weite Kurven. Das Höhenruder wirkt in der Schräglage also als Seitenruder.

Die Funkfernsteuerung

Die Entwicklung von Funk-Fernsteuerungen für Flugmodelle hat in den letzten 20 Jahren einen stürmischen Verlauf genommen. Galt es anfangs als Abenteuer, ein Modell funkferngesteuert zu fliegen – und war es auch wirklich ein Abenteuer – so stehen dem Modellflieger heute ausgereifte Anlagen in miniaturisierter Ausführung zur Verfügung, die alle Anforderungen erfüllen. Grundsätzlich unterscheiden wir heute zwei Systeme: das AM- und das FM-System.

Was ist »AM« und »FM«?

In jedem Sender mit Proportionalsteuerung werden Impulse erzeugt, deren Dauer von der jeweiligen Stellung der einzelnen Steuerknüppel abhängig ist. Diese »Steuerbefehle« können der vom Sender abgestrahlten Hochfrequenz (HF) mittels »AM« oder »FM« aufgeprägt werden. Dies sind Abkürzungen für die technischen Begriffe »Amplitudenmodulation« und »Frequenzmodulation«.
Bei AM bleibt die HF in ihrer Frequenz konstant, während die »Amplitude«, also die Schwingungsweite des Antennensignals im Rhythmus der Steuerimpulse verändert wird, das heißt, die Information für den Empfänger liegt in der Amplitude.
Bei FM dagegen bleibt die Amplitude des Antennensignals konstant, die HF wird dagegen im Rhythmus der Steuerimpulse zwischen zwei Frequenzen hin- und hergeschaltet. Der Abstand zwischen diesen Frequenzen wird als »Frequenzhub« bezeichnet und beträgt zum Beispiel 3 kHz. Die Information liegt bei FM in den beiden Frequenzen. Da die HF gewissermaßen die Steuerbefehle zum Empfänger transportiert, wird sie auch Trägerfrequenz genannt (Abb. 77).
Welche Vorteile bringt FM?
Das FM-System ist gegenüber Änderungen der Amplitude weitgehend unempfindlich. Das bedeutet eine merkliche Verbesserung gegenüber Störungen insbesondere durch die in steigendem Maße im 27 MHz-Band eingesetzten AM-Funksprechgeräte.

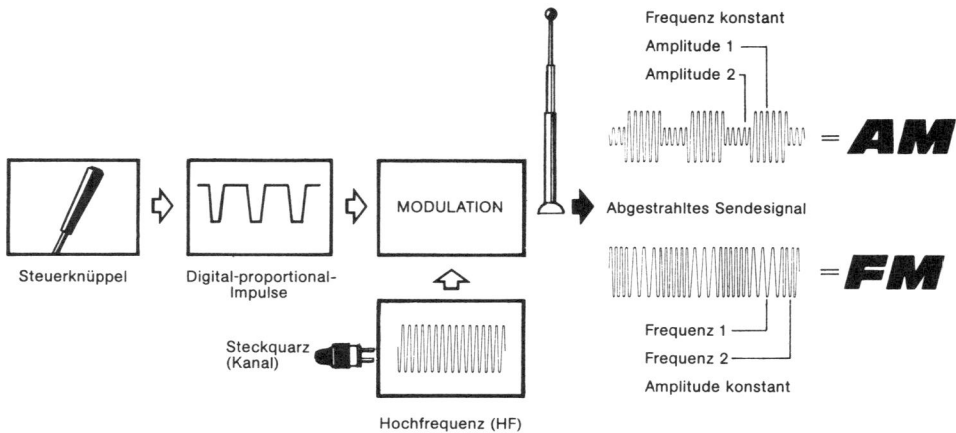

Frequenz konstant
Amplitude 1
Amplitude 2

= **AM**

Steuerknüppel

Digital-proportional-Impulse

MODULATION

Abgestrahltes Sendesignal

Steckquarz (Kanal)

= **FM**

Frequenz 1
Frequenz 2
Amplitude konstant

Hochfrequenz (HF)

Abb. 77: Darstellung der Wirkungsweise einer modernen Fernsteuerungsanlage

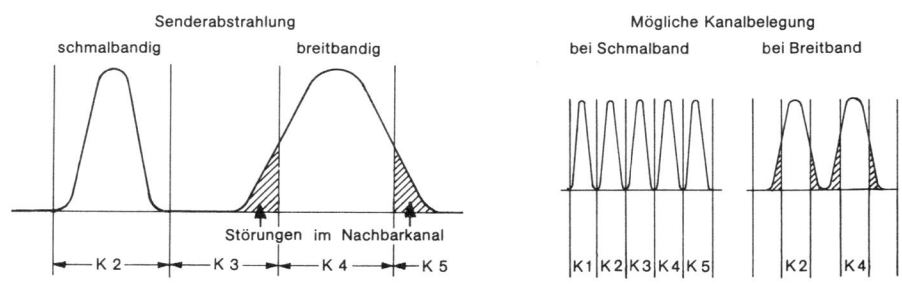

Senderabstrahlung

schmalbandig   breitbandig

Mögliche Kanalbelegung

bei Schmalband   bei Breitband

Störungen im Nachbarkanal

K 2 — K 3 — K 4 — K 5

K1 K2 K3 K4 K5   K2   K4

Abb. 78: Schmalband und Breitband

Außerdem ergibt sich eine höhere Sicherheit gegenüber starken Feldstärke-schwankungen und Übersteuerungen. Kreuzmodulationseffekte und Funken-störungen werden merklich unterdrückt.
Warum Schmalband-System?
Ein Schmalband-Betrieb ist grundsätzlich sowohl bei AM als auch bei FM möglich. Er erfordert jedoch besondere Maßnahmen und einen entsprechend

132

hohen technischen Aufwand. Erst in Verbindung mit FM kommen die Vorteile voll zur Geltung.

Jeder Sender strahlt neben der eigentlichen Trägerfrequenz noch Seitenbänder ab. Je nach abgestrahlter Breite der Seitenbänder unterscheidet man zwischen breitbandig und schmalbandig. In einem bestimmten, zur Verfügung stehenden Frequenzbereich können naturgemäß schmalbandig strahlende Sender in größerer Stückzahl untergebracht werden (Abb. 78).

Auch der Empfänger nimmt entsprechend seiner technischen Auslegung neben der eigentlichen Trägerfrequenz einen mehr oder weniger breiten Ausschnitt aus dem Frequenzband auf (Bandbreite). Je schmalbandiger nun der Empfänger ist, um so trennschärfer ist er und um so weniger Störungen nimmt er auf, da alles, was außerhalb der Bandbreite des Empfängers liegt, nicht wahrgenommen wird. Der aufzunehmende Ausschnitt aus dem Frequenzbereich muß für optimalen Betrieb der Bandbreite des Senders angeglichen sein. Bei den neuen Schmalband-Anlagen kann der Frequenzabstand zwischen benachbarten Hochfrequenzkanälen von den üblichen 20 bis 30 kHz auf 10 kHz verringert werden. Die Anzahl der belegbaren HF-Kanäle im 27 MHz-Band beträgt derzeit 18. Nach den neuesten Bestimmungen der Deutschen Bundespost sind im 35 MHz-Band 20 Kanäle der Frequenzgruppe D nur für Flugmodelle zugelassen. Ihr Kanalabstand beträgt 10 kHz. Es sind dies die Kanäle 61 bis 80.

Bei der Frequenzgruppe im 434 MHz-Band sind 33 Kanäle vorgesehen. Ihr Abstand beträgt 50 kHz. Es sind dies die gradzahligen Kanäle der Nummern 101 bis 167, also Kanal 102, 104 und so weiter. Im 40 MHz-Band stehen 4 Kanäle der Frequenzgruppe A, das sind die Kanäle 50 bis 53, für Funkfernsteuerung zur Verfügung.

Kombination von Anlagen mit unterschiedlichen Systemen

Nach den Bestimmungen der Deutschen Bundespost dürfen seit dem 1. 1. 1983 Anlagen mit der Serienprüfnummer der F-Reihe nicht mehr betrieben werden. Beim Parallelbetrieb der Geräte der Serienprüfnummernreihen MF und FE ist folgendes zu beachten:

1. 27-MHz-Band
Hier gelten die bereits bekannten Regeln für Schmalband-(FM) und Breitband-(AM)-Anlagen. Das bedeutet, daß schmalbandige Anlagen im Kanalabstand von 10 kHz nebeneinander betrieben werden dürfen.
Die Kanäle 1−3, 20−23, 25−29, 31 und 32 sind seit dem 1. 1. 1983 nicht mehr zugelassen.

2. 35-MHz-Band

Ein Betrieb von breitbandigen (AM) Sendern der früheren F-Reihe (Kanäle 36, 39, 42, 45 und 48) ist seit dem 1. 1. 1983 nicht mehr zugelassen. FE-Empfänger im benachbarten Kanal (10 kHz Kanalabstand) würden gestört werden. Es gibt möglicherweise einzelne FM-Sender im 35-MHz-Band mit der Serienprüfnummer F, die bereits die Forderung für FE-Geräte im 35-MHz-Band erfüllen. In diesem Fall empfiehlt sich eine Rücksprache mit dem Hersteller.

3. 40-MHz-Band

Hier sind keine Probleme zu erwarten, da im 40 MHz-Band von vornherein nur schmalbandige FM-Anlagen verwendet werden (10 kHz Kanalabstand).

4. 434-MHz-Band

Wegen der geringen in Betrieb befindlichen Stückzahlen mit nur wenigen über das Band verteilten Frequenzen (Quarze fest eingebaut) gibt es auch hier beim Parallelbetrieb keine Probleme, wenn die benachbarten Frequenzen mindestens 50 kHz auseinanderliegen, zum Beispiel Kanal 102 mit 433,125 MHz und Kanal 104 mit 433,175 MHz.

Wie funktioniert eine Fernsteuerungsanlage?

Die heute fast ausschließlich verwendeten Digital-Proportional-Fernlenkanlagen arbeiten nach folgendem Prinzip:
Die Bewegung am Steuerknüppel wird im Sender multiplex verschlüsselt, das heißt in Impulse unterschiedlicher Länge umgeformt, die nacheinander ausgesendet werden (Codierung). Diese Impulse gelangen zum Modulator gemeinsam mit der HF des Oszillators, das ist der Kanalquarz, und dann in den Endverstärker des Senders zur Sendeantenne und werden hier ausgestrahlt. Diese technische Lösung ergibt einen geringen Bandbreitenbedarf, so daß mehrere Anlagen gleichzeitig betrieben werden können, ohne daß dies zu gegenseitigen Störungen führt. Von der Empfangsantenne aufgenommen, werden die Impulse im HF / ZF-Verstärker verstärkt, im Demodulator demoduliert, anschließend decodiert und gelangen dann zu den hierfür vorgesehenen Servos (Rudermaschinen), die sich entsprechend der Auslenkung der Steuerknüppel am Sender bewegen und deren Bewegung über Stangen oder Bowdenzüge zu den entsprechenden Rudern geführt werden (Abb. 79). Die Energie für den Sender liefert ein eingebauter Akku mit einer Spannung je nach Fabrikat zwischen 7,2 und 12 Volt. Die Empfangsanlage wird in fast allen Fällen über einen 4,8-Volt Akku betrieben.

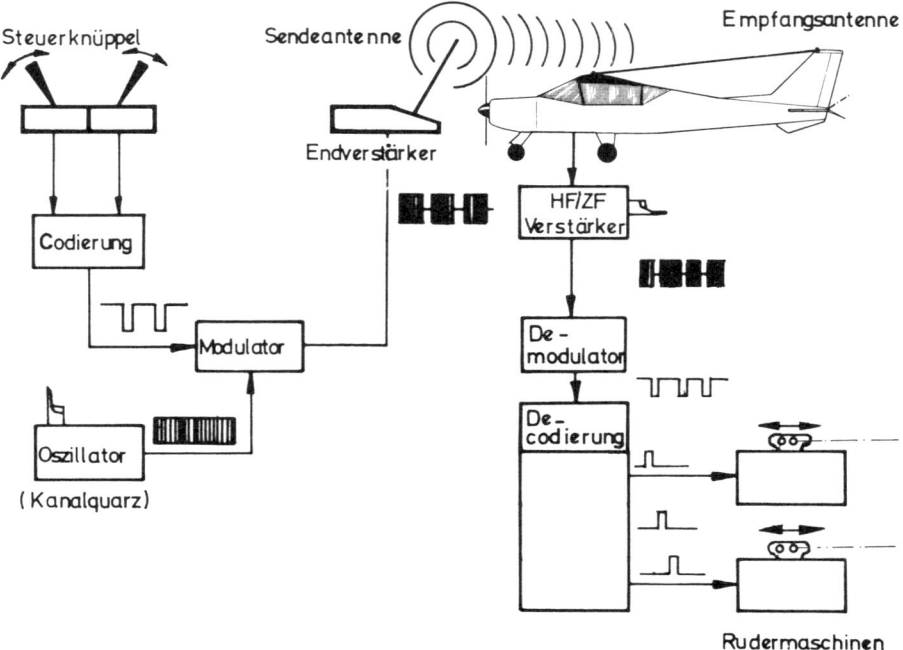

Abb. 79: Funktionsschema einer modernen Fernsteuerungsanlage

Welche Fernlenkanlage benötigt man?

Man spricht bei den modernen Fernlenkanlagen von Funktionskanälen. So benötigt man für jedes zu steuernde Ruder eine Proportional-Funktion oder einen Proportional-Kanal. Verschiedene Hersteller benutzen auch die Bezeichnung »Zwei Kanäle« für einen Proportional-Kanal. Eindeutig wird die Angabe über die benötigten Funktionen, wenn man von der Zahl der Ruderma-schinen (Servos) ausgeht.

Für ein einfaches Motorflugmodell, das – wie zu lesen war – auch als »Sport-modell« oder als »Trainer« bezeichnet wird, benötigt man drei Proportional-Funktionen oder sechs Kanäle, und zwar im einzelnen:

- Für das Seitenruder eine Funktion oder einen Kanal links, einen Kanal rechts;
- für das Höhenruder eine Funktion oder zwei Kanäle, hoch und tief und
- für die Motordrossel eine Funktion oder zwei Kanäle, geschlossen und geöffnet.

Wollen wir mit dem Modell noch Kunstflug machen und ein Querruder einbauen, so muß eine weitere Proportional-Funktion zur Verfügung stehen. In diesem Fall benötigen wir also für das Querruder, für das Höhenruder, für das Seitenruder und für die Motordrossel vier Rudermaschinen (Servos); für jede Sonderfunktion, zum Beispiel das einziehbare Fahrwerk, wird zusätzlich ein weiteres Servo benötigt.

Kanal-/Frequenz-Tabelle
für Funkfernsteuerungen in Deutschland

Die Deutsche Bundespost hat für die Fernsteuerung von Modellen mehrere Frequenzbänder freigegeben. Im 27-MHz-Band sind 18 Kanäle, im 35-MHz-Band 20 und im 40-MHz-Band 4 Kanäle im Bereich der Bundesrepublik Deutschland zugelassen.

Das 27-MHz-Band ist für den Betrieb von Modellen aller Art vorgesehen. Hier können also Automodelle ebenso wie Schiffsmodelle und Flugmodelle mit Funkfernsteuerungen betrieben werden. Allerdings sind nur die nachfolgend aufgeführten Frequenzkanäle zugelassen. Eine Anmeldung der Anlagen und die Bezahlung einer Genehmigungsgebühr ist nicht erforderlich. − Das kann im Einzelfall vorteilhaft sein. Leider tummeln sich auf diesen Frequenzbändern dann auch sehr viele Modellsportler, so daß Funkstörungen häufig auftreten. Für ferngelenkte Flugmodelle ist daher dieses Frequenzband nicht zu empfehlen.

27 MHz-Band

Kanal	Sendefrequenz KHz	zugelassene FTZ-Serien- Prüf-Nr.	Kanal	Sendefrequenz KHz	zugelassene FTZ-Serien- Prüf-Nr.
4	26995	MF	13	27085	MF
5	27005	MF	14	27095	MF
6	27015	MF	15	27105	MF
7	27025	MF	16	27115	MF
8	27035	MF	17	27125	MF
9	27045	MF	18	27135	MF
10	27055	MF	19	27145	MF
11	27065	MF	24	27195	MF
12	27075	MF	30	27255	MF

Das 35-MHz-Band mit den Kanälen 61 bis 80 ist der Steuerung von Flugmodellen vorbehalten. Fernlenkanlagen für dieses Frequenzband müssen bei der Deutschen Bundespost angemeldet werden. Entsprechende Anmeldeformulare liegen den Fernlenksets meist bei. Der Betrieb dieser Anlagen ist auch gebührenpflichtig und kostet DM 50, – für 10 Jahre. Das ist zwar mißlich, hat aber den Vorteil, daß Funkstörungen auf diesem Frequenzband kaum mehr vorkommen.

35 MHz-Band

Kanal	Sendefrequenz KHz	zugelassene FTZ-Serien- Prüf-Nr.	Kanal	Sendefrequenz KHz	zugelassene FTZ-Serien- Prüf-Nr.
61	35010	FE	71	35110	FE
62	35020	FE	72	35120	FE
63	35030	FE	73	35130	FE
64	35040	FE	74	35140	FE
65	35050	FE	75	35150	FE
66	35060	FE	76	35160	FE
67	35070	FE	77	35170	FE
68	35080	FE	78	35180	FE
69	35090	FE	79	35190	FE
70	35100	FE	80	35200	FE

Das 40-MHz-Band ist für den Betrieb von Modellen aller Art zugelassen. Es stehen vier Frequenzkanäle zur Verfügung. Der Betrieb ist anmelde- und gebührenfrei.

40 MHz-Band

Kanal	Sendefrequenz KHz	zugelassene FTZ-Serien- Prüf-Nr.	Kanal	Sendefrequenz KHz	zugelassene FTZ-Serien- Prüf-Nr.
50	40664	MF	52	40685	MF
51	40675	MF	53	40695	MF

Auf dem 434-MHz-Band stehen 33 Frequenzkanäle für die Fernsteuerung von Modellen aller Art zur Verfügung. Der Betrieb ist anmelde- und gebührenpflichtig.

434 MHz-Band

Kanal	Sendefrequenz KHz	zugelassene FTZ-Serien- Prüf-Nr.	Kanal	Sendefrequenz KHz	zugelassene FTZ-Serien- Prüf-Nr.
102	433125	FE	136	433975	FE
104	433175	FE	138	434025	FE
106	433225	FE	140	434075	FE
108	433275	FE	142	434125	FE
110	433325	FE	144	434175	FE
112	433375	FE	146	434225	FE
114	433425	FE	148	434275	FE
116	433475	FE	150	434325	FE
118	433525	FE	152	434375	FE
120	433575	FE	154	434425	FE
122	433625	FE	156	434475	FE
124	433675	FE	158	434525	FE
126	433725	FE	160	434575	FE
128	433775	FE	162	434625	FE
130	433825	FE	164	434675	FE
132	433875	FE	166	434725	FE
134	433925	FE			

Der Einbau der Fernlenkanlage

Einer der häufigsten Gründe, weshalb die heutigen Digital-Proportional-Systeme zur Reparatur in die Fabrik geschickt werden, ist nicht ein Versagen der Anlage, sondern es sind:
1. Fehler des Piloten beim Fliegen,
2. Fehler beim Einbau der Anlage und der Rudergestänge.
Den ersten dieser Gründe, das »Versagen des Piloten«, soll hier ausgeklammert werden. In einem der späteren Kapitel wird eingehend über das Einfliegen und über das Fliegen berichtet. Es dreht sich also um den Einbau, besser um den richtigen Einbau der Empfangsanlage, der Rudermaschinen und der Stromversorgung sowie um die Verbindung der Rudermaschinen mit den Rudern.
Kurz ein Beispiel: Ein Servo ist ausgefallen; es ist mit Öl verschmutzt. Wenn man das Servo öffnet, so findet man auf der Innenseite des Servos alles mit Öl bedeckt. Dies kann ein Indiz dafür sein, daß dieses Servo gebraucht wurde, um die Drossel zu betätigen, daß Öl aus dem Motor herausgetreten ist und entlang der Schubstange zu dem Servo gekrochen ist und in den Mechanismus gelangte. Es kann aber auch der Kraftstofftank undicht sein!
Bei einem ferngelenkten Motormodell werden die Schwingungen des Verbrennungsmotors auf den gesamten Rumpf und damit auch auf die Fernlenkanlage übertragen; Schwingungen, die höchst unerwünscht sind. Der Modellflieger sollte alles tun, um die Schwingungen an den Fernlenkanlagen zu dämpfen.

Der Akku

Zwar ist die Empfängerbatterie nicht sehr empfindlich gegen die Vibration, dennoch ist es immer vorteilhaft, sie in Schaumgummi zu verpacken und vor allem im Modell festzulegen. Es ist schon aus Gründen der Schwerpunktlage vorteilhaft, den Akku möglichst weit vorn, vor allem aber hinter einem kräftigen Spant zu lagern. Der Akku selbst darf auch während des Fluges, auch bei Kunstflugfiguren, seine Lage nicht verändern. Die Kabel müssen locker aus dem Akku herauskommen, dürfen also nicht eingeklemmt sein.

Der Empfänger

Deutsche und auch viele importierte Empfänger verfügen über keine besonderen Befestigungslaschen, so daß man sie in Schaumgummi eingewickelt im Modell placieren muß. Normalerweise wird der Empfänger im vorderen Teil des Rumpfes festgelegt, bei einem Schulterdecker meist unterhalb der Nasenleiste des Flügels und bei einem Tiefdecker direkt oberhalb der Naseneintrittskante des Flügels. Auch der Empfänger muß absolut festliegen. Er darf sich während des Fluges nicht wesentlich bewegen. Das Schaumgummi, in den wir den Empfänger einwickeln, darf nicht mehr als unbedingt nötig zusammengedrückt sein, da sonst die Wirkung, die man anstrebt, nämlich eine Dämpfung der Schwingungen, nicht in dem notwendigen Maße eintritt. Selbstverständlich sollte auch der Empfänger so angeordnet sein, daß er beim Montieren des Modelles leicht und sicher zu überprüfen ist.

Die Schalter

Als Schalter werden normalerweise kleine Schiebeschalter verwendet (Abb. 80). Ihr sorgfältiger Einbau ist von entscheidender Bedeutung für die einwandfreie Funktion der Fernlenkanlage. Da die Motorvibration natürlich auch auf den Schalter einwirkt, sollte man grundsätzlich nur das Beste kaufen, was es am Markt gibt. Der Schalter wird in die Rumpfseitenwand des Modells eingebaut, und zwar so, daß er nicht von den Rückständen des Motors verschmutzt werden kann. Er liegt also immer auf der dem Auspuff des Motors gegenüberliegenden Seite. Die Ein- und Aus-Stellung des Schalters soll gut sichtbar gekennzeichnet sein, so daß weder das Einschalten bei Beginn, noch das Ausschalten beim Ende des Fluges vergessen werden kann. Eine nicht ausgeschaltete Fernlenkanlage verbraucht natürlich Strom. Das kann zu einer Tiefentladung der Nickel-Kadmium-Akkus führen. Das mögen diese an sich sehr robusten Akkus nicht gern. Tiefentladungen können zu einer Umpolung der Akkus führen, in jedem Fall aber auch zu einer Verkürzung der Lebenszeit.

Abb. 80: Als Ein-Aus-Schalter sollte man wirklich kontaktsichere Präzisionsschalter verwenden

Der Einbau der Rudermaschinen (Servos)

Für die Rudermaschinen gilt das gleiche wie für die übrige Empfangsanlage: Sie müssen unbedingt elastisch – vibrationsgeschützt – eingebaut werden. Die Art, wie dies geschieht, ist von der Bauart der Rudermaschine abhängig. Man kennt in Deutschland zwei Systeme:
Die Rudermaschinen des einen Typs werden unter Verwendung von Gummitüllen an Befestigungslaschen festgeschraubt (Abb. 81). Hierbei ist darauf zu achten, daß die Gummitüllen auf keinen Fall fest zusammengepreßt werden, denn dann wären die Rudermaschinen nicht mehr elastisch gelagert. Daher ist es notwendig, die Befestigungsschrauben gerade soweit einzudrehen, daß eine Unterlegscheibe zwischen dem Schraubenkopf und der Gummitülle sich gerade noch verschieben läßt, das Servo aber von den Schrauben fest in seiner Stellung gehalten wird. Die Schrauben müssen gesichert werden. Zwei Hartholzleisten von etwa 10 mm × 10 mm im Querschnitt werden genau passend zwischen die beiden Rumpfseitenwände eingeklebt. Der Abstand der beiden Leisten voneinander muß natürlich der Länge der Servos entsprechen. Paßstücke aus 2 bis 3 mm Sperrholz und etwa 25 mm × 25 mm im Quadrat groß, entsprechend dem Leistenquerschnitt ausgeklinkt, werden an die Rumpfseitenwände geklebt und halten die Hartholzleisten zuverlässig fest.

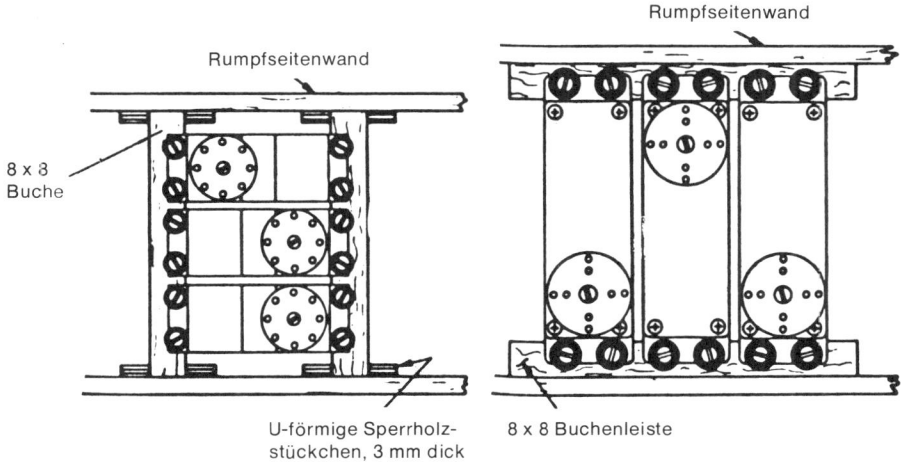

Abb. 81: Schwingungsarmer Einbau von Rudermaschinen in einem Motorflugmodell

143

Wenn man die handelsüblichen Schnellbefestigungen aus Kunststoff in das Modell einbaut, können die Rudermaschinen in kürzester Zeit herausgenommen und in ein anderes Modell eingesetzt werden (Abb. 82).

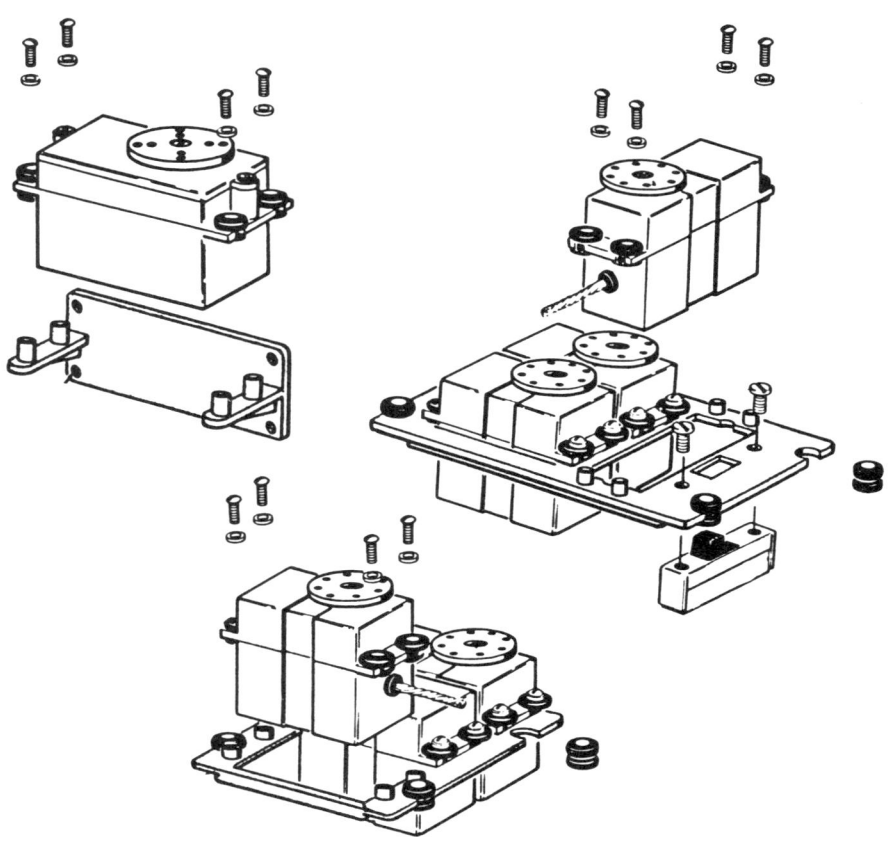

Abb. 82: Servo-Halterungen aus Kunststoff, wie sie vielfach zu kaufen sind, sollten soweit wie möglich Verwendung finden, um die Schwingungen zu dämpfen und den Einbau und den Wechsel der Servos zu erleichtern

Die Höhenlage der Servos, also die Lage ihrer Anlenkungspunkte, soll natürlich mit der auf dem Bauplan angegebenen Lage übereinstimmen. Bei Eigenkonstruktionen sollte man darauf achten, daß sie weder zu hoch noch zu tief eingebaut werden, damit die Schubstangen oder auch Bowdenzüge nicht unnötig abgewinkelt werden müssen (Abb. 83 und 84).

Die richtige Gestängelänge wird nach dem Einschalten der Anlage nach Festlegen der Neutralstellung ermittelt. Geringe Abweichungen von der Neutralstellung sind ohne Bedeutung.

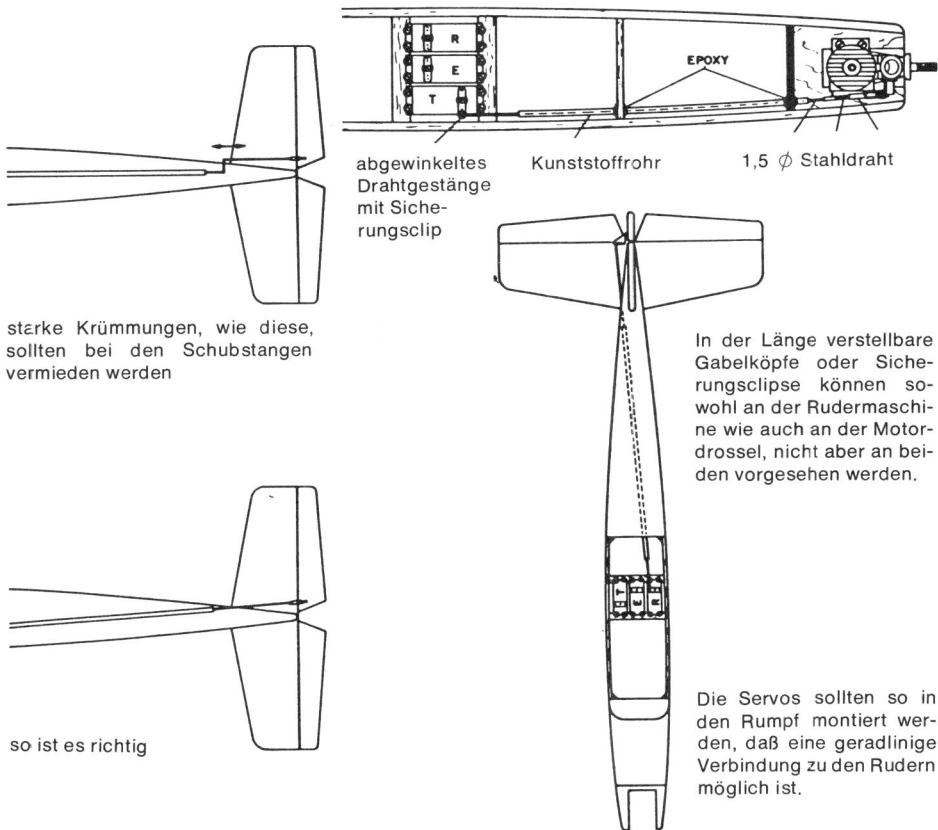

abgewinkeltes Drahtgestänge mit Sicherungsclip

Kunststoffrohr

1,5 ϕ Stahldraht

starke Krümmungen, wie diese, sollten bei den Schubstangen vermieden werden

In der Länge verstellbare Gabelköpfe oder Sicherungsclipse können sowohl an der Rudermaschine wie auch an der Motordrossel, nicht aber an beiden vorgesehen werden.

so ist es richtig

Die Servos sollten so in den Rumpf montiert werden, daß eine geradlinige Verbindung zu den Rudern möglich ist.

Abb. 83: Anordnung der Schubstangen

Abb. 84: Schubstange zur Motordrossel (oben) und zum Seitenruder (unten)

145

Das zweite System der Befestigung der Servos wird vornehmlich bei Modellen der Fa. Graupner angewendet. Die Abb. 85 zeigt die Befestigung der Rudermaschine auf einem Sperrholzbrett (A) (mindestens 3 mm dick). Zum Schutz gegen Erschütterungen sollte zwischen Servo und Brett selbstklebender Zellkautschuk (B) aufgeklebt werden. Die Muttern (C) müssen unterhalb des Brettchens mit UHU plus oder Stabilit express befestigt werden. Die Senkschrauben (D) sind nur so anzuziehen, daß die Rudermaschine festsitzt, aber die Zellkautschukplatte noch genügend dämpfende Wirkung hat. In dem zum Ausschlag des Senders sinngemäß laufenden Gabelkopfanschluß wird der Gabelkopf des Gestänges eingehängt. Gegebenenfalls sollte die Gewindestange hinter dem Gewinde etwas abgekröpft werden, damit genügend Spiel zwischen der Mutter und dem Oberteil vorhanden ist.

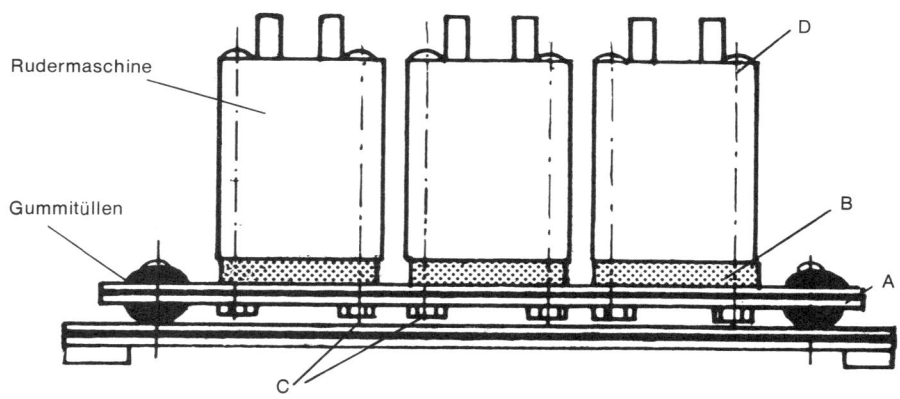

Abb. 85: Vorschlag für eine schwingungsarme Befestigung von Rudermaschinen

Der Einbau der Antenne

Die Antennenlänge muß bei den heutigen Empfängern etwa 1000 mm betragen. Die Antenne soll möglichst geradlinig und möglichst weit weg von Elektromotoren, Rudermaschinen, metallischen Gegenständen oder stromführenden Leitungen verlegt werden. Im allgemeinen wird die Antenne bei Flugmodellen auf kürzest möglichem Wege aus dem Rumpf herausgeführt und zum Seitenleitwerk gespannt (Abb. 86). Hierbei sollte eine Zugentlastung durch ein

146

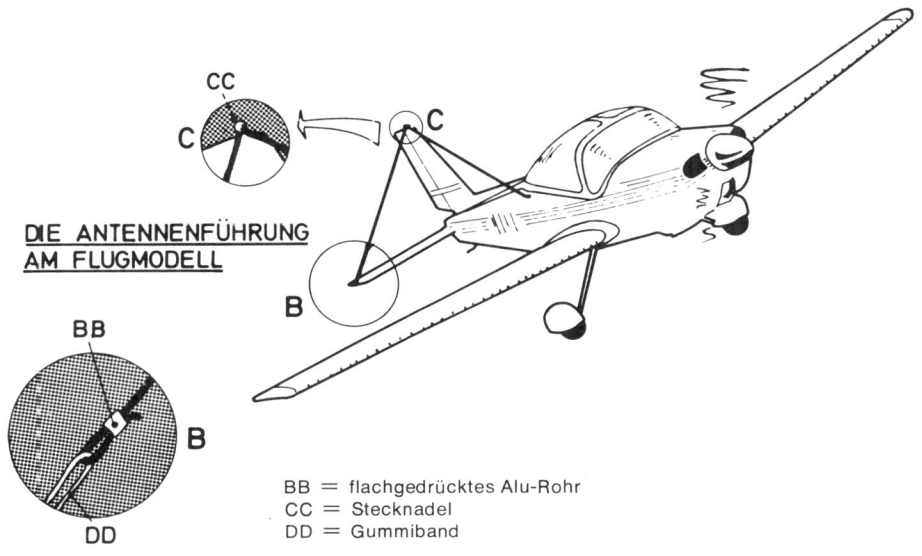

DIE ANTENNENFÜHRUNG AM FLUGMODELL

BB = flachgedrücktes Alu-Rohr
CC = Stecknadel
DD = Gummiband

Abb. 86: Anordnung der Antenne bei einem Tiefdeckerflugmodell

Gummiband vorgesehen werden. Ist bei einem kleinen Modell die Antenne länger als der Abstand zum Seitenleitwerk, so läßt man sie als Schleppantenne überstehen oder führt sie abgewinkelt an den Randbogen des Höhenleitwerks. Jede Verkürzung der Antenne bringt eine Einbuße der Reichweite. Das gilt natürlich auch für den Sender. Außerdem sollte man beachten, daß in geradliniger Verlängerung der Senderantenne sich eine geringe Feldstärke ausbildet. Es ist demnach falsch, mit der Antenne des Senders auf das Modell zu zielen, wie dies von einigen Modellfliegern gemacht wird, um die Empfangsverhältnisse günstig zu beeinflussen.

147

Bei extrem ungünstigen Umwelteinflüssen, wie sie durch Geländeform, durch hohes Gras, Getreide, starke Feuchtigkeit, Regen, elektrische Weidezäune, Hochspannungsleitungen, Diathermie-Geräte oder industrielle Anlagen auf der gleichen Frequenz vorkommen können, kann der Empfang beeinträchtigt werden. In diesen Fällen soll die in der Abb. 87 dargestellte Stabantenne verwendet werden, die die Empfangsverhältnisse günstig beeinflußt. Auch hier soll die Gesamtlänge der Stabantenne etwa 1000 bis 1100 mm betragen. Da der Luftwiderstand einer solchen Stabantenne nicht unbeträchtlich ist, kommt sie nur für Motorflugmodelle in Betracht.

Vorschlag für die Anordnung der Empfangsantenne bei DIGITAL-Anlagen

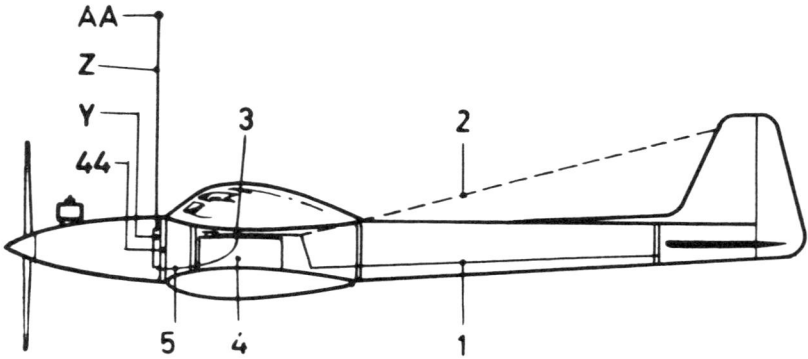

1 Antenne innerhalb des Rumpfes verlegt oder
2 außerhalb des Rumpfes zum Seitenleitwerk gespannt
Z Stabantenne, Stahldraht, 1,5∅
3 Anzapfung (Lötstelle) für die Stabantenne

44 Rumpfspant
Y Messingröhrchen (Kunstflugtank beim Einbau etwas zusammendrücken)
AA Messingkugel (Augenschutz)
4 Empfänger
5 Verbindungslitze vom Messingröhrchen (Y) zur Antenne des vieradrigen Stromversorgungskabels. Länge der Litze ca. 10 bis 15 cm.

Abb. 87: Vorschlag zur Anordnung der Empfangsantenne bei Digitalanlagen

Der Einbau des Rudergestänges

In einfacher Weise kann der Einbau eines Fernlenksystems in drei Gruppen eingeteilt werden:
1. Einbau der Empfangsanlage,
2. Einbau des Kraftübertragungssystems (Rudergestänge),
3. Vorrichtung zur Bewegung der Ruderflächen (Scharniere, Ruderhörner).

In diesem Abschnitt geht es um Punkt 2., um den Einbau des Kraftübertragungssystems. Dazu gehört alles, was sich zwischen den Rudermaschinen und den Ruderflächen, der Motordrossel, dem einziehbaren Fahrwerk und anderen gewünschten Funktionen befindet.

Im Modellbau-Fachhandel gibt es verschiedene Rudergestänge zu kaufen, die in den Abb. 88 und 89 gezeigt werden.

Von oben nach unten sieht man zunächst einen einfachen Stahldraht, der am Ende abgewinkelt und mit dem Ruderhorn verbunden wird. Ein Sicherungsclip aus Kunststoff, oder auch eine zweite Abwinkelung sorgt für einen sicheren Sitz. Darunter ist eine Schubstange aus einem GfK-Rohr dargestellt.

Ganz unten auf der Abb. 88 befinden sich zwei Bowdenzüge, von denen der obere mit Gabelköpfen aus Federstahl, der untere an der linken Seite mit einem schraubbaren Kunststoffgabelkopf versehen ist (für die Motordrossel).

Es ist verständlich, daß man darauf achten muß, daß der Einbau der Schubstangen so erfolgt, daß die Gestänge frei und leichtgängig laufen. Schwergängige Schubstangen und Lager kosten Strom, verringern damit die Betriebsdauer und wirken sich nachteilig auf die Stellgenauigkeit aus. Besonders wichtig ist auch, daß alle Ruderhebel ihre vollen Ausschläge ausführen können, also nicht mechanisch begrenzt werden! Nach diesen Gesichtspunkten sind die Durchführungsöffnungen für die Gestänge im Rumpf auszulegen und selbstverständlich auch die Ruderscharniere auf Gängigkeit zu prüfen.

Besonders wichtig ist diese Forderung für die Betätigung der Motordrossel. Die Stellung »Vollgas« darf keinesfalls durch einen mechanischen Anschlag der Drosselvorrichtung bestimmt werden. Andernfalls steht der Motor der Rudermaschine während des gesamten Fluges fast ständig unter Vollast, was zur Folge hat, daß eine hohe Stromaufnahme vorgenommen wird und die Empfängerbatterie schnell entleert wird. Durch den dann folgenden starken Spannungsabfall kann eine Funktionsstörung der Anlage durchaus eintreten; es kann auch durch Überlastung ein Schalt-Transistor ausfallen. Selbstverständlich muß auch die »Leerlauf«-Stellung elektrisch, also durch Knüppelstellung, bestimmt werden und darf nicht mechanisch durch Anschlag der Drosselvorrichtung erfolgen.

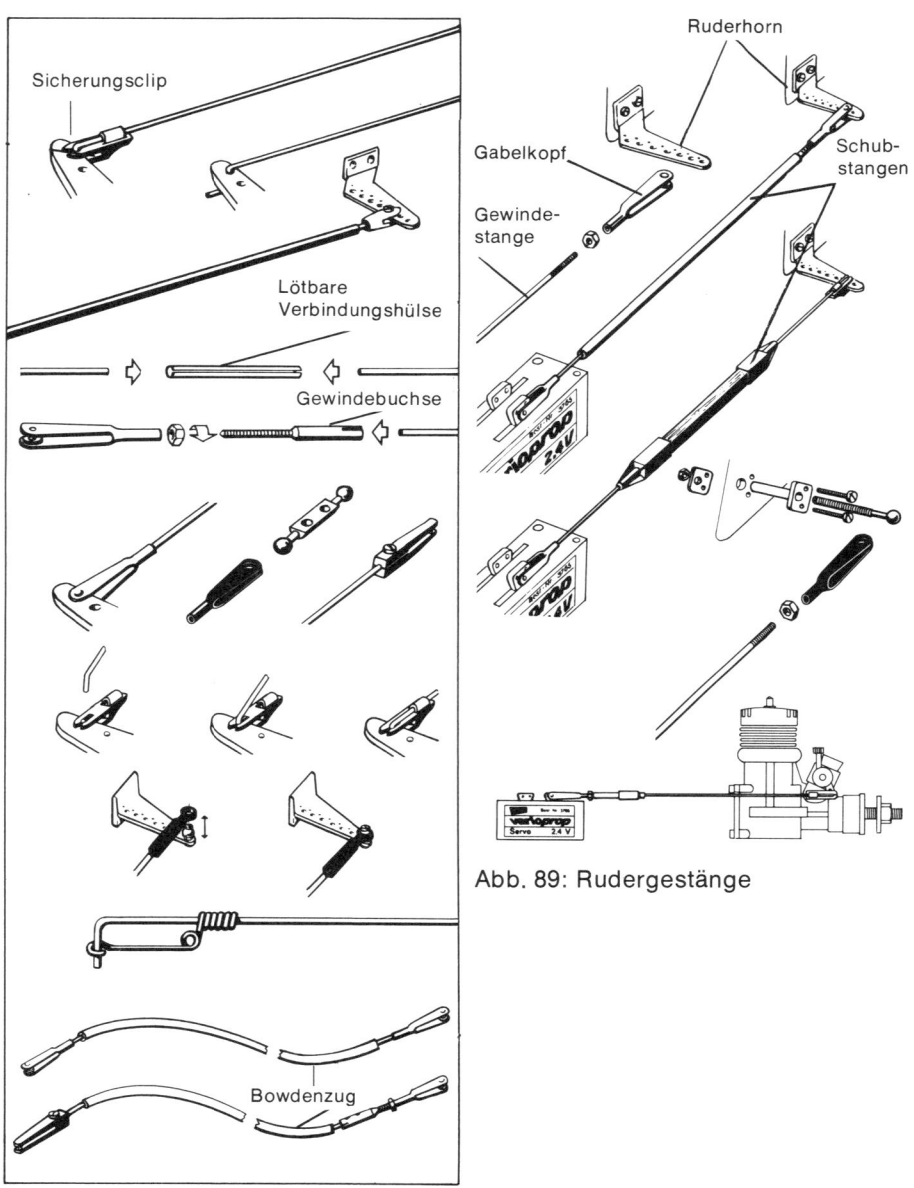

Abb. 89: Rudergestänge

Abb. 88: Anlenkung des Rudergestänges am Ruderhorn

Der Vorteil der Schubstange ist zweifellos die reibungslose Übertragung unter der Voraussetzung, daß sie geradlinig eingebaut wird; andererseits ist das nicht immer möglich. Auch kommt es nicht selten vor, daß lange Schubstangen bei starker Schubbelastung durchbiegen, also der Weg der Rudermaschine, der oft nicht mehr als 6 mm beträgt, verringert wird und damit der Ruderausschlag beispielsweise des Höhenruders nicht im gewünschten Maße erfolgen kann. Das muß nicht unbedingt zum Absturz führen, ist aber sicherlich schon vorgekommen, so zum Beispiel beim Abfangen aus dem Sturzflug, wenn das Ruderhorn auf der Unterseite des Höhenruders sitzt.

Die andere Möglichkeit der Übertragung der Bewegung der Servos ist der Bowdenzug. Seine Vorteile liegen in der Flexibilität. Bowdenzüge kann man in Kreisbögen oder Kurven verlegen. Seine Nachteile sollen indes auch nicht verschwiegen werden: größere Reibung, vor allem bei .Schubbewegungen, Längenänderung bei Temperaturunterschieden, wenn man Kunststoff-Bowdenzüge verwendet. Aber wie gesagt, oft ist es unvermeidlich Bowdenzüge einzubauen, so beispielsweise bei der Installation der Motordrossel und des Bugfahrwerkes. Der »klassische« Bowdenzug, der nur zur Übertragung von Zugkräften in der Technik Verwendung findet, besteht aus einem Stahldrahtseil und einem Rohr, in dem er geführt wird. Die Bowdenzüge, die im Modellbau-Fachhandel angeboten werden, bestehen meist aus zwei ineinander gleitenden Kunststoffröhrchen von etwa 2 bis 3 mm Außendurchmesser. Es gibt eine Fülle von Möglichkeiten, den Bowdenzug mit dem Ruderhorn zu verbinden, wobei der Gabelkopf wohl die bewährteste ist. Wie aber befestigt man den Gabelkopf am Rudergestänge, am Bowdenzug?

In vielen Fachgeschäften sind lötbare Verbindungshülsen für die Verbindung des Bowdenzug-Stahldrahtes, der meist verzinkt ist, mit der Gewindestange, auf die der Gabelkopf geschraubt wird, zu haben (Abb. 88). Es gibt aber auch Gewindebuchsen zum Löten für den gleichen Zweck. Auf solch einer Gewindebuchse sitzt also schon das Gewinde für den Clip. Auch werden klemmbare Gabelköpfe gefertigt, die vornehmlich an Kunststoff-Bowdenzüge geschraubt werden, denn Kunststoff-Bowdenzüge sind schwer sicher zu kleben. Bei den oftmals dünnen Kunststoff-Bowdenzügen ist es außerdem angebracht, Versteifungsdrähte mit einem Zwei-Komponenten-Kleber in das innere, also das dünnere, Rohr zu stecken, damit ein Einknicken des im letzten Teil ohne Führung zum Ruder gehenden Rudergestängestückes verhindert wird. Der Stahldraht, der natürlich dem Innendurchmesser des inneren Rohres entsprechen muß, soll so lang gewählt werden, daß er sich beim maximalen Gestängeweg (etwa 12 mm) noch innerhalb des Außenröhrchens befindet. Nach dem Aufdrehen der Gabelköpfe mit ihren Federstahlbacken wird das Versteifungsdrähtchen am Ende kurz abgewinkelt. Es wurden schon die Längenänderungen der Kunststoff-Rudergestänge bei unterschiedlichen Temperaturen erwähnt, die auch am Flugmodell von 0° bis + 50°C erreichen können. Will man Ärger vermeiden, so sollte das Führungsrohr – wenn überhaupt – nur an den beiden Enden mit einem Zwei-Komponenten-Kleber am Rumpf beziehungsweise am Flügel (Querruder) befestigt werden.

Der letzte Teil des Rudergestänges und die schon erwähnte Gewindestange darf nicht zu stark abgewinkelt werden. Diese Abwinkelungen können sich nämlich bei größeren Beanspruchungen durchbiegen, so daß eine genaue Übertragung der Bewegung der Rudermaschine auf das Ruder nicht gewährleistet ist. In der Abb. 83 ist zu sehen, wie es falsch und richtig ist.

Die Ruderhörner

Während noch zu Beginn der Entwicklung der Funk-Fernsteuerung die Modellflieger die Ruderhörner selbst aus Sperrholz oder Messingblech herstellen mußten, verwenden die Modellflieger heute handelsübliche Ruderhörner, die aus Nylon oder einem anderen Kunststoff gefertigt sind (Abb. 90).

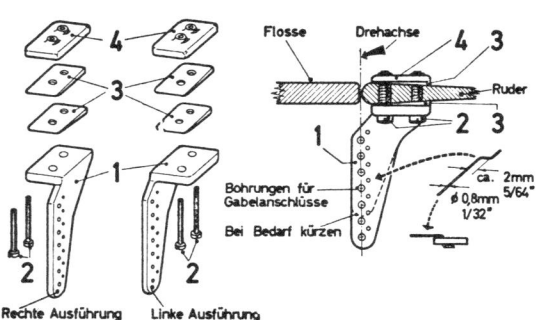

Abb. 90: Ruderhorn mit keilförmigen Unterlagen

152

Diese Ruderhörner haben die Aufgabe, die Bewegungen der Rudermaschine über die Schubstange auf die Ruderblätter zu übertragen. Ist der Gabelkopf in der Nähe der Ruderachse in ein entsprechendes Loch des Ruderhornes eingehängt, so sind die Ruderausschläge relativ groß. Sie werden kleiner mit wachsender Entfernung der Einhängung zur Ruderachse.

Das Ruderhorn selbst wird immer in der Nähe des Rumpfes befestigt, und zwar so, daß in der Normalstellung der Ruder die Anlenkungslöcher des Ruderhornes senkrecht über der Ruderachse stehen (Abb. 91).

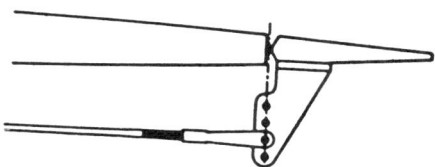

Abb. 91: Ruderhörner so festschrauben, daß der Anlenkungspunkt der Schubstange senkrecht über der Drehachse des Ruders liegt

Um entscheiden zu können, an welcher Seite – vom Rumpf aus gesehen – das Ruderhorn am Seitenruder beziehungsweise am Höhenruder montiert werden muß, überprüft man die Rudermaschinen, um festzustellen, an welcher Seite die Betätigung der Motordrosselung erfolgen muß. Wenn drei Rudermaschinen, wie es bei einfachen Motorflugmodellen üblich ist, nebeneinander montiert sind, müssen die Ruderhörner auf der gleichen Seite – vom Rumpf aus gesehen – montiert werden wie die der Motordrosselung; wenn also die Rudermaschine für die Motordrosselung auf der rechten Seite sitzt und am rechten Arm der Rudermaschine eingehängt ist, so muß auch auf der rechten Seite des Seitenruders und auch auf der rechten Seite des Höhenruders das Ruderhorn befestigt werden. Das Ruderhorn für das Höhenruder wird normalerweise auf der Unterseite des Ruders festgeschraubt, aber es kommt natürlich auch vor, daß das Ruderhorn auf der Oberseite des Ruders sitzen muß. Dies hängt von der Art und Lage des Höhenruders ab. Es scheint verständlich, daß es wenig sinnvoll ist ein Höhenleitwerk, das sich an der Rumpfunterseite befindet, mit einem Ruderhorn zu versehen, das an der Unterseite des Ruders montiert ist. Die Anlenkung dieses Ruders müßte aus der Rumpfunterseite heraus erfolgen und das ist nicht gerade vorteilhaft.

153

Wie man steuert

In dem folgenden Text und in den Fotografien und Abbildungen wird gezeigt, welche Möglichkeiten es gibt, mit den beiden Knüppeln des Senders das Flugmodell zu steuern. Die Zuordnung der Ruder zu den beiden Steuerknüppeln ist unterschiedlich. Viele Modellflieger fliegen nach dem »Modell 1« (Abb. 92), bei dem auf der rechten Seite mit Links- / Rechts-Bewegungen das Querruder betätigt wird und durch Hoch- / Tief-Bewegungen = Hoch: die Motordrossel geschlossen und Tief (zum Körper des Piloten hin) die Motordrossel geöffnet wird. Auf der linken Seite wird durch die Links- / Rechts-Bewegung das Seitenruder betätigt und durch die Hoch- (vom Piloten weg) Bewegung des Steuerknüppels das Höhenruder nach unten und durch die Tief- (zum Piloten hin) Bewegung das Höhenruder nach oben bewegt.

Nach dem zweiten »Modell« (Abb. 93) ist es so, daß auf der rechten Seite mit Links- / Rechts-Bewegung das Seitenruder betätigt wird und mit Hoch- / Tief-Bewegungen, also vom Piloten weg nach oben, das Höhenruder gedrückt – also nach unten ausgeschlagen wird und durch Bewegung des Knüppels zum Piloten hin das Höhenruder gezogen wird. Auf der linken Seite wird das Querruder mit Links- / Rechts-Bewegung betätigt und die Hoch- / Tief-Bewegungen sind für die Motordrosselung vorgesehen. Beide Systeme haben Vor- und Nachteile. Sie sind beide eingebürgert; es ist Geschmackssache, wie man fliegt. Man sollte vor allem darauf achten, daß man von Anfang an bei dem gleichen System bleibt. Das Umlernen ist zeitraubend und bringt unnötige Gefahren mit sich. Es ist auch wichtig, zu wissen, wie bekannte Modellfieger des Vereins fliegen, da diese einem oftmals Hilfestellung geben können. Wenn man aber selbst nach einem anderen System steuert, wird dies mit Schwierigkeiten verbunden sein.

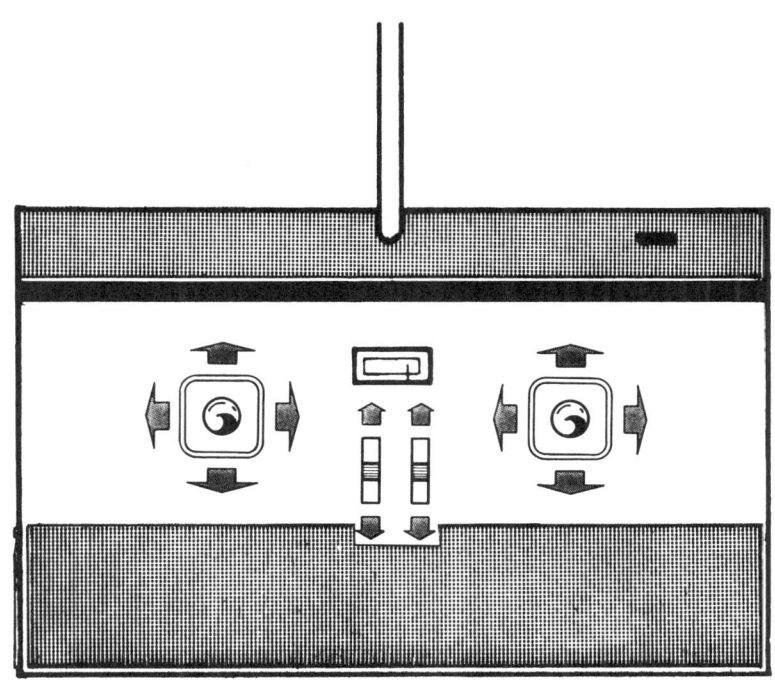

	Tiefenruder				Vollgas	
Links ⟵	Seitenruder	⟶ Rechts		Links ⟵	Querruder	⟶ Rechts
	Höhenruder				gedrosselt	

Abb. 92: Das Steuern nach »Modell 1«

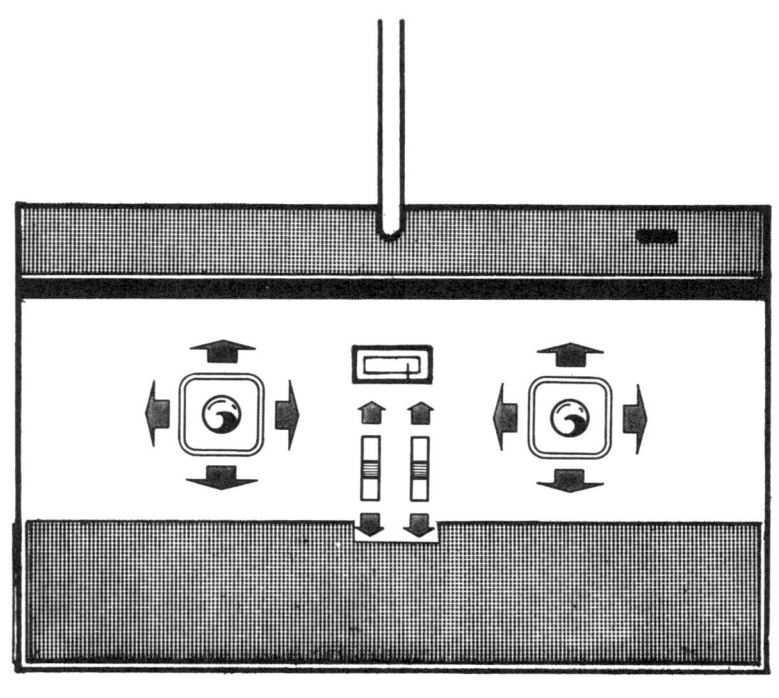

Abb. 93: Das Steuern nach »Modell 2«

Das Starten des Motors

Zunächst wird der Kraftstofftank aufgefüllt. Dann spritzt man ein wenig Treibstoff in den Vergaser und in den Verbrennungsraum des Motors. Nun wird der Motor an der Luftschraube einige Male in Laufrichtung durchgedreht. Die Laufrichtung in Flugrichtung gesehen ist Rechts, von vorn also Links. Durch dieses Durchdrehen wird die überschüssige Menge des eingespritzten Kraftstoffes durch die Auslaßöffnungen des Motors ausgestoßen, so daß jetzt im Verbrennungsraum ein günstiges Luft- / Treibstoff-Gemisch für einen schnellen Start vorhanden ist. Vor allem in der kalten Jahreszeit begünstigt das den Startvorgang erheblich.

Nun wird die anfangs geschlossene Düsennadel um zwei bis vier Umdrehungen nach außen gedreht. Mit der Glühkerzenklemme wird die vorgeschriebene Spannung (1,5 Volt) an die Glühkerze gelegt (Abb. 94) und der Motor durch ein schnelles »Anschlagen« der Luftschraube angeworfen. Das hört sich alles sehr einfach an, erfordert aber in der Praxis doch einige Übung. Man sollte daher nicht zu schnell verzagen. Ein Elektrostarter erleichtert das Anwerfen beträchtlich, erfordert aber eine zusätzliche Investition für den Starter selbst wie auch für die Stromversorgung dieses Starters.

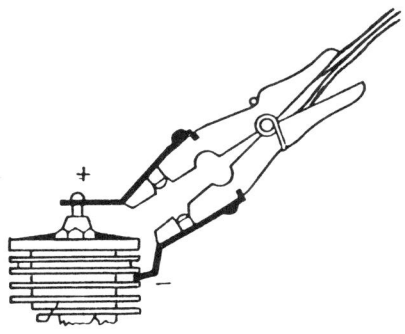

Abb. 94: Glühkerzenklemme

Der Motor läuft

Etwa 5 sec. nach dem Anspringen des Motors entfernt man die Glühkerzen-klemme. Jetzt sorgt die Verbrennungstemperatur im Zylinder für ein fortwäh-rendes Glühen der Platin-Iridium-Wendel der Glühkerze. Bevor man nun das Modell startet, wird überprüft, ob der Motor auch in allen vorkommenden Flug-lagen einwandfrei läuft. Dazu hält man unter anderem das Modell mit dem Motor senkrecht nach oben (Abb. 95). Dabei darf der Motor – immer vorausge-setzt, daß das Modell mit einem Kunststofftank ausgerüstet ist – nicht stehen-bleiben. Bleibt er nach kurzer Drehzahlerhöhung doch stehen, so müssen wir die Düsennadel etwas herausdrehen und den Motor erneut anwerfen. Diese Prozedur wird solange durchgeführt, bis der Motor auch in dieser senkrechten Fluglage einwandfrei läuft.

Abb. 95: Probelauf
des Motors vor dem
Start

Das Einlaufen des Motors

Es ist vorteilhaft, wenn der Motor vor dem ersten Start eine längere Zeit gelaufen ist. Der Motor wird daher mit passender Luftschraube (einer Luftschraube großen Durchmessers und kleiner Steigung) ausgerüstet und gestartet. Man läßt ihn in mehreren Abschnitten etwa 5 Minuten laufen. Dabei wählt man eine fette Vergasereinstellung (die Düsennadel weiter aufdrehen, als für die höchste Drehzahl erforderlich) und achtet darauf, daß der Motor infolge der im Standlauf ungenügenden Kühlung nicht überhitzt wird. Nach einer Gesamtlaufdauer von circa 30 Minuten Motor stufenweise von Lauf zu Lauf auf höhere Drehzahl einstellen (Düsennadel etwas zudrehen). Jetzt erst kann eine Luftschraube mit kleinerem Durchmesser, so wie man sie für das Modell ausgesucht hat, verwendet werden.

Es ist selbstverständlich, daß man den Motor nicht in einem geschlossenen Raum laufen läßt. Auch ist selbstverständlich, daß man seine Nachbarn, selbst auf dem Modellflugplatz, nicht unnötig durch den Motorenlärm beim Einlaufen des Motors belästigt.

An dieser Stelle soll auch noch einmal an das frühere Kapitel »Schalldämpfer« erinnert werden.

Gut gebaut ist halb geflogen

Das Einfliegen eines Motorflugmodelles bedeutet für einen Anfänger oft die Überwindung vieler Tücken. So manches Modell zerschellte schon nach dem ersten Start und mit ihm die Hoffnung auf weitere Flüge. »Gut gebaut ist halb geflogen« heißt daher die Abwandlung eines bekannten Sprichwortes; bei den Motorflugmodellen gilt dies ganz besonders. Noch in der Werkstatt ist es unerläßlich, vor dem ersten Start das Modell auf Verzug, verschieden große und schwere Tragflügelhälften zu untersuchen. Auch muß das zusammengebaute Modell sorgfältig vermessen werden, um Abweichungen von der Symmetrie festzustellen (Abb. 96, 97 und 98). Werden Fehler bemerkt, sind sie sofort zu beseitigen! Man sollte sich nicht der trügerischen Hoffnung hingeben, daß derartige Fehler auf dem Fluggelände durch »Gegenfehler«, also durch Befestigung Widerstand erzeugender Gegenstände auf einer Tragflügelhälfte, auszubügeln seien. Dies ist immer nur ein sehr unvollkommener Ersatz und immer mit einer beträchtlichen Leistungsminderung und mit dem großen Risiko, daß diese »Gegenfehler« bei unterschiedlichen Geschwindigkeiten auch unterschiedlich stark wirken, verbunden.

Erfahrene Modellflieger, die für ihre unerfahreneren Freunde Modelle eingeflogen haben, stellten immer wieder fest, daß zwei an sich gleiche Flugmodelle, selbst vom gleichen Muster, nicht die gleichen Flugeigenschaften haben. Dabei spielt es keine Rolle, ob die Erbauer versicherten, sie hätten sich strikt an den Bauplan gehalten. Nach einigen Nachforschungen und Überprüfungen konnten die Modellflieger dann feststellen, daß der Grund dieser Abweichungen in einer Summe vieler kleiner Fehler lag, die sich bei Bau und Montage der Modelle eingeschlichen hatten.

Oft anzutreffende Fehler sind unterschiedliche Gewichte der Tragflügelhälften, falscher Einstellwinkel des Tragflügels, oder auch falsche Einstellwinkeldifferenz des Tragflügels zum Höhenleitwerk, falsche Lage des Schwerpunktes, nicht mit den Angaben im Bauplan übereinstimmender Seitenzug des Motors und falscher Motorsturz, nicht exakt ausgearbeiteter Nasenradius der Tragflügel, falsche Einstellung der Ruder und verzogene Ruderblätter. Jeder einzelne, oder die Summe einiger dieser Fehler können dazu führen, daß das

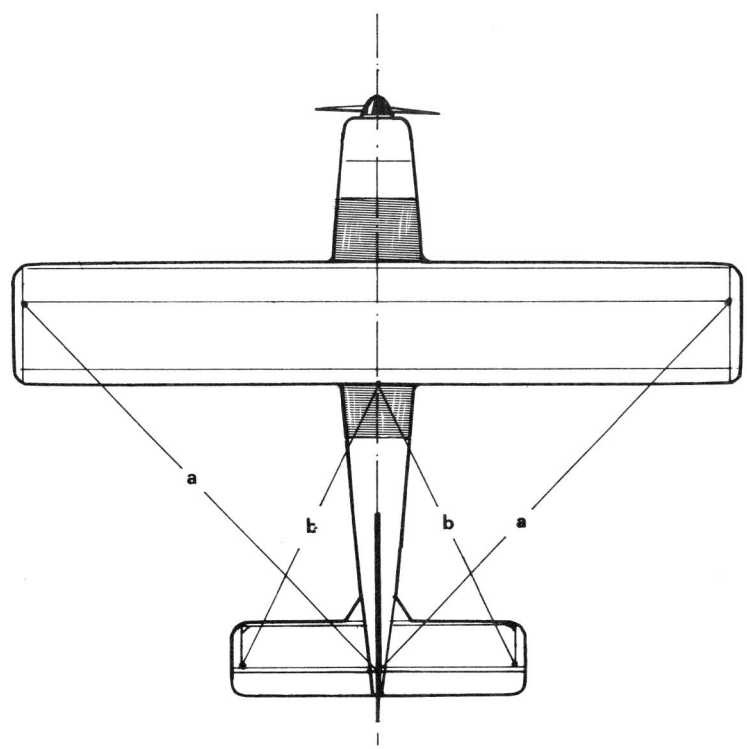

Abɔ. 96: Überprüfung des Flügels und des Höhenleitwerkes; es muß a = a und b = b sein

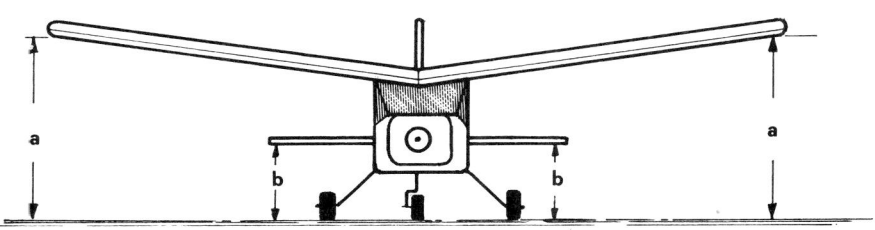

Abɔ. 97: Letzte Kontrolle am fertigen Modell
Sitzt der Flügel richtig? Sitzt das Höhenleitwerk richtig? Es muß a = a und b = b sein

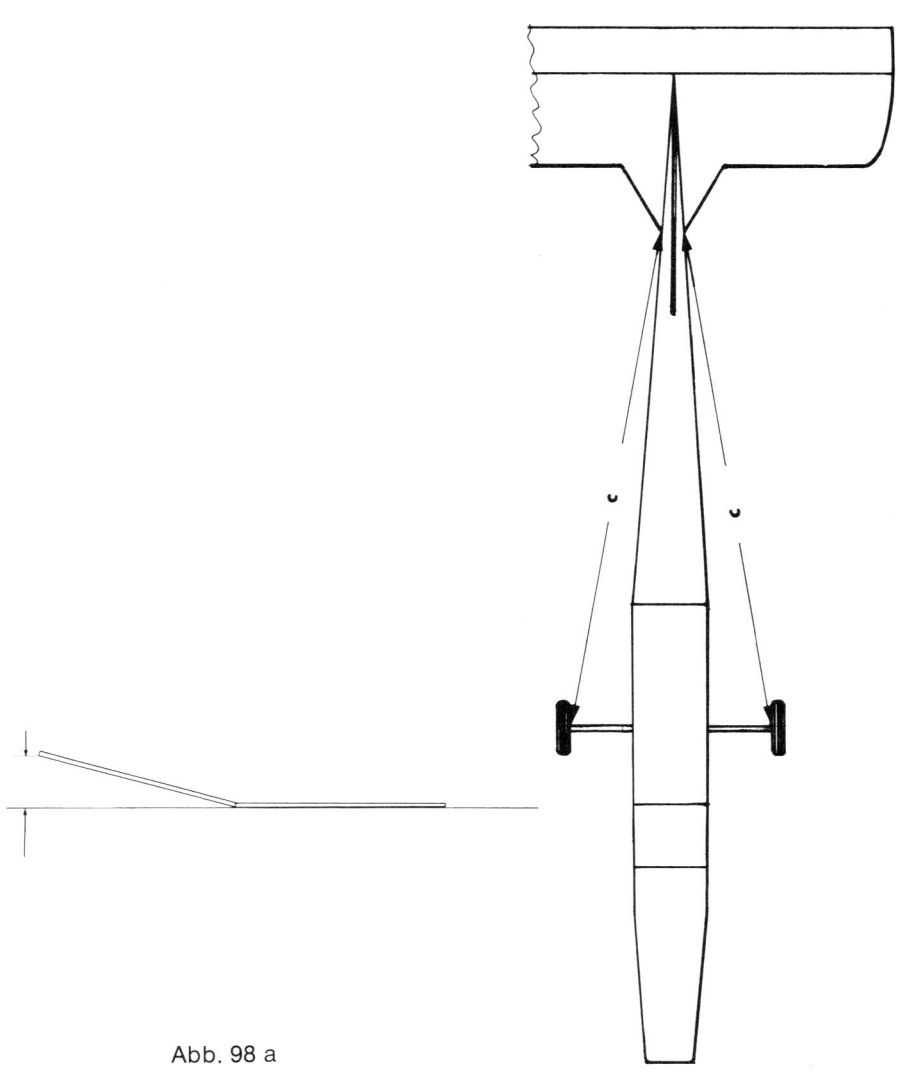

Abb. 98 a

Abb. 98: So wird die V-Form gemessen (Abb. 98 a). Auch das Hauptfahrwerk muß gerade sitzen. Mit einem Nylonfaden (es muß c = c sein) kann dies in einfacher Weise überprüft werden.

Modell schlecht oder zumindest schwierig zu fliegen ist. Wenn man die Funktion aller Teile kennt, ist es leichter, das Modell auszutrimmen. Man übertreibt nicht, wenn man sagt, daß etwa 75% aller Modelle schlecht getrimmt sind. Um dieses Trimmen zu lernen, geht man Punkt für Punkt durch:

Als erstes muß man lernen, daß alle Flugfiguren um drei Achsen ausgeführt werden, um die Kipp-, Roll- und Gierachse; es sind dies die Querachse (Kippachse), die Längsachse (Rollachse) und die Hochachse (Gierachse) (Abb. 99). Das Austrimmen ist die Bestimmung der Kräfte, die die Flugcharakteristik des Modells bestimmen.

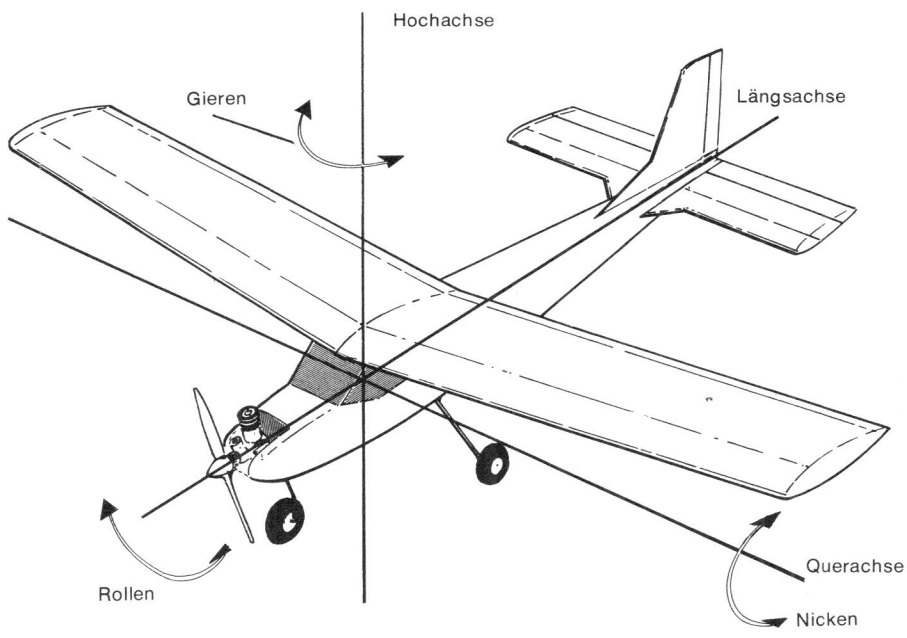

Abb. 99: Die Achsen an einem Flugmodell

Die zwei wichtigsten zu beachtenden Punkte sind zweifellos die Lage des Schwerpunktes und der Einstellwinkel (Differenz der Einstellwinkel von Tragflügel und Höhenleitwerk). Der Schwerpunkt liegt normalerweise in etwa 35 % Flügeltiefe, und zwar der mittleren Flügeltiefe von der Flügelnase entfernt (siehe auch Abb. 68). Seine Lage ist jedoch auch abhängig von der Art des verwendeten Profiles. Auf den Bauplänen ist die Lage des Schwerpunktes durch einen Pfeil angegeben. Man sollte immer versuchen, diese Lage auch zu realisieren. Keinesfalls darf der Schwerpunkt weit hinter dem angegebenen Punkt liegen. Liegt der Schwerpunkt zu weit nach vorn, braucht das Modell mehr Einstellwinkeldifferenz, das heißt, die Differenz zwischen dem Winkel des Tragflügels zum Höhenleitwerk muß größer sein (das Höhenleitwerk muß Abtrieb liefern, um das Modell aufzurichten), was wiederum einen höheren Widerstand und geringeren Gesamtauftrieb bewirkt. Dafür aber benötigt man einen stärkeren Motor. Nimmt man dann noch »Gas« weg, geht das Modell zu einer »Sturzfluglandung« über, und das kann kein Modell gut vertragen. Liegt andererseits der Schwerpunkt zu weit hinten, wird das Modell sehr höhenruderempfindlich. Es ist sehr schwierig zu fliegen, besonders bei bockigem Wind.

Verlegt man den Schwerpunkt noch weiter nach hinten, ohne die Einstellwinkeldifferenz zu verringern, wird das Modell schon bald bei normaler Motorleistung steigen. Das aber will man nicht, da die Gefahr eines Strömungsabrisses größer wird. Man muß also die Einstellwinkeldifferenz berichtigen (verringern). Dies tut man durch Unterfüttern der Vorderkante des Höhenleitwerkes, soweit dies nicht fest mit dem Rumpf verbunden ist. Andernfalls müßte man unter die Hinterkante des Tragflügels dünne Sperrholzstreifen kleben (siehe Abb. 100). Ein um die Querachse gut getrimmtes Modell soll bei voller Leistung und optimaler Schwerpunktlage im Geradeausflug weder die Nase

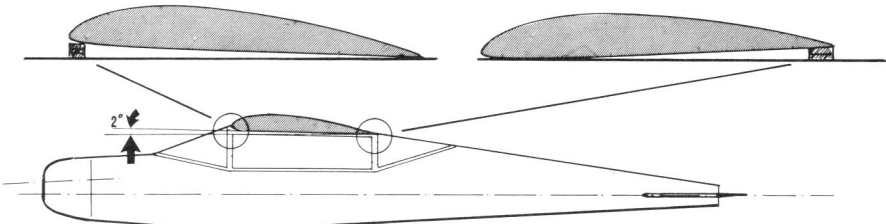

Abb. 100: Veränderung der Einstellwinkeldifferenz (hier 2°) durch Unterlegen an der Flügelnase (Einstellwinkel wird größer) bzw. an der Flügelhinterkante (Einstellwinkel wird kleiner)

zu steil nach oben und schon gar nicht nach unten nehmen. Es soll zügig und stetig steigen.

Alle Berichtigungen der Schwerpunktlage und jede Berichtigung der Einstellwinkeldifferenz müssen mit absoluter Nullstellung des Höhenruders gemacht werden. Das ist sehr wichtig und darf auf keinen Fall übersehen werden. Der Grund für die notwendige Nullstellung ist ein Effekt, den man als »Klappen-Effekt« bezeichnet. Befestigt man zum Beispiel an der Endleiste einer Flügelhälfte eine Klappe von der Größe 25 mm × 50 mm und stellt sie um 10° nach unten, so wird bei einer Geschwindigkeit von 20 km/h, das sind etwa 5,6 m/sec., die Klappe kaum eine Wirkung haben. Bei 60 km/h jedoch, also bei etwa 16,7 m/sec., wie sie mit einem ferngelenkten Motorflugmodell durchaus erreicht werden kann, wird die Wirkung der Klappe so groß, daß sie das Flugmodell in eine Rolle bringt, es also um die Längsachse rollt. An diesem kleinen Versuch erkennen wir, daß die Wirkung einer Klappe mit der Fluggeschwindigkeit zunimmt, und das zu wissen ist sehr nützlich.

Eine leichte Verstellung des Höhenruders nach oben oder nach unten soll und wird wie eine Klappe wirken und die Nickeigenschaften des Modells, also die Drehbewegungen um die Querachse, werden sich bei den verschiedenen Fluggeschwindigkeiten verschieden stark ändern. Aus diesem Grunde müssen die Steig- oder Sinktendenzen des Modells durch Veränderung der Einstellwinkeldifferenz korrigiert werden, nicht durch nach oben oder nach unten Ausschlagen des Höhenruders. Dabei ist auch darauf zu achten, daß durch das Unterfüttern der Höhenflosse, also des fest mit dem Rumpf verbundenen Teils des Höhenruders, nicht die Nullstellung des Höhenruders, also der beweglichen Klappe, verändert wird. Man sollte nach jeder Neueinstellung die Nullstellung des Höhenruders überprüfen und notfalls wiederherstellen.

Auch wenn die Lage des Schwerpunktes und die Einstellwinkeldifferenz im Bauplan exakt festgelegt sind, so sind dies immer Kompromisse und können letztlich nur durch Versuche ermittelt werden. Es ist immer vorteilhaft, nur kleine Korrekturen vorzunehmen, also fliegen und dann die Verbesserungen der Flugeigenschaften oder auch die Verschlechterung sorgfältig beobachten und gegebenenfalls weiter ändern. Es sei noch ein Wort zur Lage des Schwerpunktes gesagt: Das Trudeln, das ist eine Kunstflugfigur, geht mit einem weit zurückliegenden Schwerpunkt leichter, auch Außenloopings, also Loopings nach oben, sind mit zurückliegendem Schwerpunkt einfacher zu fliegen, während Innenloopings etwas enger werden. Aber wie schon gesagt, es ist eben alles nur ein Kompromiß.

Verzüge von Tragflügel und Leitwerk sind auf jeden Fall zu vermeiden, andernfalls ist der Flügel oder das Leitwerk neu zu bespannen, denn Verzüge bringen ebenfalls einen Klappen-Effekt zustande und können letztlich nicht durch Trimmen der Ruder ausgeschaltet werden. Es ist besser die Flächen des Flugzeugs genau zu bauen.

Erfahrene Modellflieger wissen, daß trotz genau gebauter Flügel auch ohne Verzüge manche Modelle einfach keine Loopings zustande bringen wollen, ohne daß sie ausbrechen. Genauere Untersuchungen zeigten dann oft, daß in solchen Fällen der Nasenradius von Flügelspitze zu Flügelspitze nicht gleichmäßig war. Die Folge war die Neigung des Modells zum Rollen und zum Gieren. Dies kann und muß durch ein Nachschleifen der Nasenleiste und durch sorgfältige Korrektur mittels einer Negativschablone korrigiert werden (Abb. 101).

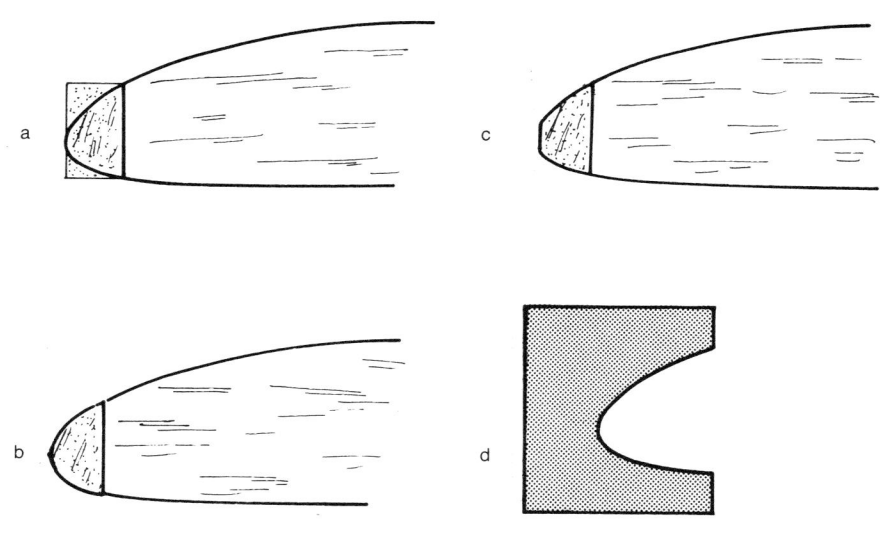

Abb. 101: Nasenleisten
a: Idealform
b, c: Nicht einwandfrei verschliffene Nasenleisten
d: Negativschablone

Nicht ganz unwichtig ist es auch, wie weit die Ruder ausschlagen. Hier sollte man laufend Versuche durchführen. Am besten ist es, wenn man mit mittleren Ausschlägen, das sind etwa 15° bis 20°, anfangen und nach oben und unten größere Ausschläge einstellen, um optimale Resultate zu erhalten (Abb. 102). Je weniger Ausschlag wir für die Flugfiguren benötigen, um so besser ist es. Weiche Übergänge in den Flugfiguren sind wichtig. Schnell ist zuviel Ruder gegeben und das hat oft katastrophale Folgen. Also sollten wir möglichst hoch fliegen, bis wir das Modell einwandfrei beherrschen.

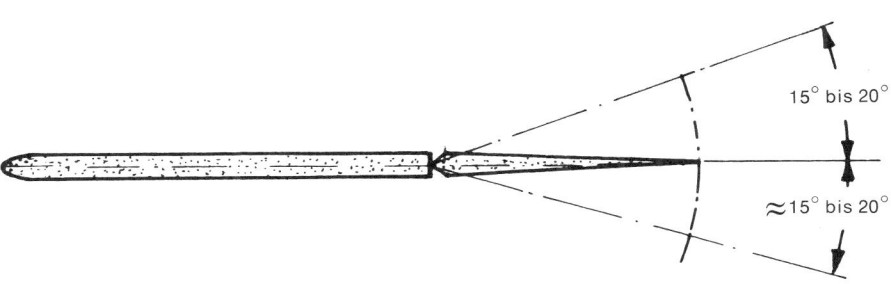

Abb. 102: Beim Einfliegen beginnt man mit Ruderausschlägen von etwa 15° bis 20°

Eine schlecht ausgerichtete Seitenflosse bringt ebenfalls erhebliche Trimmprobleme bei einem ferngelenkten Modell. Eine gute Methode, die Seitenflosse zur Mittelachse des Rumpfes auszurichten, ist es, einen Faden mit einer Nadel vorn in der Mitte der Flosse zu befestigen und dann zum Flügelende hin den Abstand zu messen (vgl. Abb. 96). Ist der Abstand an beiden Seiten gleich, so ist auch die Flosse in Rumpflängsachse eingebaut, vorausgesetzt der Flügel sitzt gerade. Alles dies gehört zum exakten Bauen und die aufgewendete zusätzliche Bauzeit zahlt sich aus, wenn das Modell weich und einfach zu fliegen ist. Eine vollkommene Trimmung des Modells erlernt man nur durch dauerndes Probieren und durch Erfahrungen. Mit jedem schrittwe sen Erfolg wächst das Interesse daran ganz von selbst.
In der nachfolgenden Tabelle sind einige häufige Fehler, ihre möglichen Ursachen und die Abhilfe aufgeführt.

Einfliegen eines ferngelenkten Motorflugmodells (Sportmodell)

Handstart (mit laufendem Motor)

Beobachteter Fehler	Mögliche Ursache	Abhilfe
das Modell steigt nicht nicht und landet mit laufendem Motor	Motor zu schwach / Motorsturz zu groß / EWD zu klein (Einstellwinkeldifferenz) / Startschwung zu gering	stärkeren Motor / Motorsturz verringern / stufenweise vergrößern / Start wiederholen
das Modell steigt steil nach oben und geht in einen »Pumpflug« über	Motorsturz zu klein / Schwerpunkt liegt zu weit hinten / EWD ist zu groß / Startschwung zu groß / Modell schräg nach oben gestartet	Motorsturz vergrößern / Schwerpunktlage korrigieren / EWD stufenweise verkleinern / Start wiederholen / Start wiederholen

Bodenstart

Beobachteter Fehler	Mögliche Ursache	Abhilfe
Modell rollt nach links oder rechts (Ausbrechen nach links bzw. rechts)	Bugrad bzw. das Hauptfahrwerk stehen nicht gerade / das Seitenleitwerk ist schief bzw. steht auf Ausschlag	kontrollieren u. Fehler beseitigen / kontrollieren u. Fehler beseitigen
das Modell hebt trotz Vollgas nicht ab	der Schwerpunkt liegt zu weit vorn / Hauptfahrwerk liegt zu weit hinten / Einstellwinkeldifferenz (EWD) zu klein	lt. Angabe im Bauplan überprüfen und ggfs. ändern / es darf nicht mehr als etwa 2 cm hinter dem Schwerpunkt liegen / EWD überprüfen und ggfs. vergrößern, bei Sportmodellen sollte sie etwa 1,5 bis 2° betragen

Beobachtung	Ursache	Abhilfe
das Modell hebt ab, sackt aber nach kurzem Flug wieder durch	Motorleistung wird geringer, der Motor ist zu klein	Vergaser neu einstellen / größeren Motor wählen

Flug

Beobachtung	Ursache	Abhilfe
das Modell fliegt im Vollgasflug Links- oder Rechtskurve	Motorseitenzug ist nicht optimal	Motorseitenzug ändern. Bei einem RC-I-Modell ist dies schwierig, da im Rückenflug umgekehrte Verhältnisse auftreten
Modell steigt im Vollgasflug nicht ausreichend	der Motorsturz ist zu groß, zu kleiner Motor	Motorsturz verkleinern, größeren Motor wählen
Modell steigt im Vollgasflug, dreht jedoch beim Hochziehen, zum Beispiel bei Beginn des Loopings nach einer Seite weg	beide Flügelhälften sind unterschiedlich schwer / der Flügel ist verzogen / beide Flügelhälften sind unterschiedlich groß / Nasen sind unterschiedlich geschliffen	auswiegen, Fehler beseitigen / möglichen Verzug beseitigen / Fehler beseitigen / überprüfen und nachschleifen
das Modell reagiert nur ungenügend auf Seitenruderausschlag	Seitenruderausschlag zu klein, V-Form des Flügels zu klein	Ausschlag vergrößern mit den Angaben im Bauplan vergleichen und ggfs. vergrößern
das Modell reagiert zu stark auf Seitenruderausschlag	Seitenruderausschlag zu groß, V-Form des Flügels zu groß	Ausschlag verkleinern mit den Angaben im Bauplan vergleichen und ggf. verkleinern

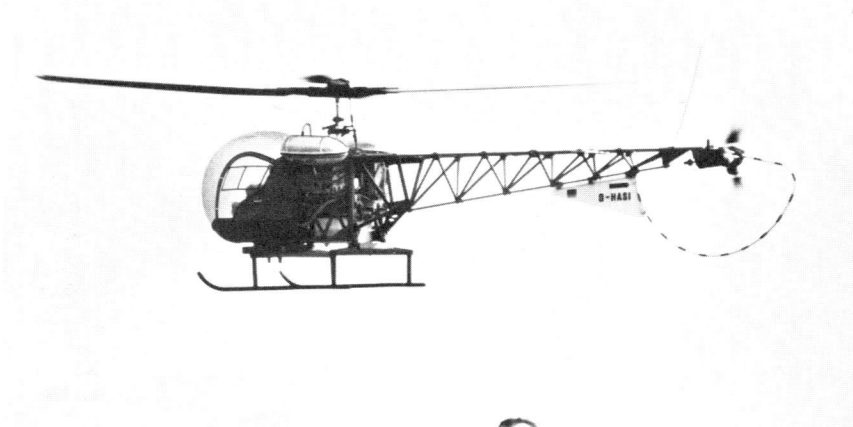

Der Kunstflug

Nachdem man die ersten Flugversuche sicher überstanden hat, und Start und Landung einwandfrei beherrscht, wird man nach neuen Taten Ausschau halten. Man kann nämlich auch mit einfachen Sportmodellen eine Reihe einfacher Kunstflugfiguren fliegen.

Der Looping

Der Looping (Abb. 103) ist vermutlich die älteste Kunstflugfigur der Luftfahrt. Er wurde zum erstenmal von dem Russen Nesterow geflogen. Die interessierte Öffentlichkeit lernte ihn von dem Franzosen Pégout kennen. Als Figur müßte der Looping eigentlich einem Kreis entsprechen. Meistens gerät er allerdings zu einem stehenden Oval. Je nachdem, von wo aus man diese Figur betrachtet, kann sie dann trotzdem noch wie ein Kreis aussehen, was durch die perspektivischen Verkürzungen zu erklären ist. Richtig, mit stetig wachsendem Steuerausschlag des Höhenruders geflogen, beginnt der Loo-

Abb. 103: Normaler Looping, Looping nach oben

ping im Vollgas-Waagerechtflug, wird nach Überschreitung des Gipfelpunktes mit dem Leerlauf des Motors fortgesetzt und dem Abfangen unter langsamem Gasgeben beendet. Korrekturen der Querlage sollten mit dem Querruder nur in waagerechter oder senkrechter Lage des Modells erfolgen. Die Kräfte, die bei einem richtig geflogenen Looping auftreten, beanspruchen das Flugmodell nicht sonderlich. Sie sind jedenfalls nicht wesentlich größer als die Kräfte, die bei den Normal-Fluglagen auftreten. Die einzige Besonderheit besteht darin, daß sich die Richtung, aus der die Kräfte am Modell angreifen, beim Looping dauernd ändert. Änderungen unterworfen ist einerseits der Bahnneigungswinkel, andererseits auch die Geschwindigkeit, zumal sie für die Größe der Zentrifugalkraft (Fliehkraft) den Ausschlag gibt.

Während des ganzen Loopings soll sich das Flugmodell stets mit einem Anstellwinkel des Normal-Flugbereichs fortbewegen. Ein zu starker Ausschlag des Höhenruders nach oben (ziehen) führt deshalb auch beim Looping zu einem überzogenen Flugzustand mit allen seinen Folgen: Die Strömung reißt an den Flügelenden ungleichmäßig ab, das Modell dreht aus der Flugbahn heraus. In der Fliegersprache nennt man den überzogenen Flugzustand »Aushungern«.

Der Looping nach vorn

Diese Flugfigur wird auch »Innenlooping« genannt (Abb. 104). Bezogen auf den Kreisbogen zeigen die Räder nach innen und die Oberseite des Modells

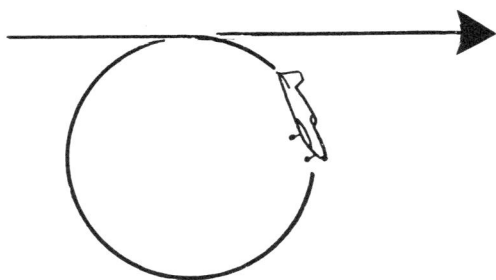

Abb. 104: Innenlooping, Looping nach unten

nach außen. Damit das Flugmodell diese Figur ausführen kann, muß als Gegenkraft zur Zentrifugalkraft ein Abtrieb erzeugt werden. Es geschieht dies dadurch, daß das Höhenruder stark gedrückt wird, wodurch das Modell mit negativem Anstellwinkel fliegt. Die Kräfte, die dabei auftreten, sind mit denen des Rückenfluges vergleichbar. Die Figur als solche läßt sich überhaupt am besten dadurch erklären, daß man sie als einen Looping in Rückenfluglage darstellt. Vom Rückenflug ausgehend ist sie ganz einfach ein Looping nach oben. Hauptsächlich im unteren Punkt des Innenloopings kommt es auf die spezielle Auslegung des Kunstflugmodelles an. Hier addieren sich Gewicht und Zentrifugalkraft. Man benötigt deshalb einen Flügel, der soviel negativen Auftrieb (Abtrieb) erzeugen kann, daß die summierten Gegenkräfte aufgehoben werden. Dementsprechend sollte der Flügel ein Profil haben, das auch bei negativen Anstellwinkeln große (negative) Auftriebsbeiwerte erreicht. Meist ist dies bei den halbsymmetrischen oder symmetrischen Profilen der Fall.

Die Rolle

Jeder Laie weiß, was man in der deutschen Sprache unter einer »Rolle« versteht. Der Flieger verbindet mit diesem Begriff allerdings etwas andere Vorstellungen. Das kommt daher, daß das Wort in seiner fachsprachlichen Bedeutung nicht aus dem Deutschen stammt. Es wurde nur eingedeutscht und geht auf das englische Wort »rolling« zurück. Die Flugfigur, die der Flieger »Rolle« nennt, wurde zum erstenmal im Jahre 1913 von dem Franzosen Chévillard auf einem Eineinhalbdecker von Henry Farman geflogen. Seither gehört sie nun zum internationalen Kunstflugprogramm. Man unterscheidet die gesteuerte Rolle von der ungesteuerten, der getrudelten Rolle. Die ungesteuerte ist etwas leichter zu fliegen. Dies dürfte der Grund sein, warum sie im Modellflug so bevorzugt wurde, daß man die gesteuerte Variante kaum jemals zu sehen bekam. Wer die gesteuerte Rolle einwandfrei fliegen will, muß fliegerische Erfahrung in einem beträchtlichen Maß haben.
Die Rolle (Abb. 105) beginnt im Messerflug. In ununterbrochener Folge schließt sich dann der Rückenflug an. In der Endphase wird die volle Drehung von 360° um die Längsachse beendet. Das Flugmodell soll dabei in gerader Richtung ohne Höhenverlust weiterfliegen. Die Bewegungsfolge kommt durch eine Reihe ineinander übergehender Steuerungsvorgänge zustande. Die Figur wird im Vollgas-Waagerechtflug eingeleitet. Mit dem Querruder wird das Flugmodell dann zuerst in den Messerflug gebracht.

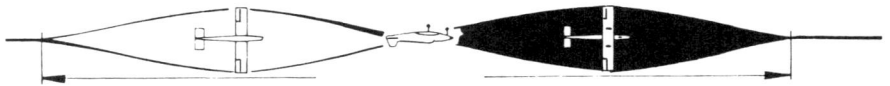

Abb. 105: Rolle

Entsprechend der veränderten Fluglage muß nun für Höhenkorrekturen das Seitenruder betätigt werden. Beim folgenden Übergang zum Rückenflug wird das Höhenruder gedrückt, d. h. nach unten ausgeschlagen, womit die eine Hälfte der Flugfigur ausgeführt ist. In der zweiten Hälfte werden die Ruder sinngemäß zurückgeführt und im Gegensinn ausgeschlagen. Wenn es verlangt wird, daß sich soviele Steuerungsvorgänge innerhalb von 5 Sekunden wunschgemäß auswirken sollen, muß das Flugmodell geringe Trägheitsmomente um die Längsachse haben. Auch soll die Rolldämpfung gering sein. Am besten wird das durch eine geringe Flügelstreckung erreicht, die nicht größer als 6 sein sollte.

Das Trudeln

Die Kunstflugfigur des Trudelns (Abb. 106) kommt durch Autorotation zustande, ein Effekt, der im allgemeinen eintritt, wenn die Strömung am Profil im Bereich des kritischen Anstellwinkels plötzlich abreißt. Dieses Abreißen der Strömung ist sonst nicht sehr erwünscht, man kann es aber leicht provozieren, wenn die Profile geringe Dicke und spitze Nasen haben. Profile mit großer Dicke und abgerundeter Nase kommen überhaupt nicht in die Autorotation, es sei denn, man würde sie durch »Schieben« dazu zwingen. Das »Schieben« muß jeweils mit dem Seitenruder eingeleitet werden. Weil diese Methode einwandfrei zum gewünschten Erfolg führt, will es nicht empfehlenswert erscheinen, die Trudelneigung eines Modells durch gezielte bauliche Maßnahmen erheblich zu verbessern. Man hätte sonst Nachteile bei anderen Figuren des Kunstflugprogrammes zu erwarten.

174

Man beginnt das Trudeln in ausreichender Höhe im Anflug gegen den Wind, nimmt langsam »Gas« weg, bis der Motor im Leerlauf dreht. Nun gibt man vorsichtig »Höhe« und überzieht langsam das Modell. Mit einem kurzen Seitenausschlag läßt man das Modell zur gewünschten Seite abkippen und schlägt voll das entsprechende Querruder aus. Beim Abfangen – allerdings ist dies bei den Modellen durchaus unterschiedlich – alle Ruder wieder auf »normal«, Höhenruder ziehen und Vollgas.

Abb. 106: Trudeln

Sonstige Kunstflugfiguren

Alle anderen Figuren, die ein Kunstflugmodell ausführen soll, sind Kombinationen der Grundformen, die wir hier beschrieben haben. Es gibt keine einzige, bei der das Modell bisher unerwähnt gebliebenen Beanspruchungen ausgesetzt werden würde. Dementsprechend darf man ein RC-Modell als voll kunstflugtauglich ansehen, wenn es in baulicher Hinsicht diesen genannten Kunstflugfiguren gewachsen ist (Abb. 107).

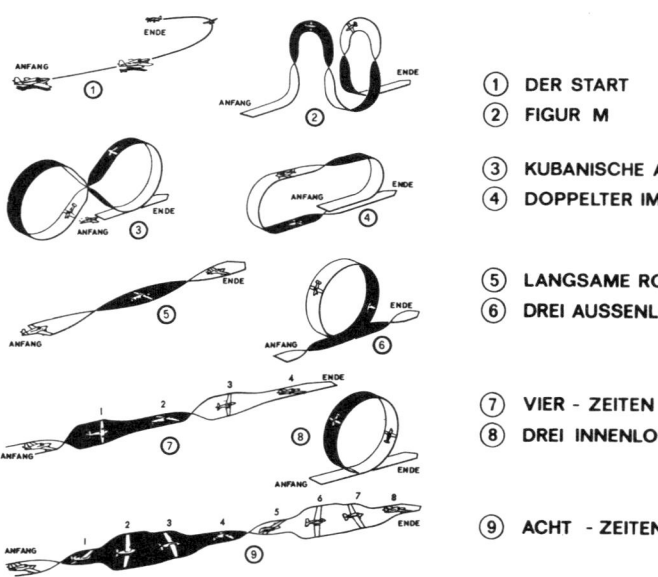

1. DER START
2. FIGUR M

3. KUBANISCHE ACHT
4. DOPPELTER IMMELMANN

5. LANGSAME ROLLE
6. DREI AUSSENLOOPINGS

7. VIER - ZEITEN - ROLLE
8. DREI INNENLOOPINGS

9. ACHT - ZEITEN - ROLLE

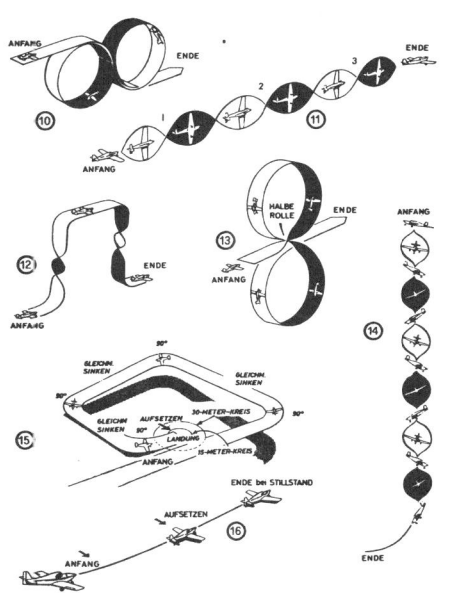

10 LIEGENDE ACHT
11 DREI SCHNELLE ROLLEN

12 HOHER HUT
13 STEHENDE ACHT

14 TRUDELN (3 UMDREHUNGEN)

15 LANDEANFLUG RECHTWINKLIG

16 LANDUNG, IM 15 - METER - KREIS
IM 30 - METER - KREIS
AUSSERHALB

Abb. 7: Kunstflugfiguren für die Klasse F 3 A-A

Die Wartung

Zur Wartung eines ferngelenkten Motorflugmodells gehören ein paar einfache Dinge, die ein störungsfreies Fliegen während langer Zeit gewährleisten. Der richtige Augenblick, diese Wartungsarbeiten durchzuführen, ist nach jedem Fliegen oder bevor man zum Fliegen geht. Man sollte eine halbe Stunde oder auch mehr damit verbringen, um das Modell sorgfältig zu überprüfen. Man wird dann bestimmt mehr Freude und weniger Bruch haben. Nachstehend sind einige Punkte aufgeführt, die man beachten muß, wenn man eine Wartungsüberprüfung vornimmt. Man sollte dabei keinen dieser Punkte vergessen, denn es sind wichtige Dinge.

Tragflügel und Ruder

Alle Gelenkverbindungen (Scharniere) auf Unversehrtheit und festen Sitz überprüfen. Gelenkverbindungen sind zwischen der Höhenflosse und dem Höhenruder, zwischen der Seitenleitwerksflosse und dem Seitenruder und eventuell zwischen dem Flügel und dem Querruder. Alle defekten Scharniere sofort erneuern. Ein Höhenruder mit nicht einwandfreier Befestigung kann sich in der Luft lösen. Das ist oft in der Praxis vorgekommen; die Folgen sind katastrophal. Man sollte auch überprüfen, ob die Ruderhörner alle gut und fest sitzen und ob die Clips noch einwandfrei sind. Defekte Ruderhörner sofort ersetzen. Wenn man darüber hinaus Schäden an den Ruderklappen feststellt, dann sollte man sich nicht scheuen, das ganze Ruder neu zu bauen und anzusetzen.

Motor und Treibstofftank

Ein sauberer Motor läuft länger; daran sollte man denken. Daher sollte man den Zylinderkopf laufend reinigen und von Abgasresten aus Ruß und Öl mit einer in Verdünnung getauchten Zahnbürste säubern. Man sollte auch ab und zu prüfen, ob an der Rückseite des Motors alle Schrauben festsitzen. Besonders sorgfältig muß darauf geachtet werden, ob die Motorbefestigungsschrauben gut angezogen sind. Probeweise fährt man vor dem Start das Servo für die Motordrossel durch, um festzustellen, ob die Drossel sich bewegt, ohne irgendwo anzuhaken. Auch die Zylinderkopfschrauben müssen regelmäßig kontrolliert werden. Die Stopfbüchse an der Düsennadel muß überprüft werden, ob der Körper des Nadelventils nicht verbogen oder angebrochen ist. Kraftstoff sollte man nur von Markenherstellern verwenden. Nach dem Fliegen muß man den Motor reinigen, eventuell auch zwischen den Flügen. Erfahrene Modellflieger bedecken nach jedem Flug den Motor und den Ansaugstutzen mit einem Lappen, um zu verhindern, daß Schmutz in den Zylinder eindringen kann. Bevor man dann nach Hause fährt, entleert man den Tank und überprüft, ob er noch dicht ist. Man überprüft auch die Schlauchteile vom Tank auf Risse oder ob sie klebrig sind. Wenn man etwas derartiges feststellt, tauscht man die Leitungen sofort aus.

Fahrwerk

Gleichgültig ob man von einer Graspiste oder von einem Betonplatz aus startet, unterliegt das Fahrwerk einer sehr hohen Beanspruchung. Dies ist ein Grund dafür, daß es laufend überprüft werden sollte. Verbogene Teile sofort wieder richten. Räder mit beschädigten Reifen oder ausgeschlagenen Naben sollten sofort ausgewechselt werden. Naben und Achsen müssen laufend mit ein paar Tropfen Öl geschmiert und peinlichst saubergehalten werden. Man sollte darauf achten, daß die Stellringe oder andere Befestigungsteile für die Räder festsitzen, sich die Räder jedoch leicht drehen. Wenn das Modell mit einem steuerbaren Bugrad ausgerüstet ist, sollte man vor jedem Start kontrollieren, ob das Bugrad voll nach beiden Seiten gedreht werden kann und nicht behindert wird, und daß es in der Neutralstellung immer die gleiche Stellung einnimmt. Sollte dies nicht der Fall sein, muß man das Gestänge nachsehen und die Störung beseitigen. Die Halteschrauben für das steuerbare Bugrad müssen festsitzen.

Pflege der Zelle (des Flugmodells)

Es ist zweckmäßig und notwendig das Modell nach jedem Fliegen mit einer Waschmittellösung zu reinigen, möglicherweise auch verdünnten Alkohol (Spiritus) verwenden, damit alle Treibstoff- und Ölreste entfernt werden. Auf diese Weise sieht das Modell immer sauber und wie neu aus. Eingerissene Beplankungsteile, Beulen in der Nasenleiste und Risse in der Bespannung müssen vor dem nächsten Fliegen in der Werkstatt repariert werden.

Sender und Empfänger

Der Sender und Empfänger zur Steuerung des Modells sind das Herz des Steuersystems. Das ist ein Grund, um sie mit besonders liebevoller Sorgfalt zu warten. Sie kosten eine beträchtliche Summe und ein wenig mehr Pflege als für andere Teile üblich ist dafür schon angebracht. Hat man einmal eine superharte Landung oder einen Bruch gemacht, so sollte man sofort den Empfänger und die Servos auf einwandfreie Funktion überprüfen, notfalls Teile ausbauen und zur Fabrik zur Reparatur schicken.

Es muß selbstverständlich sein, daß man den Sender auf dem Modellflugplatz nur dann einschaltet, wenn andere Modellflieger nicht gestört werden. Also vor dem Start oder vor dem Einschalten feststellen welche Kanäle belegt sind. Viele Abstürze durch sogenannte Fremdstörungen passieren nur durch Nachlässigkeit. Da kommen beispielsweise Modellflieger auf den zum Fluggelände gehörenden Parkplatz, bauen ihr Modell auf und beginnen sofort mit der Überprüfung der Fernlenkanlage, ohne sich zu vergewissern, ob nicht schon ein anderer auf der gleichen Frequenz fliegt. Die Folgen sind vermeidbare Abstürze und vor allem vermeidbarer Ärger. Wie groß der Ärger sein kann, bemerkt man spätestens dann, wenn man selbst betroffen ist.

Die Modellflugversicherung

Dieses letzte Kapitel befaßt sich mit dem geltenden Luftrecht und mit der Frage nach der Haftung aus Schäden, die durch den Betrieb von Flugmodellen entstehen. Wenn man diese Zeilen gelesen hat – und sie sind bewußt vereinfacht dargestellt – dann sollte man nicht das Buch beiseite legen und sagen: »Ich lasse doch lieber die Finger vom Modellflug, das ist mir zu riskant.« Es ist nicht von der Hand zu weisen, daß durch Flugmodelle zum Teil erhebliche Schäden verursacht worden sind; es sind auch schon einige Zuschauer bei Modellflugveranstaltungen tödlich verletzt worden. Aber – und das ist wichtig – viele dieser Schäden wären vermeidbar gewesen, wenn man vorsichtiger und überlegter mit seinem Modell umgegangen wäre. Außerdem sind das Ausnahmeerscheinungen. Dennoch ist ein gewisses Risiko nicht von der Hand zu weisen und um diese Risiken abzudecken, gibt es Versicherungen. Man unterscheidet zunächst einmal die gesetzliche Haftpflicht. Hierunter versteht man ganz allgemein die Verpflichtung, für Schäden aufzukommen, die man anderen durch unerlaubte, also rechtswidrige Handlungen zugefügt hat. Nicht erlaubt ist zum Beispiel schon, wenn man auf einem Modellfluggelände ohne die Genehmigung des Besitzers startet. Das gilt auch für eine Wiese oder einen öffentlichen Weg. Außerdem kennt man die Haftung nach dem Bürgerlichen Gesetzbuch (BGB). Hier herrscht das Verschuldensprinzip, das die Handlungen des täglichen Lebens einschließt, das heißt, die Schadensersatzpflicht wegen unerlaubter Handlung tritt hier nur ein, wenn den »Täter« ein persönliches Verschulden trifft. Das Verschulden kann im Vorsatz oder auch in Fahrlässigkeit bestehen. Vorsätzlich handelt, wer sich der Rechtswidrigkeit seines Handelns bewußt ist und den Eintritt irgendeines Schadens voraussieht. Es ist nicht erforderlich, daß der Schaden beabsichtigt oder als sicher vorausgesehen wird. Fahrlässig handelt, wer die im Verkehr erforderliche Sorgfalt außer acht läßt, das heißt, die Möglichkeit des Schadens hätte voraussehen können. Schließlich gibt es im Bereich der Luftfahrt noch die Haftung nach dem Luftverkehrsgesetz (LuftVG). Während die vorstehend dargestellten Haftungen bei nachgewiesenem Verschulden, die selbstverständlich bei Vorliegen der entsprechenden

Tatbestände auch im Bereich des Modellflugs gelten, dem Modellflieger natürlich und richtig erscheinen mögen, wird er vielleicht die darüber hinausgehende sogenannte »Gefährdungshaftung« nach dem LuftVG als übertrieben und unbillig empfinden. Bei diesem Haftungsprinzip genügt allein der Nachweis, daß man einen bestimmten Schaden verursacht hat als Voraussetzung für eine Verpflichtung zur Wiedergutmachung. Auf ein persönliches Verschulden, also Vorsatz oder Fahrlässigkeit, kommt es dabei nicht mehr an. Dieser Haftungsgrundsatz gilt im übrigen auch für Tierhalter, für Eisenbahnunternehmer und Kraftfahrzeugführer. Zur Begründung dieser Gefährdungshaftung kann man folgenden alten Rechtsgrundsatz anführen: »Wer zu seinem Vorteil besondere Gefahren in den Verkehr einführt, hat für den dadurch hervorgerufenen Schaden zu haften, ohne daß ihn ein Verschulden daran zu treffen braucht.«

Drei Beispiele sollen die einzelnen Stufen der Haftung näher erläutern.

Der Modellflieger A läßt sein Fernlenk-Motorflugmodell trotz entgegenstehender Bestimmungen und Warnung des Vereins (Flugleiters) über den Zuschauern kreisen. Durch einen Steuerfehler stürzt das Modell in die Menge und verletzt den Zuschauer B. Da einwandfrei ein Verschulden (grobe Fahrlässigkeit) des A vorliegt, ist er dem B bereits nach bürgerlichem Recht schadensersatzpflichtig (Grundsatz der Verschuldenshaftung).

Infolge eines nicht erkennbaren Materialfehlers zerspringt die Luftschraube am Fernlenk-Motorflugmodell des Modellfliegers C. Obwohl die Zuschauer hinter der Absperrung stehen, wird einer, nämlich D, am Auge verletzt. Es liegt kein Verschulden des C oder des Veranstalters vor. Trotzdem muß C dem D die Unfallkosten ersetzen (Grundsatz der Gefährdungshaftung).

Durch eine plötzliche Bö wird das an sich vorschriftsmäßig gestartete Fernlenk-Motorflugmodell des Modellfliegers E aus der Bahn geworfen und dem hinter der Absperrlinie stehenden Kind F an den Kopf geschleudert. Es liegt weder ein Verschulden des E noch ein Materialfehler am Modell vor, sondern höhere Gewalt, da das Ergebnis durch nichts abzuwenden war. Die Schadensersatzverpflichtung des E wird hierdurch jedoch nicht aufgehoben (Grundsatz der Erfolgshaftung).

Um diese zweifellos vorhandenen Risiken abzudecken, gibt es Haftpflichtversicherung auch für den Modellflug. Hierbei sind besonders die Bedingungen des »Deutschen Luftpool« zu beachten. Diese haben zwar keinen Ausschließlichkeitscharakter, doch sind die wesentlichen deutschen Versicherungsgesellschaften in dieser Rückversicherungsgemeinschaft zusammengeschlossen und damit an deren Richtlinien gebunden:

a) Für den nicht organisierten Modellflieger besteht die Möglichkeit der

Einzelversicherung. Nehmen Sie Verbindung zu den Ihnen bekannten Versicherungen auf und erkundigen Sie sich nach den Prämien. Es gibt unterschiedliche Prämien für Segelflugmodelle und für Motorflugmodelle unter 5 kg Fluggewicht.

b) Modellflieger, die Mitglied einer Modellfluggruppe oder eines Luftsportvereins sind, können den Versicherungsschutz auch über die wesentlich billigere Haftpflichtversicherung ihres Vereins oder auch Verbandes erhalten. Diese Versicherung ist zunächst zur Deckung der Risiken des Vereins, seiner Vorstandsmitglieder und sonstigen Beauftragten aus dem normalen Vereinsleben gedacht. Die Haftpflicht aus dem Bau und Betrieb von Flugmodellen (außer mit Düsen-, Raketen- etc. -antrieb) unter 5 kg kann in diese Versicherung einbezogen werden.

Geschützt ist hierdurch aber erst die Betätigung im Vereinsrahmen einschließlich der Teilnahme an Wettbewerben und öffentlichen Veranstaltungen, nicht dagegen ein rein privater Modellflugbetrieb. Als Betätigung im Vereinsrahmen gilt ein Modellfliegen unter Aufsicht eines vom Verein bestellten Beauftragten auf einem vom Verein für Modellflugbetrieb zugelassenen Gelände.

Abschließend sei aber nochmals ausdrücklich betont, daß wichtiger als die Versicherung der Schadensfolgen die Vermeidung von Unfällen durch Beachtung aller einschlägigen Bestimmungen, Sicherheitsvorkehrungen und sonstigen Maßnahmen ist.

Gesamt-Programm

Essen und Trinken

Kalte und warme Vorspeisen
einfach · herzhaft · raffiniert. (5045) Von
K. Iden, 64 S., 43 Farbfotos, Pappband.
DM 12,80/S 99.–

Köstliche Suppen
für jede Tages- und Jahreszeit. (5122)
Von E. Fuhrmann, 64 S., 38 Farbfotos,
2 Zeichnungen, Pappband.
DM 12,80/S 99.–

Kochen, was allen schmeckt
1700 Koch- und Backrezepte für jede
Gelegenheit. (4098) Von A. und
G. Eckert, 796 S., 60 Farbtafeln,
Pappband. **DM 29,80/S 239.–**
Falken-Handbuch
Kochen nach allen Regeln der Kunst
Das moderne Grundkochbuch mit über
1000 Farbbildern. (4143) Von M. Gutta,
624 S., über 1000 farbige Abb.,
gebunden. **DM 78,–/S 598.–**

FALKEN-HANDBUCH
KOCHEN
nach allen Regeln der Kunst

Das moderne Grundkochbuch mit über 1000 Farbbildern

FALKEN VERLAG

Brunos beste Rezepte
– rund ums Jahr (4154) Von B. Henrich,
136 S., 15 Farbfotos, kart.
DM 14,80/S 119.–

Was koche ich heute?
Neue Rezepte für Fix-Gerichte. (0608)
Von A. Badelt-Vogt, 112 S., 16 Farbtafeln,
kart. **DM 9,80/S 79.–**

Kochen für 1 Person
Rationell wirtschaften, abwechslungsreich und schmackhaft zubereiten.
(0586) Von M. Nicolin, 136 S., 8 Farbtafeln, 23 Zeichnungen, kart.
DM 9,80/S 79.–

Gesunde Kost aus dem Römertopf
(0442) Von J. Kramer, 128 S., 8 Farbtafeln, 13 Zeichnungen, kart.
DM 8,80/S 74.–

Nudelgerichte
– lecker, locker, leicht zu kochen. (0466)
Von C. Stephan, 80 S., 8 Farbtafeln, kart.
DM 7,80/S 69.–

Lieblingsrezepte
Phantasievoll zubereitet und originell
dekoriert. (4234) Hrsg. P. Diller. 160 S.,
120 Farbfotos, 34 Zeichnungen, Pappband. **DM 24,80/S 198.–**

Was Männer gerne essen
Leibgerichte
(2216) Von C. Arius, 80 S., 55 Farbabb.,
Pappband. **DM 9,80/S 85,–**

Omas Küche und unsere Küche heute
(4089) Von J. P. Lemcke, 160 S., 8 Farbtafeln, 95 Zeichnungen, Pappband.
DM 24,80/S 198.–

Die besten Eintöpfe und Aufläufe
Das Beste aus den Kochtöpfen der Welt
(5079) Von A. und G. Eckert, 64 S.,
50 Farbfotos, Pappband.
DM 12,80/S 99.–

Schnell und gut gekocht
Die tollsten Rezepte für den Schnell-
kochtopf. (0265) Von J. Ley, 96 S.,
8 Farbtafeln, kart. **DM 7,80/S 69.–**

Kochen und backen im Heißluftherd
Vorteile, Gebrauchsanleitung, Rezepte.
(0516) Von K. Kölner, 72 S., 8 Farbtafeln,
kart. **DM 7,80/S 69.–**

Das neue Mikrowellen-Kochbuch
(0434) Von H. Neu, 64 S., 4 Farbtafeln,
kart. **DM 6,80/S 59.–**

Ganz und gar mit Mikrowellen
(4094) Von T. Peters, 208 S., 24 Farbfotos, 12 Zeichnungen, kart.
DM 29,80/ S 239.–

Haltbar machen durch **Trocknen und
Dörren**
Obst, Gemüse, Pilze, Kräuter
(0696) Von M. Bustorf-Hirsch, 32 S.,
42 Farbfotos, Spiralbindung.
DM 7,80/ S 69,–

Marmeladen, Gelees und Konfitüre
Köstlich wie zu Omas Zeiten – einfach
selbstgemacht. (0720) Von M. Gutta,
32 S., 23 Farbfotos, 1 Zeichnung,
Pappband: **DM 7,80/S 69,–**

Einkochen
nach allen Regeln der Kunst. (0405) Von
B. Müller, 128 S., 8 Farbtafeln, kart.
DM 9,80/S 79.–

Einkochen, Einlegen, Einfrieren
Gesund, herzhaft. (4055) Von B. Müller,
27 s/w-Abb., kart. **DM 14,80/S 119.–**

Das neue Fritieren
geruchlos, schmackhaft und gesund.
(0365) Von P. Kühne, 96 S., 4 Farbtafeln,
kart. **DM 7,80/S 69.–**

Weltmeister-Soßen
Die Krönung der feinen Küche. (0357)
Von G. Cavestri, 96 S., 6 Farbfotos, viele
Zeichnungen, kart. **DM 9,80/ S 79.–**

Wildgerichte
einfach bis raffiniert. (5115) Von M.
Gutta, 64 S., 43 Farbfotos, Pappband.
DM 14,80/S 119.–

Geflügel
Die besten Rezepte aus aller Welt. (5050)
Von M. Gutta, 64 S., 32 Farbfotos, Papp-
band. **DM 12,80/S 99.–**

Mehr Freude und Erfolg beim **Grillen**
(4141) Von A. Berliner, 160 S., 147 Farbfotos, 10 farbige Zeichnungen, Pappband. **DM 24,80/S 198.–**

Grillen
Fleisch · Fisch · Beilagen · Soßen. (5001)
Von E. Fuhrmann, 64 S., 38 Farbfotos,
Pappband. **DM 12,80/S 99.–**

Chinesisch kochen
Schmackhafte Rezepte für die abwechs-
lungsreiche Küche. (5011) Von A. und G.
Eckert, 64 S., 57 Farbfotos, Pappband.
DM 12,80/S 99.–

Chinesisch kochen
mit dem Wok-Topf und dem Mongolen-
Topf. (0557) Von C. Korn, 64 S., 8 Farbtafeln, kart. **DM 7,80/S 69.–**

Schlemmerreise durch die
Chinesische Küche
(4184) Von Kuo Huey Jen, 160 S.,
117 Farbfotos, Pappband. **DM 24,80/S 198.–**

Ostasiatische Küche
schmackhaft, bekömmlich und vielseitig.
(5066) Von T. Sozuki, 64 S., 39 Farbfotos,
Pappband. **DM 12,80/S 99.–**

Nordische Küche
Speisen und Getränke von der Küste.
(5082) Von J. Kürtz, 64 S., 44 Farbfotos,
Pappband. **DM 12,80/S 99.–**

Deutsche Küche
Schmackhafte Gerichte von der Nordsee
bis zu den Alpen. (5025) Von E. Fuhrmann, 64 S., 52 Farbfotos, Pappband.
DM 12,80/S 99.–

Französisch kochen
Eine kulinarische Reise durch Frankreich.
(5016) Von M. Gutta, 64 S., 35 Farbfotos, Pappband. **DM 14,80/S 119.–**

Französische Küche
(0685) Von M. Gutta, 96 S., 16 Farbtafeln, kart. **DM 12,80/S 99.–**

**Französische Spezialitäten aus dem
Backofen**
Herzhafte Tartes und Quiches mit Fleisch,
Fisch, Gemüse und Käse
(5146) Von P. Klein, 64 S., 43 Farbfotos,
Pappband. **DM 16,80/S 139.–**

Kochen und würzen mit **Knoblauch**
(0725) Von A. und G. Eckert, 96 S.,
8 Farbtafeln, kart. **DM 7,80/S 69,–**

Schlemmerreise durch die
Italienische Küche
(4172) Von V. Pifferi. 160 S., 109 Farbfotos, Pappband. **DM 24,80/S 198.–**

Italienische Küche
Ein kulinarischer Streifzug mit regionalen
Spezialitäten. (5026) Von M. Gutta,
64 S., 35 Farbfotos, Pappband.
DM 12,80/S 99.–

Portugiesische Küche und Weine
Kulinarische Reise durch Portugal.
(0607) Von E. Kasten, 96 S., 16 Farbtafeln, kart. **DM 9,80/S 79.–**

Köstliche Pizzas, Toasts, Pasteten
Schmackhafte Gerichte schnell zubereitet.
(5081) Von A. und G. Eckert, 64 S.,
48 Farbfotos, Pappband.
DM 12,80/S 99.–

Köstliche Pilzgerichte
Rezepte für die meistvorkommenden
Speisepilze. (5133) Von V. Spicker-Noack,
M. Knoop, 64 S., 52 Farbfotos, Papp-
band. **DM 12,80/S 99.–**

Am Tisch zubereitet
Fondues, Raclettes, Flambieren. (4152)
Von I. Otto, 208 S., 12 Farbtafeln, 17 s/w-
Fotos, Pappband. **DM 24,80/S 198.–**

Köstliche Fondues
mit Fleisch, Geflügel, Fisch, Käse, Gemüse und Süßem. (5006) Von E. Exner, 64 S., 50 Farbfotos, Pappband.
DM 12,80/S 99.–

Fondues
und fritierte Leckerbissen. (0471) Von S. Stein, 96 S., 8 Farbtafeln, kart.
DM 6,80/S 59.–

Fondues · Raclettes · Flambiertes
(4081) Von R. Peiler und M.-L. Schult, 136 S., 15 Farbtafeln, 28 Zeichnungen, kart. **DM 14,80/S 119.–**

Neue, raffinierte Rezepte mit dem Raclette-Grill
(0558) Von L. Helger, 56 S., 8 Farbtafeln, kart. **DM 7,80/S 69.–**

Rezepte rund um Raclette und Hobby-Rechaud
(0420) Von J. W. Hochscheid, 72 S., 8 Farbtafeln, kart. **DM 7,80/S 69.–**

Kochen und würzen mit Paprika
(0792) Von A. u. G. Eckert, 88 S., 8 Farbtafeln, kart. **DM 8,80/S 74.–**

Kleine Kalte Küche
für Alltag und Feste. (5097) Von A. und G. Eckert, 64 S., 45 Farbfotos, Pappband. **DM 12,80/S 99.–**

Kalte Platten
(4064) Von Maître P. Pfister, 240 S., 135 großformatige Farbfotos, gebunden. **DM 48,–/S 398.–**

Kalte Platten – Kalte Büfetts
rustikal bis raffiniert. (5015) Von M. Gutta, 64 S., 34 Farbfotos, Pappband. **DM 14,80/S 119.–**

Kalte Happen und Partysnacks
Canapés, Sandwiches, Pastetchen, Salate und Suppen. (5029) Von D. Peters. 64 S., 35 Farbfotos, Pappband.
DM 12,80/S 99.–

Garnieren und Verzieren
(4236) Von R. Biller, 160 S., 329 Farbfotos, 57 Farbzeichnungen, Pappband.
DM 24,80/S 198.–

Desserts
Puddings, Joghurts, Fruchtsalate, Eis, Gebäck, Getränke. (5020) Von M. Gutta, 64 S., 41 Farbfotos, Pappband.
DM 12,80/S 99.–

Süße Nachspeisen
(0601) Von P. Lohmann, 96 S., 8 Farbtafeln, 28 Zeichnungen, kart.
DM 8,80/S 74.–

Crêpes, Omeletts und Soufflés
Pikante und süße Spezialitäten. (5131) Von J. Rosenkranz, 64 S., 45 Farbfotos, Pappband. **DM 14,80/S 119.–**

Backen
(4113) Von M. Gutta, 240 S., 123 Farbfotos, Pappband. **DM 48,–/S 398.–**

Kuchen und Torten
Die besten und beliebtesten Rezepte. (5067) Von M. Sauerborn, 64 S., 79 Farbfotos, Pappband.
DM 12,80/S 99.–

Schönes Hobby Backen
Erprobte Rezepte mit modernen Backformen. (0451) Von E. Blome, 96 S., 8 Farbtafeln, kart. **DM 7,80/S 69.–**

Backen, was allen schmeckt
Kuchen, Torten, Gebäck und Brot. (4166) Von E. Blome, 556 S., 40 Farbtafeln, Pappband. **DM 24,80/S 198.–**

Meine Vollkornbackstube
Brot · Kuchen · Aufläufe. (0616) Von R. Raffelt, 96 S., 4 Farbtafeln, 4 s/w-Fotos, 8 Zeichnungen, kart. **DM 6,80/S 59.–**

Biologisch Backen
Neue Rezeptideen für Kuchen, Brote, Kleingebäck aus vollem Korn. (4174) Von M. Bustorf-Hirsch, 136 S., 15 Farbtafeln, 47 Zeichnungen, kart. **DM 14,80/S 119.–**

Selbst Brotbacken
Über 50 erprobte Rezepte. (0370) Von J. Schiermann, 80 S., 6 Zeichnungen, 4 Farbtafeln, kart. **DM 6,80/S 59.–**

Mehr Freude und Erfolg beim Brotbacken
(4148) Von A. und G. Eckert. 160 S., 177 Farbfotos, Pappband.
DM 24,80/S 198.–

Brotspezialitäten
knusprig backen – herzhaft kochen. (5088) Von J. W. Hochscheid und L. Helger, 64 S., 48 Farbfotos, Pappband. **DM 12,80/S 99.–**

Weihnachtsbäckerei
Köstliche Plätzchen, Stollen, Honigkuchen und Festtagstorten. (0682) Von M. Sauerborn, 32 S., 36 Farbfotos, Pappband. **DM 7,80/S 69.–**

Waffeln
süß und pikant. (0522) Von C. Stephan, 64 S., 8 Farbtafeln, kart.
DM 6,80/S 59.–

Kochen für Diabetiker
Gesund und schmackhaft für die ganze Familie. (4132) Von M. Toeller, W. Schumacher, A. C. Groote, 224 S., 109 Farbfotos, 94 Zeichnungen, Pappband. **DM 29,80/S 239.–**

Neue Rezepte für Diabetiker-Diät
Vollwertig – abwechslungsreich – kalorienarm. (0418) Von V. Oehlrich, 120 S., 8 Farbtafeln, kart. **DM 9,80/S 79.–**

Schlemmertips für Figurbewußte
(0680) Von V. Kahn, 64 S., 8 Farbtafeln, kart. **DM 9,80/S 79.–**

Wer schlank ist, lebt gesünder
Tips und Rezepte zum Schlankwerden und -bleiben. (0562) Von R. Mainer, 80 S., 8 Farbtafeln, kart.
DM 8,80/S 74.–

Kalorien – Joule
Eiweiß · Fett · Kohlenhydrate tabellarisch nach gebräuchlichen Mengen. (0374) Von M. Bormio, 88 S., kart., **DM 5.80/49.–**

Die 4444-Joule-Diät
Schlankessen mit Genuß. (0530) Von H. J. Fahrenkamp, 160 S., 8 Farbtafeln, kart., **DM 9,80/S 79.–**

Alles mit Joghurt
tagfrisch selbstgemacht. Mit vielen Rezepten. (0382) Von G. Volz, 88 S., 8 Farbtafeln, kart., **DM 7,80/S 69.–**

Die Brot-Diät
Ein Schlankheitsplan ohne Extreme. (0452) Von Prof. Dr. E. Menden und W. Aign, 92 S., 8 Farbtafeln, kart., **DM 7,80/S 69.–**

Gesund leben – schlank werden mit der Bio-Kur
(0657) Von S. Winter. 144 S., 4 Farbtafeln, kart. **DM 9,80/S 79.–**

Miekes Kräuter- und Gewürzkochbuch
(0323) Von I. Persy und K. Mieke, 96 S., 8 Farbtafeln, kart. **DM 8,80/S 74.–**

Salate
(4119) Von C. Schönherr, 240 S., 115 Farbfotos, gebunden. **DM 48,–/S 389.–**

Delikate Salate
für alle Gelegenheiten rund um's Jahr. (5002) Von E. Fuhrmann, 64 S., 50 Farbfotos, Pappband. **DM 12,80/S 99.–**

Das köstliche knackige Schlemmervergnügen.

Salate
(4165) Von V. Müller. 160 S., 80 Farbfotos, Pappband. **DM 24,80/S 198.–**

111 köstliche Salate
Erprobte Rezepte mit Pfiff. (0222) Von C. Schönherr, 96 S., 8 Farbtafeln, 30 Zeichnungen, kart. **DM 8,80/S 74.–**

Rohkost
Schmackhafte Gerichte für die gesunde Ernährung. (5044) Von I. Gabriel, 64 S., 53 Farbfotos, Pappband.
DM 12,80/S 99.–

Joghurt, Quark, Käse und Butter
Schmackhaftes aus Milch hausgemacht. (0739) Von M. Bustorf-Hirsch. 32 S., 59 Farbabb., Pappband. **DM 7,80/S 69.–**

Die abwechslungsreiche Vollwertküche
Vitaminreich und naturbelassen kochen und backen. (4229) Von M. Bustorf-Hirsch, K. Siegel, 280 S., 31 Farbtafeln, 78 Zeichnungen, Pappband.
DM 36,–/ S 319.–

Alternativ essen
Die gesunde Sojaküche. (0553) Von U. Kolster, 112 S., 8 Farbtafeln, kart.
DM 9,80/S 79.–

Das Reformhaus-Kochbuch
Gesunde Ernährung mit hochwertigen Naturprodukten. (4180) Von A. u. G. Eckert, 160 S. 15 Farbtafeln, Pappband. **DM 24,80/S 198.–**

Gesund kochen mit Keimen und Sprosen
(0794) Von M. Bustorf-Hirsch, 104 S., 8 Farbtafeln, 13 s/w-Zeichnungen, kart. **DM 8,80/S 74.–**

Die feine Vegetarische Küche
(4235) Von F. Faist, 160 S., 191 Farbfotos, Pappband. **DM 24,80/S 198.–**

Biologische Ernährung
für eine natürliche und gesunde Lebensweise. (4125) Von G. Leibold, 136 S., 15 Farbtafeln, 47 Zeichnungen, kart.
DM 14,80/S 119.–

Gesunde Ernährung für mein Kind
(0776) Von M. Bustdorf-Hirsch, 96 S., 8 Farbtafeln, 5s/w Zeichnungen, kart.
DM 9,80/S 79.–

Vitaminreich und naturbelassen
Biologisch Kochen
(4162) Von M. Bustorf-Hirsch, und K. Siegel, 144 S., 15 Farbtafeln, 31 Zeichnungen, kart., **DM 14,80/S 119.–**

Gesund kochen
wasserarm · fettfrei · aromatisch. (4060) Von M. Gutta, 240 S., 16 Farbtafeln, Pappband. **DM 24,80/S 198.–**

Kräuter- und Heilpflanzen-Kochbuch
für eine gesunde Lebensweise. (4066) Von P. Pervenche, 143 S., 15 Farbtafeln. kart. **DM 14,80/S 119.–**

Pralinen und Konfekt
Kleine Köstlichkeiten selbstgemacht. (0731) Von H. Engelke, 32 S., 57 Farbfotos, Pappband. **DM 7,80/S 69.–**

Köstlichkeiten für Gäste und Feste
Kalte Platten
(4200) Von I. Pfliegner, 160 S., 130 Farbfotos, Pappband. **DM 24,80/S 198.–**

Kochen für Gäste
Köstliche Menüs mit Liebe zubereitet. (5149) Von R. Wesseler, 64 S., 40 Farbfotos, Pappband. **DM 14,80/S 119.–**

Die Preise entsprechen dem Status beim Druck dieses

Boucose à la carte
Französisch kochen mit dem Meister.
(4237) Von P. Bo%ose, 88 S., 218 Farbfotos, Pappband. DM 16,80/S 139,–
Auch als Video-Kassette erhältlich
Kochschule mit Paul Bocose
(6016/VHS, 6017/Video-2000,
6018 Beta). 60 Min. in Farbe
DM 69,–/S 619,–
(unverb. Preisempfehlung)

Natursammlers Kochbuch
Wildfrüchte und Gemüse, Pilze, Kräuter –
finden und zubereiten. (4040) Von
C. M. Kerler, 140 S., 12 Farbtafeln,
gebunden. DM 19,80/S 159,–
Neue Cocktails und Drinks
mit und ohne Alkohol. (0517) Von
S. Späth, 128 S., 4 Farbtafeln, kart.,
DM 9,80/S 79,–
Mixgetränke
mit und ohne Alkohol (5017) Von C. Arius,
64 S., 35 Farbfotos, Pappband. DM
12.80/S 99,–
Cocktails und Mixereien
für häusliche Feste und Feiern. (0075)
Von J. Walker, 96 S., 4 Farbtafeln, kart.
DM 6,80/S 59,–
Die besten Punsche, Grogs und Bowlen
(0575) Von F. Dingden, 64 S., 2 Farbtafeln, kart. DM 6,80/S 59,–
Weine und Säfte, Liköre und Sekt
selbstgemacht. (0702) Von P. Arauner,
232 S., 75 Abb., kart. DM 16,80/S 139,–
Mitbringsel aus meiner Küche
selbst gemacht und liebevoll verpackt.
(0668) Von C. Schönherr, 32 S., 30 Farbfotos, Pappband. DM 7,80/S 69,–
Weinlexikon
Wissenswertes über die Weine der Welt.
(4149) Von U. Keller, 228 S., 6 Farbtafeln, 395 s/w-Fotos, Pappband.
DM 29,80/S 239,–
Köstliches Lebenselixier Wein
(2204) Von H. Steffan, 80 S., 73 Farbfotos, Pappband. DM 9,80/S 85,–
Von der Romantik der blauen Stunde
Cocktails und Drinks
(2209) Von S. Späth, 80 S., 25 Farbfotos
und Zeichungen, Pappband.
DM 9,80/S 85,–
Vom Genuß des braunen Goldes Kaffee
(2213) Von H. Strutzmann. 80 S.,
49 Fotos, Pappband. DM 9,80/S 85,–
Heißgeliebter Tee
Sorten, Rezepte und Geschichten. (4114)
Von C. Maronde, 153 S., 16 Farbtafeln,
93 Zeichnungen, gebunden.
DM 24,80/S 198,–

Tee für Genießer.
Sorten · Riten · Rezepte. (0356) Von M.
Nicolin, 64 S., 4 Farbtafeln, kart.
DM 5,80/S 49,–
Tee
Herkunft · Mischungen · Rezepte. (0515)
Von S. Ruske, 96 S., 4 Farbtafeln,
16 s/w Abbildungen, Pappband.
DM 9,80/S 79,–
Vom höchsten Genuß des Teetrinkens
(2201) Von I. Ubenauf, 80 S., 57 Farb-
fotos, Pappband. DM 9,80/S 85,–
Kinder lernen spielend backen
(5110) Von M. Gutta, 64 S., 45 Farbfotos,
Pappband. DM 12,80/S 99,–
Kinder lernen spielend kochen
Lieblingsgerichte mit viel Spaß selbst
zubereitet. (5096) Von M. Gutta, 64 S.,
45 Farbfotos, Pappband,
DM 12,80/S 99,–

Hobby

Aquarellmalerei
als Kunst und Hobby.
(4147) Von H. Haack und B. Wersche,
136 S., 62 Farbfotos, 119 Zeichnungen,
gebunden DM 39,–/S 319,–
Aquarellmalerei
Materialien · Techniken · Motive.
(5099) Von Th. Hinz, 64 S., 79 Farbfotos, Pappband. DM 12,80/S 99,–
Hobby Origami
Papierfalten für groß und klein.
(0756) Von Z. Aytüre-Scheele, 88 S.,
über 800 Farbfotos, kart.
DM 19,80/S 159,–
Origami –
Die Kunst des Papierfaltens. (0280)
Von R. Harbin, 160 S., 633 Zeichnungen,
kart. DM 9,80/S 79,–

Weihnachtsbasteleien
(0667) Von M. Kühnle und S. Beck, 32 S.,
56 Farbfotos, 6 Zeichnungen, Pappband.
DM 7,80/S 69,–
Falken-Handbuch
Zeichnen und Malen
(4167) Von B. Bagnall, 336 S., 1154 Farbabb., Pappband. DM 68,–/S 549,–
Naive Malerei
Materialien · Motive · Techniken
(5083) Von F. Krettek, 64 S., 76 Farbfotos, Pappband. DM 12,80/S 99,–

Bauernmalerei
als Kunst und Hobby. (4057) Von A. Gast
und H. Stegmüller, 128 S., 239 Farbfotos, 26 Riß-Zeichnungen, gebunden.
DM 39,–/S 319,–
Hobby Bauernmalerei
(0436) Von S. Ramos und J. Roszak,
80 S., 116 Farbfotos und 28 Motivvorlagen, kart. DM 19,80/S 159,–
Bauernmalerei
Kreatives Hobby nach alter Volkskunst
(5039) Von S. Ramos, 64 S., 85 Farbfotos, Pappband. DM 12,80/S 99,–
Glasmalerei
als Kunst und Hobby. (4088) Von
F. Krettek und S. Beeh-Lustenberger,
132 S., 182 Farbfotos, 38 Motivvorlagen,
gebunden. DM 39,–/S 319,–
Naive Hinterglasmalerei
Materialien · Techniken · Bildvorlagen
(5145) Von F. Krettek, 64 S., 87 Farbfotos, 6 Zeichnungen, Pappband.
DM 16,80/S 139,–
Glasritzen
Materialien · Formen · Motive. (5109)
Von G. Mégroz, 64 S., 110 Farbfotos,
15 Zeichnungen, Pappband.
DM 14,80/S 119,–
Kunstvolle Seidenmalerei
Mit zauberhaften Ideen zum Nachgestal-
ten. (0783) Von I. Demharter, 32 S.,
56 Farbfotos, kart. DM 7,80/S 74,–
Zauberhafte Seidenmalerei
Materialien · Techniken · Gestaltungsvorschläge. (0664) Von E. Dorn, 32 S.,
62 Farbfotos, Pappband.
DM 7,80/S 69,–
Hobby Seidenmalerei
(0611) Von R. Henge, 88 S.,
106 Farbfotos, 28 Zeichnungen, kart.
DM 19,80/S 159,–
Hobby Stoffdruck und Stoffmalerei
(0555) Von A. Ursin, 80 S., 68 Farbfotos,
68 Zeichnungen, kart.
DM 19,80/S 159,–
Stoffmalerei und Stoffdruck
Materialien · Techniken · Ideen · Modelle
(5074) Von H. Gehring, 64 S., 110 Farbfotos, Pappband. DM 12,80/S 99,–
Batik
leicht gemacht. Materialien · Färbe-
techniken · Gestaltungsideen. (5112) Von
A. Gast, 64 S., 105 Farbfotos, Pappband.
DM 12,80/ S 99,–
Textilfärben
Färben so einfach wie Waschen. (0693)
Von W. Siegrist, P. Schärli, 32 S., 47 Farbfotos, 3 Zeichnungen, Spiralbindung.
DM 12,80/S 99,–
Schöne Geschenke selbermachen
(4128) Von M. Kühnle, 128 S.,
278 Farbfotos, 85 farbige Zeichnungen,
gebunden. DM 39,–/S 319,–
Flechten
mit Bast, Stroh und Peddigrohr. (5098)
Von H. Hangleiter, 64 S., 47 Farbfotos,
76 Zeichnungen, Pappband.
DM 12,80/S 99,–
Makramee
Knüpfarbeiten leicht gemacht. (5075)
Von B. Pröttel, 64 S., 95 Farbfotos,
Pappband. DM 12,80/S 99,–
Häkeln und Makramee
Techniken · Geräte · Arbeitsmuster.
(0320) Von M. Stradal, 104 S., 191 Abb.
und Schemata, kart. DM 6,80/S 59,–

Häkeln
Schritt für Schritt für Rechts- und Links-
händer. (5134) Von H. Klaus, 64 S.,
120 Farbfotos, 144 Zeichnungen,
Pappband. **DM 14,80**/S 119,–

Klöppeln
Schritt für Schritt leicht gelernt. (0788)
Von U. Seiffer, 32 S., 42 Farb-, 1 s/w-u.
25 2-3-farbige Fotos, mit Klöppelbriefen,
Pappband. **DM 9,80**/S 79,–

Sticken
Schritt für Schritt für Rechts- und Links-
händer. (5135) Von U. Werner, 64 S.,
196 Farbfotos, 96 Zeichnungen, Pappband. **DM 14,80**/S 119,–

Monogrammstickerei
Mit Vorlagen für Initialen, Vignetten und
Ornamente. (5148) Von H. Fuchs, 64 S.,
50 Farbfotos, 50 Zeichnungen, Pappband. **DM 14,80**/S 119,–

Falken-Handbuch **Stricken**
ABC der Stricktechniken und Strick-
muster in ausführlichen Schritt-für-
Schritt-Bildfolgen. (4137) Von M. Natter,
312 S., 106 Farb- und 922 s/w-Fotos,
318 Zeichnungen, Pappband.
DM 29,80/S 239,–

Bestrickend schöne Ideen
Pullover, Westen, Ensembles, Jacken
(4178) Von R. Weber, 208 S., 220 Farbfotos, 358 Zeichnungen, Pappband.
DM 29,80/S 239,–

Chic in Strick
Neue Pullover
Westen · Jacken · Kleider · Ensembles.
(4224) Hrsg. R. Weber, 192 S., 255 Farbabb., Pappband. **DM 29,80**/S 239,–

Stricken
Schritt für Schritt für Rechts- und Links-
händer. (5142) Von S. Oelwein-Schefczik,
64 S., 148 Farbfotos, 173 Zeichnungen,
Pappband. **DM 14,80**/S 119,–

Kuscheltiere stricken und häkeln
Arbeitsanleitungen und Modelle. (0734)
Von B. Wehrle, 32 S., 60 Farbfotos,
28 Zeichnungen, Spiralbindung.
DM 7,80/S 69,–

Hobby Patchwork und Quilten
(0768) Von B. Staub-Wachsmuth, 80 S.,
108 Farbabb., 43 Zeichnungen, kart.
DM 19,80/S 159,–

Textiles Gestalten
Weben, Knüpfen, Batiken, Sticken,
Objekte und Strukturen. (5123) Von
J. Fricke, 136 S., 67 Farb- und 189 s/w-
Fotos, 15 Zeichnungen, kart.
DM 16,80/S 139,–

Gestalten mit Glasperlen
fädeln · sticken · weben (0640) Von
A. Köhler, 32 S., 55 Farbfotos, Spiralbindung. **DM 6,80**/S 59,–

Neue zauberhafte Salzteig-Ideen
(0719) Von I. Kiskalt, 80. S., 320 Farbfotos, 12 Zeichnungen, kart.
DM 19,80/S 159,–

Hobby Salzteig
(0662) Von I. Kiskalt, 80 S., 150 Farbfotos, 5 Zeichnungen, Schablonen, kart.
DM 19,80/S 159,–

Gestalten mit Salzteig
formen · bemalen · lackieren. (0613) Von
W.-U. Cropp, 32 S., 56 Farbfotos,
17 Zeichnungen, Pappband.
DM 7,80/S 69,–

**Buntbemalte Kunstwerke aus
Salzteig**
Figuren, Landschaften und Wandbilder.
(5141) Von G. Belli, 64 S., 165 Farbfotos,
1 Zeichnung, Pappband.
DM 12,80/S 99,–

Kreatives Gestalten mit Salzteig
Originelle Motive für Fortgeschrittene.
(0769) Hrsg. I. Kiskalt, 80 S., 168 Farbfotos, kart. **DM 19,80**/S 159,–

Videokassette Salzteig
(6010/VHS, 6011/Video 2000,
(6012/Beta) Von I. Kiskalt, Dr. A. Teuchert,
in Farbe, ca. 35 Min. **DM 68,–** / S 612,–
Unverb. Preisempfehlung

Tiffany-Spiegel selbermachen
Materialien · Arbeitsanleitung · Vorlagen.
(0761) Von R. Thomas, 32 S., 53 Farbfotos, Pappband. **DM 7,80**/S 69,–

Tiffany-Lampen selbermachen
Arbeitsanleitung · Materialien · Modelle.
(0684) Von I. Spliethoff, 32 S., 60 Farbfotos, Pappband. **DM 7,80**/S 69,–

Hobby Glaskunst in Tiffany-Technik
(0781) Von N. Köppel, 80 S., 194 Farbfotos, 6 s/w-Abb., kart.,
DM 19,80/S 159,–

Kerzen und Wachsbilder
gießen · modellieren · bemalen. (5108)
Von Ch. Riess, 64 S., 110 Farbfotos,
Pappband. **DM 12,80**/S 99,–

Hobby Holzschnitzen
Von der Astholzfigur zur Vollplastik.
(5101) Von H.-D. Wilden, 112 S., 16 Farbtafeln, 135 s/w-Fotos, kart.
DM 16,80/S 139,–

Bastelspaß mit der Laubsäge
Mit Schnittmusterbogen für viele Modelle
in Originalgröße. (0741) Von L. Giesche,
M. Bausch, 32 S., 61 Farbfotos, 7 Zeich-
nungen, Schnittmusterbogen, Pappband.
DM 9,80/S 79,–

Falken-Heimwerker-Praxis
Tapezieren
(0743) Von W. Nitschke, 112 S., 186 Farbfotos, 9 Zeichnungen, kart.
DM 19,80/S 159,–

Falken-Handbuch **Heimwerken**
Reparieren und selbermachen in Haus
und Wohnung – über 1100 Farbfotos.
Sonderteil: Praktisches Energiesparen.
(4117) Von Th. Pochert, 440 S.,
1103 Farbfotos, 100 ein- und zweifarbige
Abb., gebunden. **DM 49,–**/S 398,–

Restaurieren von Möbeln
Stilkunde, Materialien, Techniken,
Arbeitsanleitungen in Bildfolgen.
(4120) Von E. Schnaus-Lorey, 152 S.,
464 Zeichnungen, s/w-und Farbfotos,
gebunden. **DM 39,–** / S 319,–

**Möbel aufarbeiten, reparieren und
pflegen**
(0386) Von E. Schnaus-Lorey, 96 S.,
28 Fotos und 101 Zeichnungen, kart.,
DM 9,80/S 79,–

**Vogelhäuschen, Nistkästen, Vogel-
tränken** mit Plänen und Anleitungen
zum Selbstbau. (0695) Von J. Zech,
32 S., 42 Farbfotos, 5 Zeichnungen,
Pappband. **DM 7,80**/S 69,–

Papiermachen
ein neues Hobby. (5105) Von R. Weiden-
müller, 64 S., 84 Farbfotos, 9 s/w-Fotos,
14 Zeichnungen, Pappband.
DM 16,80/S 139,–

**Schmuck und Objekte aus Metall und
Email**
(5078) Von J. Fricke, 120 S., 183 Abb.,
kart. **DM 19,80**/S 159,–

Strohschmuck selbstgebastelt
Sterne, Figuren und andere Dekorationen
(0740) Von E. Rombach, 32 S., 60 Farbfotos, 17 Zeichnungen, Pappband.
DM 7,80/S 69,–

Das Herbarium
Pflanzen sammeln, bestimmen und
pressen. (5113) Von I. Gabriel, 96 S.,
140 Farbfotos, Pappband.
DM 16,80/S 139,–

Gestalten mit Naturmaterialien
Zweige, Kerne, Federn, Muscheln und
anderes. (5128) Von I. Krohn, 64 S.,
101 Farbfotos, 11 farbige Zeichnungen,
Pappband. **DM 14,80**/S 119,–

Dauergestecke
mit Zweigen, Trocken- und Schnittblumen.
(5121) Von G. Vocke, 64 S., 57 Farbfotos,
Pappband. **DM 14,80**/S 119,–

Ikebana
Einführung in die japanische Kunst des
Blumensteckens. (0548) Von G. Vocke,
152 S., 47 Farbfotos, kart.
DM 19,80/S 159,–

Blumengestecke im Ikebanastil
(5041) Von G. Vocke, 64 S., 37 Farbfotos, viele Zeichnungen, Pappband.
DM 14,80/S 119,–

Hobby Trockenblumen
Gewürzsträuße, Gestecke, Kränze,
Buketts. (0643) Von R. Strobel-Schulze,
88 S., 170 Farbfotos, kart.
DM 19,80/S 159,–

Hobby Gewürzsträuße
und zauberhafte Gebinde nach Salz-
burger Art. (0726) Von A. Ott, 80 S.,
101 Farbfotos, 51 farbige Zeichnungen,
kart. **DM 19,80**/S 159,–

Trockenblumen und Gewürzsträuße
(5084) Von G. Vocke, 64 S., 63 Farbfotos, Pappband. **DM 12,80**/S 99,–

Arbeiten mit Ton
Töpfern mit und ohne Scheibe.
(5048) Von J. Fricke, 128 S., 15 Farbtafeln, 166 s/w-Fotos, kart.
DM 14,80/S 119,–

Töpfern
als Kunst und Hobby. (4073) Von
J. Fricke, 132 S., 37 Farbfotos, 222 s/w-
Fotos, gebunden. **DM 39,–**/S 319,–

Schöne Sachen modellieren
Originelles aus Cernit – ideenreich
gestaltet. (0762) Von G. Thelen, 32 S.,
105 Farbfotos, Pappband.
DM 7,80/S 69,–

Modellieren
mit selbsthärtendem Material. (5085)
Von K. Reinhardt, 64 S., 93 Farbfotos,
Pappband. **DM 12,80**/S 99,–

Formen mit Backton
Töpfern ohne Brennofen. (0612) Von
A. Köhler, 32 S., 51 Farbfotos, Spiral-
bindung. **DM 7,80/S 69,–**

Keramik kreativ gestalten
(5072) Von E. Stark, 64 S., 117 Farbfotos, 2 Zeichnungen, Pappband.
DM 12,80/S 99,–

Formen gießen und bemalen
(0639) Von H. Berger, 32 S., 46 Farbfotos, Spiralbindung. **DM 6,80/S 59,–**

Porzellanpuppen
Zauberhafte alte Puppen selbst nach-
bilden. (5158) Von C. Ann und D. Stanton,
64 S., 58 Farbfotos, 22 Zeichnungen,
Pappband. **DM 16,80/S 139,–**

Marionetten
entwerfen · gestalten · führen (5118) Von
A. Krause und A. Bayer, 64 S., 83 Farbfotos, 2 s/w-Fotos, 40 Zeichnungen,
Pappband. **DM 14,80/S 119,–**

Hobby Puppen
Bezaubernde Modelle selbst gestalten.
(0742) Von B. Wenzelburger, 88 S.,
163 Farbfotos, 41 Zeichnungen,
11 Schnittmuster, kart.
DM 19,80/S 159,–

**Puppen und Figuren aus Kunst-
porzellan**
gießen, bemalen und gestalten. (0735)
Von G. Baumgarten, 32 S., 86 Farbfotos,
Pappband. **DM 7,80/S 79,–**

Die liebenswerte Welt der Puppen
(2212) Von U. D. Damrau, 80 S., 60 Farbfotos, Pappband. **DM 9,80/S 85,–**

Selbstgestrickte Puppen
Materialien und Arbeitsanleitungen.
(0638) Von B. Wehrle, 32 S., 23 Farbfotos, 24 Zeichnungen, Spiralbindung.
DM 7,80/S 69,–

Dekorative Rupfenpuppen
Arbeitsanleitungen und Gestaltungsvorschläge. (0733) Von B. Wenzelburger,
32 S., 57 Farbfotos, 14 Zeichnungen,
Spiralbindung. **DM 7,80/S 69,–**

**Schritt für Schritt zum Scheren-
schnitt**
Materialien · Techniken · Gestaltungsvorschläge. (0732) Von H. Klingmüller,
32 S., 38 Farbfotos, 34 Vorlagen, Spiralbindung. **DM 7,80/S 69,–**

Garagentore selbst bemalt
Techniken und Motive. (0786) Von
H. u. Y. Nadolny, 32 S., 34 Farbfotos,
12 s/w-Zeichnungen, kart.
DM 9,80/S 79,–

Freizeit

Aktfotografie
Interpretationen zu einem unerschöpf-
lichen Thema.
Gestaltung · Technik · Spezialeffekte.
(0737) Von H. Wedewardt, 88 S.,
144 Farb- und 6 s/w-Fotos, 6 Zeichnungen, kart. **DM 19,80/S 159,–**

Videokassette Aktfotografie
Laufzeit ca. 60 Min. In Farbe.
VHS (6001), Video 2000 (6002),
Beta (6003) **DM 98,–/S 882,–**
(unverb. Preisempfehlung)

So macht man bessere Fotos
Das meistverkaufte Fotobuch der Welt.
(0614) Von M. L. Taylor, 192 S., 457 Farbfotos, 15 Abb., kart. **DM 14,80/S 119,–**
Falken-Handbuch

Dunkelkammerpraxis
Laboreinrichtung · Arbeitsabläufe ·
Fehlerkatalog. (4140) Von Eugen Pauli,
200 S., 54 Farbfotos, 239 s/w-Fotos,
171 Zeichnungen, Pappband.
DM 39,–/S 319,–
Falken-Handbuch **Trickfilmen**
Flach-, Sach- und Zeichentrickfilme – von
der Idee zur Ausführung. (4131) Von
H.-D. Wilden, 144 S., über 430 überwie-
gend farbige Abb., Pappband.
DM 39,–/S 319,–

Moderne Schmalfilmpraxis
Ausrüstungen · Drehbuch · Aufnahme
Schnitt · Vertonung. (4043) Von U. Ney,
328 S., 29 Farbfotos, 177 s/w-Fotos,
57 Zeichnungen, gebunden.
DM 29,80/S 239,–

Schmalfilmen
Ausrüstung · Aufnahmepraxis · Schnitt
Ton. (0342) Von U. Ney, 108 S., 4 Farb-
tafeln, 25 s/w-Fotos, kart.
DM 9,80/S 79,–

Schmalfilme selbst vertonen
(0593) Von U. Ney, 96 S., 57 s/w-Fotos,
14 Zeichnungen, kart. **DM 9,80/S 79,–**
Falken-Handbuch **Videofilmen**
Systeme, Kameras, Aufnahme, Ton und
Schnitt. (4093) Von P. Lanzendorf,
288 S., 8 Farbtafeln, 165 s/w-Fotos,
25 Zeichnungen, gebunden.
DM 36,–/S 298,–

Fotografie – Das Schöne als Ziel
Zur Ästhetik und Psychologie der visuel-
len Wahrnehmung. (4122) Von E. Stark,
208 S., 252 Farbfotos, 63 Zeichnungen,
Ganzleinen. **DM 78,–/S 624,–**

Freude am Fotografieren
Die neue praktische Fotoschule mit über
500 Farbfotos. (4127) Von der Fach-
redaktion Kodak, 312 S., 536 Farbfotos,
90 s/w-Fotos, 13 Zeichnungen,
Pappband. **DM 48,–/S 398,–**

Ferngelenkte Motorflugmodelle
bauen und fliegen. (0400) Von W. Thies,
184 S., mit Zeichnungen und Detail-
plänen, kart. **DM 16,80/S 139,–**

Modellflug-Lexikon
(0549) Von W. Thies, 280 S.,
98 s/w-Fotos, 234 Zeichnungen,
Pappband. **DM 36,–/S 298,–**

Flugmodelle
bauen und einfliegen. (0361) Von W.
Thies und Willi Rolf, 160 S., 63 Abb.,
7 Faltpläne, kart. **DM 12,80/S 99,–**

CB-Code
Wörterbuch und Technik. (0435) Von
R. Kerler, 120 S., mit technischen Abb.,
kart. **DM 9,80/S 79,–**

Kleine Welt auf Rädern
Das faszinierende Spiel mit **Modelleisenbahnen** (4175) Von F. Eisen, 256 S.,
72 Farb- und 180 s/w-Fotos, 25 Zeichnungen, Pappband. **DM 29,80/S 239,–**

Modelleisenbahnen im Freien
Mit Volldampf durch den Garten. (4245)
Von F. Eisen, 96 S., 115 Farb-, 4 s/w-
Fotos, 5 Zeichnungen, Pappband.
DM 29,80/S 239,–

Raketen auf Rädern
Autos und Motorräder an der Schall-
grenze. (4220) Von H. G. Isenberg, 96 S.,
112 großformatige Farbfotos, 21 s/w-
Fotos, Pappband. **DM 24,80/S 198,–**

Die rasantesten Rallyes der Welt
(4213) Von H. G. Isenberg und D.
Maxeiner, 96 S., 116 großformatige Farbfotos, Pappband. **DM 24,80/S 198,–**

Die schnellsten Autos der Welt
(4201) Von H. G. Isenberg und D.
Maxeiner, 96 S., 110 meist vierfarbige
Abb., Pappband. **DM 24,80/S 198,–**

Trucks
Giganten der Landstraßen in aller Welt.
(4222) Von H. G. Isenberg, 96 S.,
131 Farbfotos, Pappband.
DM 24,80/S 198,–

Ferngelenkte Elektromodelle
bauen und fliegen. (0700) Von W. Thies,
144 S., 52 s/w-Fotos, 50 Zeichnungen,
kart. **DM 16,80/S 139,–**

Schiffsmodelle
selber bauen. (0500) Von D. und R. Loch-
ner, 200 S., 93 Zeichnungen, 2 Faltpläne,
kart. **DM 14,80/S 119,–**

Dampflokomotiven
(4204) Von W. Jopp, 96 S., 134 großformatige Farbfotos, Pappband.
DM 24,80/S 198,–

Zivilflugzeuge
Vom Kleinflugzeug zum Überschall-Jet.
(4218) Von R. J. Höhn und H. G.
Isenberg, 96 S., 115 großformatige Farbfotos, Pappband. **DM 24,80/S 198,–**

Ferngelenkte Segelflugmodelle
bauen und fliegen. (0446) Von W. Thies,
176 S., 22 s/w-Fotos, 115 Zeichnungen,
kart. **DM 14,80/S 119,–**

Die schnellsten Motorräder der Welt
(4206) Von H. G. Isenberg und D.
Maxeiner, 96 S., 100 großformatige
Farbfotos, Pappband. **DM 24,80/S 198,–**

Motorrad-Hits
Chopper, Tribikes, Heiße Öfen. (4221)
Von H. G. Isenberg, 96 S., 119 Farbfotos,
Pappband. **DM 24,80/S 198,–**

Die Super-Motorräder der Welt
(4193) Von H. G. Isenberg, 192 S.,
170 Farb- und 100 s/w-Fotos, Pappband.
DM 39,–/S 319,–

Motorrad-Faszination
Heiße Öfen, von denen jeder träumt. (4223) Von H. G. Isenberg, 96 S., 103 Farb- und 20 s/w-Fotos, Pappband. **DM 24,80**/S 198,–

Autos, die die Welt bewegten
Oldtimer
(2217) Von H. G. Isenberg, 80 S., 32 Farb- und 22 s/w-Fotos, Pappband. **DM 9,80**/S 85,–

Münzen
Ein Brevier für Sammler. (0353) Von E. Dehnke, 128 S., 4 Farbtafeln, 17 s/w-Abb., kart. **DM 9,80**/S 85,–

Astronomie als Hobby
Sternbilder und Planeten erkennen und benennen. (0572) Von D. Block, 176 S., 16 Farbtafeln, 49 s/w-Fotos, 93 Zeichnungen, kart. **DM 14.80**/S 119,–

Der Bart
Die individuelle Note des Mannes. (2222) Von H. Strutzmann, 80 S., 58 Farbfotos, Pappband. **DM 9,80**/S 85,–

Gitarre spielen
Ein Grundkurs für den Selbstunterricht. (0534) Von A. Roßmann, 96 S., 1 Schallfolie, 150 Zeichnungen, kart. **DM 24,80**/S 198,–

Falken-Handbuch Zaubern
Über 400 verblüffende Tricks. (4063) Von F. Stutz, 368 S., 1200 Zeichnungen, geb. **DM 29,80**/S 239,–

Zaubern
einfach – aber verblüffend. (2018) Von D. Buoch, 84 S., 41 Zeichnungen, kart. **DM 6,80**/S 59,–

Zaubertricks
Das große Buch der Magie. (0282) Von J. Zmeck, 244 S., 113 Abb., kart. **DM 14,80**/S 119,–

Magische Zaubereien
(0672) Von W. Widenmann, 64 S., 31 Zeichnungen, kart. **DM 7,80**/S 69,–

Pfeife rauchen
Die hohe Kunst, Tabak zu genießen. (2203) Von W. Hufnagel, 80 S., 77 Farbfotos, 4 s/w-Fotos, 11 Zeichnungen, Pappband. **DM 9,80**/S 85,–

Mit vollem Genuß Pfeife rauchen
Alles über Tabaksorten, Pfeifen und Zubehör. (4227) Von H. Behrens, H. Frickert, 168 S., 127 Farbfotos, 18 Zeichnungen, Pappband. **DM 39,–**/S 319,–

Mineralien, Steine und Fossilien
Grundkenntnisse für Hobby-Sammler. (0437) Von D. Stobbe, 96 S., 16 Farbtafeln, 14 s/w-Fotos, 10 Zeichnungen, kart. **DM 9,80**/S 79,–

Vom verführerischen Feuer der Edelsteine
(2221) Von H. A. Mehler, M. Klotz, 80 S., 46 Farbfotos, Pappband. **DM 9,80**/S 85,–

Freizeit mit dem Mikroskop
(0291) Von M. Deckart, 132 S., 69 s/w-Fotos, 4 Zeichnungen, kart. **DM 9,80**/S 79,–

Briefmarken
sammeln für Anfänger. (0481) Von D. Stein, 120 S., 4 Farbtafeln, 98 s/w-Abb., kart. **DM 7,80**/S 69,–

Wir lernen tanzen
Standard- und lateinamerikanische Tänze. (0200) Von E. Fern, 168 S., 118 s/w-Fotos, 47 Zeichnungen, kart. **DM 9,80**/S 79,–

Tanzstunde
Das Welttanzprogramm · Party-Tanzstunde. (5018) Von G. Hädrich, 172 S., 443 s/w-Fotos, 140 Zeichnungen, Pappband. **DM 19.80**/S 159,–

So tanzt man Rock'n'Roll
Grundschritte · Figuren · Akrobatik. (0573) Von W. Steuer und G. Marz, 224 S., 303 Abb., kart. **DM 16,80**/S 139,–

Disco-Tänze
(0491) Von B. und F. Weber, 104 S., 104 Abb., kart. **DM 6,80**/S 59,–

Tanzen überall
Discofox, Rock'n'Roll, Blues, Langsamer Walzer, Cha-Cha-Cha zum Selberlernen. (0760) Von H. M. Pritzer, 112 S., 128 Farbfotos, kart. **DM 19,80**/S 159,–

Videokassette Tanzen überall
Discofox, Rock'n'Roll, Blues. (6004/VHS, 6005/Video 2000, 6006/Beta) Von H. M. Pritzer, G. Steinheimer, in Farbe, ca. 45 Min. **DM 98,–**/S 882,– (unverb. Preisempfehlung)

Wir wandern, wir wandern...
Romantisches Deutschland
(4168) Hrsg. H. Bücken, 160 S., durchgehend 4-farbig, über 350 Fotos, Pappband. **DM 29,80**/S 239,–

Unser schönes Deutschland neu gesehen
(4199) Hrsg. U. Moll, 208 S., 800 Farbfotos, Pappband. **DM 29,80**/S 239,–

Schwarzwald-Romantik
Vom Zauber einer deutschen Landschaft. (4232) Hrsg. A. Rolf, 184 S., 273 Farbfotos, Pappband. **DM 29,80**/S 239,–

Sport

Judo
Grundlagen des Stand- und Bodenkampfes. (4013) Von W. Hofmann, 244 S., 589 Fotos, Pappband. **DM 29,80**/S 239,–

Neue Lehrmethoden der Judo-Praxis
(0424) Von P. Herrmann, 223 S., 475 Abb., kart. **DM 16,80**/S 139,–

Judo
Grundlagen – Methodik. (0305) Von M. Ohgo, 208 S., 1025 Fotos, kart. **DM 14,80**/S 119,–

Wir machen Judo
(5069) Von R. Bonfranchi und U. Klocke, 92 S., mit Bewegungsabläufen in cartoonartigen zweifarbigen Zeichnungen, kart. **DM 12,80**/S 99,–

Fußwürfe
für Judo, Karate und Selbstverteidigung. (0439) Von H. Nishioka, 96 S., 260 Abb., kart. **DM 9,80**/S 79,–

Karate für alle
Karate-Selbstverteidigung in Bildern. (0314) Von A. Pflüger, 112 S., 356 s/w-Fotos, kart. **DM 9,80**/S 79,–

Karate für Frauen und Mädchen
Sport und Selbstverteidigung. (0425) Von A. Pflüger, 168 S., 259 s/w-Fotos, kart. **DM 9,80**/S 79,–

Das Karate-Buch Ereignis seit Jahren!
Alles Wissen über KARATE – die hohe Kunst der Selbstverteidigung – in einer 8bändigen Buchserie.

Nakayamas Karate perfekt 1
Einführung. (0487) Von M. Nakayama, 136 S., 605 s/w-Fotos, kart. **DM 19,80**/S 159,–

Nakayamas Karate perfekt 2
Grundtechniken. (0512) Von M. Nakayama, 136 S., 354 s/w-Fotos, 53 Zeichnungen, kart. **DM 19,80**/S 159,–

Nakayamas Karate perfekt 3
Kumite 1: Kampfübungen. (0538) Von M. Nakayama, 128 S., 424 s/w-Fotos, kart. **DM 19,80**/S 159,–

Nakayamas Karate perfekt 4
Kumite 2: Kampfübungen. (0547) Von M. Nakayama, 128 S., 394 s/w-Fotos, kart. **DM 19,80**/S 159,–

Nakayamas Karate perfekt 5
Kata 1: Heian, Tekki. (0571) Von M. Nakayama, 144 S., 1229 s/w-Fotos, kart. **DM 19,80**/S 159,–

Nakayamas Karate perfekt 6
Kata 2: Bassai-Dai, Kanku-Dai, (0600) Von M. Nakayama, 144 S., 1300 s/w-Fotos, 107 Zeichnungen, kart. **DM 19,80**/S 159,–

Nakayamas Karate perfekt 7
Kata 3: Jitte, Hangetsu, Empi. (0618) Von M. Nakayama, 144 S., 1988 s/w-Fotos, 105 Zeichnungen, kart. **DM 19,80**/S 159,–

Nakayamas Karate perfekt 8
Gankaku, Jion. (0650) Von M. Nakayama, 144 S., 1174 s/w-Fotos, 99 Zeichnungen, kart. **DM 19,80**/S 159.–

Kontakt-Karate
Ausrüstung · Technik · Training. (0396) Von A. Pflüger, 112 S., 238 s/w-Fotos, kart. **DM 14,80**/S 119,–

Karate-Do
Das Handbuch des modernen Karate. (4028) Von A. Pflüger, 360 S., 1159 Abb., Pappband. **DM 39,–**/S 319,–

Bo-Karate
Kukishin-Ryu – die Techniken des Stockkampfes. ((0447) Von G. Stiebler, 176 S., 424 s/w-Fotos, 38 Zeichnungen, kart. **DM 16,80**/S 139,–

Karate I
Einführung · Grundtechniken. (0227) Von A. Pflüger, 148 S., 195 s/w-Fotos und 120 Zeichnungen, kart. **DM 9,80**/S 79,–

Karate II
Kombinationstechniken · Katas. (0239) Von A. Pflüger, 176 S., 452 s/w-Fotos und Zeichnungen, kart. **DM 9,80**/S 79,–

Karate Kata 1
Heian 1-5, Tekki 1, Bassai Dai. (0683) Von W.-D. Wichmann, 164 S., 703 s/w-Fotos, kart. **DM 19,80**/S 159,–

Ninja 1
Die Lehre der Schattenkämpfer. (0758) Von S. K. Hayes, 144 S., 137 s/w-Fotos, kart. **DM 16,80**/S 139,–

FALKEN VERLAG

Die Preise entsprechen dem Status beim Druck dieses

Ninja 2
Die Wege zum Shoshin (0763) Von
S. K. Hayes 160 S., 309 s/w-Fotos, kart.
DM 16,80/S 139,–
Der König des Kung-Fu
Bruce Lee
Sein Leben und Kampf. (0392) Von
seiner Frau Linda. 136 S., 104 s/w-Fotos,
kart. **DM 19,80**/S 159.–
Bruce Lees Kampfstil 1
Grundtechniken. (0473) Von B. Lee und
M. Uyehara, 109 S., 220 Abb., kart.
DM 9,80/S 79.–
Bruce Lees Kampfstil 2
Selbstverteidigungs-Techniken. (0486)
Von B. Lee und M. Uyehara, 128 S.,
310 Abb., kart. **DM 9,80**/S 79.–
Bruce Lees Kampfstil 3
Trainingslehre. (0503) Von B. Lee und
M. Uyehara, 112 S., 246 Abb., kart.
DM 9,80/S 79.–
Bruce Lees Kampfstil 4
Kampftechniken. (0523) Von B. Lee und
M. Uyehara, 104 S., 211 Abb., kart.
DM 9,80/S 79.–
Bruce Lees Jeet Kune Do
(0440) Von B. Lee, übersetzt von H.-J.
Hesse, 192 S., mit 105 eigenhändigen
Zeichnungen von B. Lee, kart.
DM 19,80/S 159.–
Ju-Jutsu 1
Grundtechniken – Moderne Selbstver-
teidigung. (0276) Von W. Heim und
F. J. Gresch, 160 S., 460 s/w-Fotos,
8 Zeichnungen, kart. **DM 9,80**/S 79.–
Ju-Jutsu 2
für Fortgeschrittene und Meister. (0378)
Von W. Heim und F. J. Gresch, 164 S.,
798 s/w-Fotos, kart. **DM 19,80**/S 159.–
Ju-Jutsu 3
Spezial-, Gegen- und Weiterführungs-
Techniken. (0485) Von W. Heim und F. J.
Gresch, 214 S., über 600 s/w-Fotos,
kart. **DM 19,80**/S 159.–
Nunchaku
Waffe · Sport · Selbstverteidigung.
(0373) Von A. Pflüger, 144 S., 247 Abb.,
kart. **DM 16,80**/S 139.–
Shuriken · Tonfa · Sai
Stockfechten und andere bewaffnete
Kampfsportarten aus Fernost. (0397)
Von A. Schulz, 96 S., 253 s/w-Fotos,
kart. **DM 12,80**/S 99.–
**Illustriertes Handbuch des
Taekwon-Do**
Koreanische Kampfkunst und Selbst-
verteidigung. (4053) Von K. Gil, 248 S.,
1026 Abb., Pappband. **DM 29,80**/S 239.–
Taekwon-Do
Koreanischer Kampfsport. (0347) Von
K. Gil, 152 S., 408 Abb., kart.
DM 12,80/S 99.–
Aikido
Lehren und Techniken des harmonischen
Weges. (0537) Von R. Brand, 280 S.,
697 Abb., kart. **DM 19,80**/S 159.–
Kung-Fu und Tai-Chi
Grundlagen und Bewegungsabläufe.
(0367) Von B. Tegner, 182 S., 370 s/w-
Fotos, kart. **DM 14,80**/S 119.–
Kung-Fu
Theorie und Praxis klassischer und
moderner Stile. (0376) Von M. Pabst,
160 S., 330 Abb., kart.
DM 12,80/S 99.–
Shaolin-Kempo – Kung-Fu
Chinesisches Karate im Drachenstil.
(0395) Von R. Czerni und K. Konrad.
246 S., 723 Abbildungen, kart.
DM 19,80/S 159.–

Hap Ki Do
Grundlagen und Techniken koreanischer
Selbstverteidigung. (0379) Von Kim Sou
Bong, 112 S., 153 Abb., kart.
DM 14,80/S 119.–
Dynamische Tritte
Grundlagen für den Zweikampf. (0438)
Von Ch. Lee, 96 S., 398 s/w-Fotos,
10 Zeichnungen, kart. **DM 9,80**/S 79.–
Muskeltraining mit Hanteln
Leistungssteigerung für Sport und
Fitness. (0676) Von H. Schulz, 108 S.,
92 s/w-Fotos, 2 Zeichnungen, kart.
DM 9,80/ S 79.–
Leistungsfähiger durch Krafttraining
Eine Anleitung für Fitness-Sportler,
Trainer und Athleten (0617) Von
W. Kieser, 100 S., 20 s/w-Fotos,
62 Zeichnungen, kart. **DM 9,80**/S 79.–
Bodybuilding
Anleitung zum Muskel- und Konditions-
training für sie und ihn. (0604) Von
R. Smolana. 160 S., 171 s/w-Fotos, kart.
DM 9,80/S 79.–
Bodybuilding für Frauen
Wege zu Ihrer Idealfigur (0661) Von
H. Schulz, 108 S., 84 s/w-Fotos, 4 Zeich-
nungen, großes farbiges Übungsposter,
kart. **DM 14,80**/S 119.–
Isometrisches Training
Übungen für Muskelkraft und Entspan-
nung. (0529) Von L. M. Kirsch, 140 S.,
162 s/w-Fotos, kart. **DM 9,80**/S 79.–
Radsport
Radtouristik und Rennen, Technik, Typen.
(0550) Von K. Ziegler und R. Lehmann,
120 S., 55 Abb., kart. **DM 9,80**/S 79.–
Spaß am Laufen
Jogging für die Gesundheit. (0470) Von
W. Sonntag, 140 S., 41 s/w-Fotos,
1 Zeichnung, kart. **DM 9,80**/S 79.–
Mein bester Freund, der Fußball
(5107) Von D. Brüggemann und
D. Albrecht, 144 S., 171 Abb., kart.
DM 16,80/S 139.–
Fußball
Training und Wettkampf. (0448) Von H.
Obermann und P. Walz, 166 S., 92 s/w-
Fotos, 15 Zeichnungen, 29 Diagramme,
kart. **DM 12,80**/S 99.–
Handball
Technik · Taktik · Regeln. (0426) Von
F. und P. Hattig, 128 S., 91 s/w-Fotos,
121 Zeichnungen, kart. **DM 14,80**/S 119.–
Volleyball
Technik · Taktik · Regeln. (0351) Von
H. Huhle, 104 S., 330 Abb., kart.
DM 9,80/S 79.–
Basketball
Technik und Übungen für Schule und Ver-
ein. (0279) Von C. Kyriasoglou, 116 S.,
mit 252 Übungen zur Basketballtechnik,
186 s/w-Fotos und 164 Zeichnungen,
kart. **DM 12,80**/S 99.–
Hockey
Technische und taktische Grundlagen.
(0398) Von H. Wein, 152 S., 60 s/w-
Fotos, 30 Zeichnungen, kart.
DM 16,80/S 139.–
Eishockey
Lauf- und Stocktechnik, Körperspiel,
Taktik, Ausrüstung und Regeln, (0414)
Von J. Čapla, 264 S., 548 s/w-Fotos,
163 Zeichnungen, kart. **DM 19,80**/S 159.–
Badminton
Technik · Taktik · Training.
(0699) Von K. Fuchs, L. Sologub, 168 S.,
51 Abb., kart. **DM 14,80**/S 139.–

Golf
Ausrüstung · Technik · Regeln. (0343) Von
J. C. Jessop, übersetzt von H. Biemer,
mit einem Vorwort von H. Krings, Prä-
sident des Deutschen Golf-Verbandes,
160 S., 65 Abb., Anhang Golfregeln des
DGV, kart. **DM 16,80**/S 139.–
Pool-Billard
(0484) Herausgegeben vom Deutschen
Pool-Billard-Bund, mit M. Bach und
K.-W. Kühn, 88 S., mit über 80 Abb.,
kart. **DM 7,80**/S 69.–
Sportschießen
für jedermann. (0502) Von A. Kovacic,
124 S., 116 s/w-Fotos, kart.
DM 14,80/S 119.–
Fechten
Florett · Degen · Säbel. (0449) Von
E. Beck, 88 S., 219 Fotos und Zeichnun-
gen, kart. **DM 11,80**/S 94.–
Reiten
Dressur · Springen · Gelände. (0415) Von
U. Richter, 168 S., 235 Abb., kart.
DM 12,80/S 99.–
Fibel für Kegelfreunde
Sport- und Freizeitkegeln · Bowling.
(0191) Von G. Bocsai, 72 S., mit über
60 Abb., kart. **DM 5,80**/S 49.–
Beliebte und neue Kegelspiele
(0271) Von G. Bocsai, 92 S., 62 Abb.,
kart. **DM 5,80**/S 49.–
111 spannende Kegelspiele
(2031) Von H. Regulska, 88 S., 53 Zeich-
nungen, kart. **DM 7,80**/S 69.–
Ski-Gymnastik
Fit für Piste und Loipe. (0450) Von
H. Pilss-Samek, 104 S., 67 s/w-Fotos,
20 Zeichnungen, kart. **DM 6,80**/S 59.–
Die neue Skischule
Ausrüstung · Technik · Trickskilauf ·
Gymnastik. (0369) Von C. und R. Kerler,
128 S., 100 Abb., kart. **DM 9,80**/S 79.–
Skilanglauf, Skiwandern
Ausrüstung · Techniken · Skigymnastik.
(5129) Von T. Reiter und R. Kerler, 80 S.,
8 Farbtafeln, 85 Zeichnungen und s/w-
Fotos, kart. **DM 14,80**/S 119.–
Alpiner Skisport
Ausrüstung · Techniken · Skigymnastik
(5130) Von K. Meßmann, 128 S., 8 Farb-
tafeln, 93 s/w-Fotos, 45 Zeichnungen,
kart. **DM 12,80**/S 99.–
Die neue Tennis-Praxis
Der individuelle Weg zu erfolgreichem
Spiel. (4097) Von R. Schönborn, 240 S.,
202 Farbzeichnungen, 31 s/w-Abb.,
Pappband. **DM 39,–**/S 319.–
Erfolgreiche Tennis-Taktik
(4086) Von R. Ford Greene, übersetzt
von M. R. Fischer, 182 S., 87 Abb., kart.
DM 19,80/S 159.–
Tennis kompakt
Der erfolgreiche Weg zu Spiel, Satz und
Sieg. (5116) Von W. Taferner, 128 S.,
82 s/w-Fotos, 67 Zeichnungen, kart.
DM 14,80/S 119.–
Tennis
Technik · Taktik · Regeln. (0375) Von
H. Elschenbroich, 112 S., 81 Abb., kart.
DM 6,80/S 59.–
Squash
Ausrüstung · Technik · Regeln. (0539)
Von D. von Horn und H.-D. Stünitz, 96 S.,
55 s/w-Fotos, 25 Zeichnungen, kart.
DM 8,80/S 74.–
Sporttauchen
Theorie und Praxis des Gerätetauchens.
(0647) Von S. Müßig, 144 S., 8 Farb-
tafeln, 35 s/w-Fotos, 89 Zeichnungen,
kart., **DM 14,80**/S 119.–

FALKEN VERLAG

Falken-Handbuch Tauchsport
Theorie · Geräte · Technik · Training.
(4062) Von W. Freihen, 268 S., 32 Farb-
u. 201 s/w-Fotos, 78 Zeichnungen,
gebunden. **DM 39,–/S 319.–**

Windsurfing
Lehrbuch für Grundschein und Praxis.
(5028) Von C. Schmidt, 64 S., 60 Farbfotos, Pappband. **DM 12,80/S 99.–**

Sportfischen
Fische – Geräte – Technik. (0324) Von
H. Oppel, 144 S., 49 s/w-Fotos, 8 Farb-
tafeln, kart. **DM 9,80/S 79.–**

Falken-Handbuch Angeln
in Binnengewässern und im Meer. (4090)
Von H. Oppel, 344 S., 24 Farbtafeln,
66 s/w-Fotos, 151 Zeichnungen,
gebunden. **DM 39,–/S 319.–**

Angeln
Kleine Fibel für den Sportfischer. (0198)
Von E. Bondick, 96 S., 116 Abb., kart.
DM 8,80/S 74.–

Die Erben Lilienthals
Sportfliegen heute
(4054) Von G. Brinkmann, 240 S.,
32 Farbtafeln, 176 s/w-Fotos, 33 Zeichnungen, gebunden. **DM 39,–/S 319.–**

Einführung in das Schachspiel
(0104) Von W. Wollenschläger und
K. Colditz, 92 S., 116 Diagramme, kart.
DM 6,80/S 59.–

Schach mit dem Computer
(0747) Von D. Frickenschmidt, 140 S.,
112 Diagramme, 29 s/w-Fotos, 5 Zeichnungen, **DM 16,80/S 139.–**

Spielend Schach lernen
(2002) Von T. Schuster, 128 S., kart.
DM 6,80/S 59.–

Kinder- und Jugendschach
Offizielles Lehrbuch des Deutschen
Schachbundes zur Errinugng der Bauern-,
Turm- und Königsdiplome. (0561) Von
B. J. Withuis und H. Pfleger, 144 S.,
11 s/w-Fotos, 223 Abb., kart.
DM 12,80/S 99.–

Neue Schacheröffnungen
(0478) Von T. Schuster, 108 S.,
100 Diagramme, kart. **DM 8,80/S 74.–**

Schach für Fortgeschrittene
Taktik und Probleme des Schachspiels.
(0219) Von R. Teschner, 96 S.,
85 Schachdiagramme, kart.
DM 5,80/S 49.–

Taktische Schachendspiele
(0752) Von J. Nunn, 200 S., 151 Diagramme, kart. **DM 16,80/S 139.–**

Schach-WM '85 Karpow – Kasparow.
Mit ausführlichen Kommentaren zu allen
Partien. (0785) Von H. Pfleger, O. Borik,
M. Kipp-Thomas, 128 S., zahlreiche Abb.
und Diagramme, kart. **DM 14,80/S 119.–**

Schachstrategie
Ein Intensivkurs mit Übungen und aus-
führlichen Lösungen. (0584) Von
A. Koblenz, dt. Bearb. von K. Colditz,
212 S., 240 Diagramme, kart.
DM 16,80/S 139.–

Falken-Handbuch Schach
(4051) Von T. Schuster, 360 S., über
340 Diagramme, gebunden.
DM 36,–/S 298.–

**Die besten Partien deutscher
Schachgroßmeister**
(4121) Von H. Pfleger, 192 S.,
29 s/w-Fotos, 89 Diagramme,
Pappband. **DM 29,80/S 239.–**

Turnier der Schachgroßmeister '83
Karpow · Hort · Browne · Miles ·
Chandler · Garcia · Rogers · Kindermann.
(0718) Von H. Pfleger · E. Kurz, 176 S.,
29 s/w-Fotos, 71 Diagramme, kart.
DM 16,80/S 139.–

**Lehr-, Übungs- und Testbuch der
Schachkombinationen**
(0649) Von K. Colditz, 184 S., über
200 Diagramme, kart.
DM 14,80/S 119.–

**Zug um Zug
Schach für jedermann 1**
Offizielles Lehrbuch der Deutschen
Schachbundes zur Errinugng des Bauern-
diploms. (0648) Von H. Pfleger und
E. Kurz, 80 S., 24 s/w-Fotos,
8 Zeichnungen, 60 Diagramme, kart.
DM 6,80/S 59.–

**Zug um Zug
Schach für jedermann 2**
Offizielles Lehrbuch der Deutschen
Schachbundes zur Errinugng des Turm-
diploms. (0659) Von H. Pfleger und
E. Kurz, 132 S., 8 s/w-Fotos,
14 Zeichnungen, 78 Diagramme, kart.
DM 9,80/S 79.–

**Zug um Zug
Schach für jedermann 3**
Offizielles Lehrbuch der Deutschen
Schachbundes zur Errinugng des König-
diploms. (0728) Von H. Pfleger/G. Tresp-
ner, 128 S., 4 s/w-Fotos, 83 Diagramme,
kart. **DM 9,80/S 79.–**

Schachtraining mit den Großmeistern
(0670) Von H. Bouwmeester, 128 S.,
90 Diagramme, kart. **DM 14,80/ S 119.–**

Schach als Kampf
Meine Spiele und mein Weg. (0729) Von
G. Kasparow, 144 S., 95 Diagramme,
9 s/w-Fotos, kart. **DM 14,80/S 119.–**

Fit und gesund
Körpertraining und Bodybuilding zu
Hause. (0782) Von H. Schulz, 80 S.,
100 Farbfotos, 3 Zeichnungen, kart.
DM 14,80/S 119.–
Video-Kassette:

Fit und gesund
VHS (6013), Video 2000 (6014), Beta
(6015), Laufzeit 30 Minuten, in Farbe.
DM 49,80/S 448,–
(unverb. Preisempf.)

Spiele, Denksport, Unterhaltung

Kartenspiele
(2001) Von C. D. Grupp, 144 S., kart.
DM 9,80/S 79.–

**Neues Buch der
siebzehn und vier Kartenspiele**
(0095) Von K. Lichtwitz, 96 S., kart.
DM 6,80/S 59.–

Alles über Pokern
Regeln und Tricks. (2024) Von C. D.
Grupp, 120 S., 29 Kartenbilder, kart.
DM 8,80/S 74.–

Rommé und Canasta
in allen Variationen. (2025) Von C. D.
Grupp, 124 S., 24 Zeichnungen, kart.,
DM 9,80/S 79.–

**Schafkopf, Doppelkopf, Binokel,
Cego, Gaigel, Jaß, Tarock und andere
„Lokalspiele".**
(2015) Von C. D. Grupp, 152 S., kart.
DM 12,80/S 99.–

Spielend Skat lernen
unter freundlicher Mitarbeit des deutschen
Skatverbandes. (2005) Von Th. Krüger,
156 S., 181 s/w-Fotos, 22 Zeichnungen,
kart. **DM 9,80/S 79.–**

Das Skatspiel
Eine Fibel für Anfänger. (0206) Von
K. Lehnhoff, überarb. von P.A. Höfges,
96 S., kart. **DM 6,80/S 59.–**

Black Jack
Regeln und Strategien des Kasinospiels.
(2032) Von K. Kelbratowski, 88 S., kart.
DM 9,80/S 79.–

Falken-Handbuch Patiencen
Die 111 interessantesten Auslagen. (4151)
Von U. v. Lyncker, 216 S., 108 Abbil-
dungen, Pappband. **DM 29,80/S 239.–**

Patiencen
in Wort und Bild. (2003) Von I. Wolter,
136 S., kart. **DM 7,80/S 69.–**

Falken-Handbuch Bridge
Von den Grundregeln zum Turnierspiel.
(4092) Von W. Voigt und K. Ritz, 276 S.,
792 Zeichnungen, gebunden.
DM 39,–/S 319.–

Spielend Bridge lernen
(2012) Von J. Weiss, 108 S., 58 Zeichnungen, kart. **DM 7,80/S 69.–**

Spieltechnik im Bridge
(2004) Von V. Mollo und N. Gardener,
deutsche Adaption von D. Schröder,
216 S., kart. **DM 16,80/S 139.–**

Besser Bridge spielen
Reiztechnik, Spielverlauf und Gegenspiel.
(2026) Von J. Weiss, 144 S., mit 60 Dia-
grammen, kart. **DM 14,80/S 119.–**

Herausforderung im Bridge
200 Aufgaben mit Lösungen. (2033) Von
V. Mollo, 152 S., kart. **DM 19,80/S 159,–**

Kartentricks
(2010) Von T. A. Rosee, 80 S., 13 Zeichnungen, kart. **DM 6,80/S 59.–**

Mah-Jongg
Das chinesische Glücks-, Kombinations-
und Gesellschaftsspiel. (2030) Von
U. Eschenbach, 80 S., 30 s/w-Fotos,
5 Zeichnungen, kart. **DM 9,80/S 79.–**

Neue Kartentricks
(2027) Von K. Pankow, 104 S., 20 Abb.,
kart. **DM 7,80/S 69,–**

Backgammon
für Anfänger und Könner. (2008) Von
G. W. Fink und G. Fuchs, 116 S., 41 Abb.,
kart. **DM 9,80/S 79.–**

Die Preise entsprechen dem Status beim Druck dieses

Würfelspiele
für jung und alt. (2007) Von F. Pruss,
112 S., 21 s/w-Zeichnungen, kart.
DM 7,80/S 59.–

Gesellschaftsspiele
für drinnen und draußen. (2006) Von
H. Görz, 128 S., kart. **DM 6,80**/S 59.–

Spiele für Party und Familie
(2014) Von Rudi Carrell, 160 S., 50 Abb.,
kart. **DM 9,80**/S 79.–

Dame
Das Brettspiel in allen Variationen.
(2028) Von C. D. Grupp, 104 S.,
122 Diagramme, kart. **DM 9,80**/S 79.–

Das japanische Brettspiel Go
(2020) Von W. Dörholt, 104 S., 182 Diagramme, kart. **DM 9,80**/S 79.–

Roulette richtig gespielt
Systemspiele, die Vermögen brachten.
(0121) Von M. Jung, 96 S., zahlreiche
Tabellen, kart. **DM 7,80**/S 69.–

**So gewinnt man gegen
Video- und Computerspiele**
(0644) Vor C. Kerler, 160 S., 25 Zeichnungen, 21 s/w-Fotos, kart.
DM 6,80/S 59.–

Denksport und Schnickschnack
für Tüftler und fixe Köpfe. (0362) Von
J. Barto, 100 S., 45 Abb., kart.
DM 6,80/S 59.–

Rätselspiele, Quiz- und Scherzfragen
für gesellige Stunden. (0577) Von K.-H.
Schneider, 168 S., über 100 Zeichnungen,
kart. **DM 16,80**/S 139.–

Knobeleien und Denksport
(2019) Von K. Rechberger, 142 S.,
115 Zeichnungen, kart. **DM 7,80**/S 69.–

Quiz
Mehr als 1300 ernste und heitere Fragen
aus allen Gebieten. (0129) Von R. Sautter
und W. Pröve, 92 S., 9 Zeichnungen,
kart. **DM 6,80**/S 59.–
(ab 1.3. **DM 7,80**/S 69,–)

500 Rätsel selberraten
(0681) Von E. Krüger, 272 S., kart. **DM
9,95**/S 79.–

Das Super-Kreuzwort-Rätsel-Lexikon
Über 150.000 Begriffe. (4126) Von
H. Schiefelbein, 688 S., Pappband.
DM 19,80/S 159.–

365 Schwedenrätsel
(4173) Von Günther Borutta, 336 S.,kart.
DM 16,80/S 139,–

501 Rätsel selberraten
(0711) Von E. Krüger, 272 S., kart.
DM 9,95/S 79,–

Riesen-Kreuzwort-Rätsel-Lexikon
über 250 000 Begriffe. (4197) Von
H. Schiefelbein, 1024 S., Pappband.
DM 29,80/S 239,–

Das große farbige Kinderlexikon
(4195) Von U. Kopp, 320 S., 493 Farbabb.,
17 s/w-Fotos, Pappband.
DM 29,80/S 239,–

Punkt, Punkt, Komma, Strich
Zeichenstunden für Kinder. (0564) Von
H. Witzig, 144 S., über 250 Zeichnungen,
kart. **DM 6,80**/S 59.–

Einmal grad und einmal krumm
Zeichenstunden für Kinder. (0599) Von
H. Witzig, 144 S., 363 Abb., kart.
DM 6,80/S 59.–

Kinderspiele
die Spaß machen. (2009) Von H. Müller-
Stein, 112 S., 28 Abb., kart.
DM 6,80/S 59.–

Spiele für Kleinkinder
(2011) Von D. Kellermann, 80 S., kart.
DM 5,80/S 49.–

Kasperletheater
Spieltexte und Spielanleitungen · Bastel-
tips für Theater und Puppen. (0641) Von
U. Lietz, 136 S., 4 Farbtafeln,
12 s/w-Tafeln, 39 Zeichnungen, kart.
DM 9,80/S 79.–

Kindergeburtstag
Vorbereitung, Spiel und Spaß. (0287)
Von Dr. I. Obrig, 104 S., 40 Abb.,
11 Zeichnungen, 9 Lieder mit Noten, kart.
DM 5,80/S 49.–

Kindergeburtstage die keiner vergißt
Planung, Gestaltung, Spielvorschläge.
(0698) Von G. und G. Zimmermann,
102 S., kart. **DM 9,80**/S 79,–

Kinderfeste
daheim und in Gruppen. (4033) Von
G. Blechner, 240 S., 320 Abb., kart.
DM 19,80/S 159.–

Scherzfragen, Drudel und Blödeleien
gesammelt von Kindern. (0506) Hrsg.
von W. Pröve, 112 S., 57 Zeichnungen,
kart. **DM 5,80**/S 49.–
Kein schöner Land...

**Das große Buch unserer beliebtesten
Volkslieder.** (4150) 208 S., 108 Farbzeichnungen, Pappband. 19,80/S 59.–

**Die schönsten Wander- und Fahrten-
lieder**
(0462) Hrsg. von F. R. Miller, empfohlen
vom Deutschen Sängerbund, 80 S., mit
Noten und Zeichnungen, kart.
DM 5,80/S 49.–

Die schönsten Volkslieder
(0432) Hrsg. von D. Walther, 128 S.,
mit Noten und Zeichnungen, kart.
DM 6,80/S 55.–

Die schönsten Berg- und Hüttenlieder
(0514) Hrsg. von F. R. Miller, empfohlen
vom Deutschen Sängerbund, 104 S., mit
Noten und Zeichnungen, kart.
DM 5,80/S 49.–

Wir geben eine Party
(0192) Von E. Ruge, 88 S., 8 Farbtafeln,
23 Zeichnungen, kart. **DM 8,80**/S 74.–

Neue Spiele für Ihre Party
(2022) Von G. Blechner, 120 S., 54 Zeichnungen, kart. **DM 7,80**/S 69.–

Lustige Tanzspiele und Scherztänze
für Parties und Feste. (0165) Von
E. Bäulke, 80 S., 53 Abb., kart.
DM 6,80/S 59.–

Straßenfeste, Flohmärkte und Basare
Praktische Tips für Organisation und
Durchführung. (0592) Von H. Schuster,
96 S., 52 Fotos, 17 Zeichnungen, kart.
DM 12,80/S 99.–

Humor

Es ist ein Brauch von alters her...
Lebensweisheiten
(2214) Von W. Busch, 80 S., 38 Zeichnungen, Pappband. **DM 9,80**/S 79,–

Lachen, Witz und gute Laune
Lustige Texte für Ansagen und Vorträge.
(0149) Von E. Müller, 104 S., 44 Abb.,
kart. **DM 9,80**/S 79.–

Tolle Sketche
mit zündenden Pointen – zum Nachspielen. (0656) Von E. Cohrs, 112 S.,
kart. **DM 6,80**/S 59.–

Vergnügliche Sketche
(0476) Von H. Pillau, 96 S., mit
7 lustigen Zeichnungen, kart.
DM 6,80/S 59.–

Heitere Vorträge
(0528) Von E. Müller, 128 S., 14 Zeichnungen, kart. **DM 9,80**/S 79.–

Die große Lachparade
Neue Texte für heitere Vorträge und
Ansagen. (0188) Von E. Müller, 108 S.,
kart. **DM 6,80**/S 59.–

So feiert man Feste fröhlicher
Heitere Vorträge und Gedichte.
(0098) Von Dr. Allos, 96 S., 15 Abb.,
kart. **DM 5,80**/S 49.–

Lustige Vorträge für fröhliche Feiern
(0284) Von Karl Lehnhoff, 96 S., kart.
DM 6,80/S 59.–

Vergnügliches Vortragsbuch
(0091) Von J. Plaut, 192 S., kart.
DM 8,80/S 74.–

**Tolle Sachen zum Schmunzeln und
Lachen**
Lustige Ansagen und Vorträge. (0163)
Von E. Müller, 92 S., kart.
DM 6,80/S 59.–

Humor für jedes Ohr
Fidele Sketche und Ansagen. (0157) Von
H. Ehnle. 96 S., kart. **DM 6,80**/S 59.–

Sketche und spielbare Witze
für bunte Abende und andere Feste.
(0445) Von H. Friedrich, 120 S., 7 Zeichnungen, kart. **DM 6,80**/S 59.–

Sketche
Kurzspiele zu amüsanter Unterhaltung.
(0247) Von M. Gering, 132 S., 16 Abb.,
kart., **DM 6,80**/S 59.–

Dalli-Dalli-Sketche
aus dem heiteren Ratespiel von und mit
Hans Rosenthal. (0527) Von H. Pillau,
144 S., 18 Zeichnungen, kart.
DM 6,80/S 59.–

Witzige Sketche zum Nachspielen
(0511) Von D. Hallervorden, 160 S., kart.
DM 14,80/S 119.–

Gereimte Vorträge
für Bühne und Bütt. (0567) Von G. Wagner,
96 S., kart. **DM 6,80**/S 69.–

Damen in der Bütt
Scherze, Büttenreden, Sketche.
(0354) Von T. Müller, 136 S., kart.
DM 8,80/S 74.–

Narren in der Bütt
Leckerbissen aus dem rheinischen
Karneval. (0216) Zusammengestellt von
T. Lücker, 112 S., kart.
DM 8,80/S 74.–

Rings um den Karneval
Karnevalsscherze und Büttenreden.
(0130) Von Dr. Allos, 136 S., kart.
DM 9,80/S 79.–

Helau und Alaaf 1
Närrisches aus der Bütt.
(0304) Von E. Müller, 112 S., kart.
DM 6,80/S 59.–

Helau und Alaaf 2
Neue Büttenreden.
(0477) Von E. Luft, 104 S., kart.
DM 7,80/S 69.–

Humor und Stimmung
Ein heiteres Vortragsbuch. (0460) Von
G. Wagner, 112 S., kart. **DM 6,80**/S 59.–

Humor und gute Laune
Ein heiteres Vortragsbuch.
(0635) Von G. Wagner, 112 S., 5 Zeichnungen, kart. **DM 8,80**/S 74.–

Das große Buch der Witze
(0384) Von E. Holz, 320 S., 36 Zeichnungen, geb. **DM 16,80**/S 139.–

Da lacht das Publikum
Neue lustige Vorträge für viele Gelegenheiten. (0716) Von H. Schmalenbach,
104 S., kart. **DM 9,80**/S 79.–

FALKEN VERLAG

Witzig, witzig
(0507) Von E. Müller, 128 S., 16 Zeichnungen, kart. **DM 6,80**/S 59,–

Die besten Witze und Cartoons des Jahres 1
(0454) Hrsg. von K. Hartmann, 288 S., 125 Zeichnungen, geb. **DM 16,80**/S 139.–

Die besten Witze und Cartoons des Jahres 2
(0488) Hrsg. von K. Hartmann, 288 S., 148 Zeichnungen, geb. **DM 16,80**/S 139.–

Die besten Witze und Cartoons des Jahres 3
(0524) Hrsg. von K. Hartmann, 288 S., 105 Zeichnungen, Pappband.
DM 16,80/S 139.–

Die besten Witze und Cartoons des Jahres 4
(0579) Hrsg. von K. Hartmann, 288 S., 140 Zeichnungen, Pappband.
DM 16,80/S 139.–

Die besten Witze und Cartoons des Jahres 5
(0642) Hrsg. von K. Hartmann, 288 S., 88 Zeichnungen, Pappband.
DM 16,80/S 139.–

Das Superbuch der Witze
(4146) Von B. Bornheim, 504 S., 54 Cartoons, Pappband.
DM 15,–/S 120.–

Witze
Lachen am laufenden Band (4241) Von J. Borkert, D. Kroppach, 400 S., 41 Zeichnungen, Pappband.
DM 15,–/S 120.–

Die besten Beamtenwitze
(0574) Hrsg. von W. Pröve, 112 S., 59 Cartoons, kart. **DM 5,80**/S 49.–

Die besten Kalauer
(0705) Von K. Frank, 112 S., 12 Zeichnungen, kart., **DM 5,80**/S 49.–

Robert Lembkes Witzauslese
(0325) Von Robert Lembke, 160 S., mit 10 Zeichnungen von E. Köhler, gebunden.
DM 14,80/S 119.–

Fred Metzlers Witze mit Pfiff
(0368) Von F. Metzler, 120 S., kart.
DM 6,80/S 59.–

O frivol ist mir am Abend
Pikante Witze von Fred Metzler. (0388) Von F. Metzler, 128 S., mit Karikaturen, kart. **DM 5,80**/S 49.–

Herrenwitze
(0589) Von G. Wilhelm, 112 S., 31 Zeichnungen, kart. **DM 5,80**/S 49.–

Witze am laufenden Band
(0461) Von F. Asmussen, 118 S., kart.
DM 6,80/S 59.–

Horror zum Totlachen
Gruselwitze
(0536) Von F. Lautenschläger, 96 S., 44 Zeichnungen, kart. **DM 5,80**/S 49.–

Die besten Ostfriesenwitze
(0495) Hrsg. von O. Freese, 112 S., 17 Zeichnungen, kart. **DM 5,80**/S 49.–

Die Kleidermotte ernährt sich von nichts, sie frißt nur Löcher
Stilblüten, Sprüche und Widersprüche aus Schule, Zeitung, Rundfunk und Fernsehen. (0738) Von P. Haas, D. Kroppach, 112 S., zahlr. Abb., kart. **DM 6,80**/S 59,–

Olympische Witze
Sportlerwitze in Wort und Bild. (0505) Von W. Willnat, 112 S., 126 Zeichnungen, kart. **DM 5,80**/S 49.–

Ich lach mich kaputt! Die besten Kinderwitze
(0545) Von E. Hannemann, 128 S., 15 Zeichnungen, kart. **DM 5,80**/S 49.–

Lach mit!
Witze für Kinder, gesammelt von Kindern. (0468) Hrsg. von W. Pröve, 128 S., 17 Zeichnungen, kart. **DM 6,80**/S 59,–

Die besten Kinderwitze
(0757) Von K. Rank, 120 S., 28 Zeichnungen, kart. **DM 6,80**/S 59,–

Lustige Sketche für Jungen und Mädchen
(0669) Von U. Lietz und U. Lange, 104 S., kart. **DM 7,80**/S 69,–

Natur

Faszination Berg
zwischen Alpen und Himalaya.
(4214) Von T. Hiebeler, 96 S., 100 großformatige Farbfotos, Pappband.
DM 24,80/S 198.–

Hilfe für den Wald
Ursachen, Schadbilder, Hilfsprogramme. Was jeder wissen muß, um unser wichtigstes Öko-System zu retten. (4164) Von K. F. Wentzel, R. Zundel, 128 S., 178 Farb- und 6 s/w-Fotos, 60 Zeichnungen, kart.
DM 19,80/S 159,–

Gefährdete und geschützte Pflanzen
erkennen und benennen. (0596) Von W. Schnedler und K. Wolfstetter. 160 S., 140 Farbfotos, 4 Zeichnungen, kart.
DM 19,80/S 159,–

Beeren und Waldfrüchte
erkennen und benennen, eßbar oder giftig? (0401) Von J. Raithelhuber, 120 S., 90 Farbfotos, 40 Zeichnungen, kart. **DM 16,80**/S 139.–

Pilze
erkennen und benennen. (0380) Von J. Raithelhuber, 136 S., 110 Farbfotos, kart. **DM 14,80**/S 119.–

Falken-Handbuch **Pilze**
Mit über 250 Farbfotos und Rezepten. (4061) Von M. Knoop, 276 S., 250 Farbfotos, Pappband. **DM 39,–**/S 319.–

Falken-Handbuch
Der Garten
Alles über Wohn- und Nutzgärten. (4044) Von G. Bambach, unter Mitarbeit von U. Kaiser, W. Velte und J. Zech, 770 S., 40 Farbtafeln, 77 Farbfotos, 787 s/w-Fotos, 147 Zeichnungen, gebunden.
DM 49,–/S 398.–

Das Gartenjahr
Arbeitsplan für den Hobbygärtner.
(4075) Von G. Bambach, 152 S., 16 Farbtafeln, 141 Abb., kart. **DM 14,80**/S 119.–

Gartenteiche und Wasserspiele
planen, anlegen und pflegen. (4083) Von H. R. Sikora, 160 S., 31 Farb- und 31 s/w-Fotos, 73 Zeichnungen, Pappband.
DM 29,80/S 239.–

Gärtnern
(5004) Von I. Manz, 64 S., 38 Farbfotos, Pappband. **DM 12,80**/S 99.–

Gärtner Gustavs Gartenkalender
Arbeitspläne · Pflanzenporträts · Gartenlexikon. (4155) Von G. Schoser, 120 S., 146 Farbfotos, 13 Tabellen, 203 farbige Zeichnungen, Pappband.
DM 24,80/S 198.–

Ziersträucher und -bäume im Garten
(5071) Von I. Manz, 64 S., 91 Farbfotos, Pappband. **DM 12,80**/S 99.–

Das Blumenjahr
Arbeitsplan für drinnen und draußen.
(4142) Von G. Vocke, 136 S., 15 Farbtafeln, kart. **DM 14,80**/S 119.–

Der richtige Schnitt von Obst- und Ziergehölzen, Rosen und Hecken
(0619) Von E. Zettl, 88 S., 8 Farbtafeln, 39 Zeichnungen, 21 s/w-Fotos, kart.
DM 7,80/S 69.–

Unkraut im Garten
erkennen und benennen. (0637) Von F. und H. Jantzen, 144 S., 192 Farbfotos, kart. **DM 16,80**/S 139.–

Blumenpracht im Garten
(5014) Von I. Manz, 64 S., 93 Farbfotos, Pappband. **DM 12,80**/S 99.–

Vom betörenden Zauber der Rosen
(2206) Von H. Steinhauer, 80 S., 89 Farbfotos, und Zeichnungen, Pappband. **DM 9,80**/S 85,–

Blütenpracht in Haus und Garten
(4145) Von M. Haberer, u. a., 352 S., 1012 Farbfotos, Pappband.
DM 39,–/S 319,–

Das bunte Blütenparadies der **Blumen**
(2219) Von B. Zeidelhack, 80 S., 72 Farbabb., Pappband. **DM 9,80**/S 85,–

Sag's mit Blumen
Pflege und Arrangieren von Schnittblumen. (5103) Von P. Möhring, 64 S., 68 Farbfotos, 2 s/w-Abb., Pappband.
DM 12,80/S 99,–

Grabgestaltung
Bepflanzung und Pflege zu jeder Jahreszeit. (5120) Von N. Uhl, 64 S., 77 Farbfotos, 2 Zeichnungen, Pappband.
DM 16,80/S 139,–

Leben im Naturgarten
Der Biogärtner und seine gesunde Umwelt. (4124) Von N. Jorek, 128 S., 68 s/w-Fotos, kart. **DM 14,80**/S 119.–

So wird mein Garten zum Biogarten
Alles über die Umstellung auf naturgemäßen Anbau. (0706) Von I. Gabriel, 128 S., durchgehend 4farbig, 73 Farbfotos und Zeichnungen, kart.
DM 14,80/S 119.–

Gesunde Pflanzen im Biogarten
Biologische Maßnahmen bei Schädlingsbefall und Pflanzenkrankheiten. (0707) Von I. Gabriel, 128 S., durchgehend 4farbig, 73 Farbfotos, und Zeichnungen, kart. **DM 14,80**/S 119,–

Der Biogarten unter Glas und Folie
Ganzjährig erfolgreich ernten. (0722) Von I. Gabriel, 128 S., durchgehend 4farbig, 58 Fotos, 39 Zeichnungen, kart.
DM 14,80/S 119,–

Die Preise entsprechen dem Status beim Druck dieses

Neuanlage eines Biogartens
Planung, Bodenvorbeitung, Gestaltung. (0721) Von I. Gabriel, 128 S., durchgehend 4farbig, 73 Farbfotos, 35 Zeichnungen, kart. **DM 14,80**/S 119,–

Der biologische Zier- und Wohngarten
Planen, Vorbereiten, Bepflanzen und Pflegen. (0748) Von I. Gabriel, 128 S., 65 Farbfotos, 46 Farbzeichnungen, kart. **DM 14,80**/S 119,–

Das Bio-Gartenjahr
Arbeitsplan für naturgemäßes Gärtnern. (4169) Von N. Jorek, 128 S., 8 Farbtafeln, 70 s/w-Abb. kart. **DM 14,80**/S 119,–

Selbstversorgung aus dem eigenen Anbau
Reichen Erntesegen verwerten und haltbar machen. (4183) Von M. Bustorf-Hirsch, M. Hirsch, 216 S., 270 Zeichnungen, kart. **DM 19,80**/S 159,– (4182) Pappband. **DM 29,80**/S 239,–

Mischkultur im Nutzgarten
Mit Jahresplan und Anbauplänen. (0651) Von H. Oppel, 112 S., 8 Farbtafeln, 23 s/w-Fotos, 29 Zeichnungen, kart. **DM 9,80**/S 79,–

Erfolgstips für den Gemüsegarten
Mit naturgemäßem Anbau zu höherem Ertrag. (0674) Von F. Mühl, 80 S., 30 s/w-Fotos, 4 Zeichnungen, kart. **DM 7,80**/S 69,–

Der erfolgreiche Obstgarten
Pflanzung · Veredelung und Schnitt. (5100) Von J. Zech, 64 S., 54 Farbfotos, Pappband. **DM 12,80**/S 99,–

Gemüse, Kräuter, Obst aus dem Balkongarten
– Erfolgreich ernten auf kleinstem Raum. (0694) Von S. Stein, 32 S., 34 Farbfotos, 5 Zeichnungen, Spiralbindung, kart., **DM 7,80**/S 69,–

Keime, Sprossen, Küchenkräuter
am Fenster ziehen – rund ums Jahr. (0658) Von F. und H. Jantzen, 32 S., 55 Farbfotos, Spiralbindung, kart. **DM 6,80**/S 59,–

Balkons in Blütenpracht
zu allen Jahreszeiten. (5047) Von N. Uhl, 64 S., 80 Farbfotos, Pappband. **DM 12,80**/S 99,–

Kübelpflanzen
für Balkon, Terrasse und Dachgarten. (5132) Von M. Haberer, 64 S., 70 Farbfotos, Pappband. **DM 14,80**/S 119,–

Kletterpflanzen
Rankende Begrünung für Fassade, Balkon und Garten. (5140) Von M. Haberer, 64 S., 70 Farbabb., 2 Zeichnungen, Pappband. **DM 12,80**/S 99,–

Mein Kräutergarten
rund ums Jahr
Täglich schnittfrisch und gesund würzen. (4192) Von Prof. Dr. G. Lysek, 136 S., 15 Farbtafeln, 91 Zeichnungen, kart. **DM 16,80**/S 139,–

Blühende Zimmerpflanzen
94 Arten mit Pflegeanleitungen. (5010) Von R. Blaich, 64 S., 107 Farbfotos, Pappband. **DM 12,80**/S 99,–

Falken-Handbuch Zimmerpflanzen
1600 Pflanzenporträts. (4082) Von R. Blaich, 432 S., 480 Farbfotos, 84 Zeichnungen, 1600 Pflanzenbeschreibungen, Pappband. **DM 39,–**/S 319,–

Blütenpracht in Grolit 2000
Der neue, mühelose Weg zu farbenprächtigen Zimmerpflanzen. (5127) Von G. Vocke, 64 S., 50 Farbfotos, Pappband. **DM 12,80**/S 99,–

Bonsai
Japanische Miniaturbäume und Miniaturlandschaften. (4091) Von B. Lesniewicz, 160 S., 106 Farbfotos, 46 s/w-Fotos, 115 Zeichnungen, gebunden. **DM 68,–**/S 549,–

Zimmerbäume, Palmen und andere Blattpflanzen
Standort, Pflege, Vermehrung, Schädlinge. (5111) Von G. Schoser, 96 S., 98 Farbfotos, 7 Zeichnungen, Pappband. **DM 19,80**/S 159,–

Biologisch zimmergärtnern
Zier- und Nutzpflanzen natürlich pflegen. (4144) Von N. Jorek, 152 S., 15 Farbtafeln, 120 s/w-Fotos, Pappband. **DM 19,80**/S 159,–

Hydrokultur
Pflanzen ohne Erde – mühelos gepflegt. (4080) Von H.-A. Rotter, 120 S., 82 Abb., Pappband. **DM 19,80**/S 159,–

Zimmerpflanzen in Hydrokultur
Leitfaden für problemlose Blumenpflege. (0660) Von H.-A. Rotter, 32 S., 76 Farbfotos, 8 farbige Zeichnungen, Pappband, kart. **DM 7,80**/S 69,–

Sukkulenten
Mittagsblumen, Lebende Steine, Wolfsmilchgewächse u. a. (5070) Von W. Hoffmann, 64 S., 82 Farbfotos, Pappband. **DM 12,80**/S 99,–

Kakteen und andere Sukkulenten
300 Arten mit über 500 Farbfotos. (4116) Von G. Andersohn, 316 S., 520 Farbfotos, 193 Zeichnungen, Pappband. **DM 49,–**/S 398,–

Fibel für Kakteenfreunde
(0199) Von H. Herold, 102 S., 23 Farbfotos, 37 s/w-Abb., kart. **DM 7,80**/S 69,–

Kakteen
Herkunft, Anzucht, Pflege, Arten. (5021) Von W. Hoffmann, 64 S., 70 Farbfotos, Pappband. **DM 14,80**/S 119,–

Kakteen
Faszinierende Formen und Farben (4211) Von K. und F. Schild, 96 S., 127 großformatige Farbfotos, Pappband. **DM 24,80**/S 198,–

Orchideen
(4215) Von G. Schoser, 96 S., 143 Farbfotos, Pappband. **DM 24,80**/S 198,–

Falken-Handbuch Katzen
(4158) Von B. Gerber, 176 S., 294 Farb- und 88 s/w-Fotos, kart. **DM 39,–**/S 319,–

Katzen
Rassen · Haltung · Pflege (4216) Von B. Eilert-Overbeck, 96 S., 82 großformatige Farbfotos, Pappband. **DM 24,80**/S 198,–

Das neue Katzenbuch
Rassen – Aufzucht – Pflege. (0427) Von B. Eilert-Overbeck, 136 S., 14 Farbfotos, 26 s/w-Fotos, kart. **DM 8,80**/S 74,–

Lieblinge auf Samtpfötchen Katzen
(2202) Von B. Eilert-Overbeck, 80 S., 53 Farbfotos, 5 s/w-Fotos, kart. **DM 9,80**/S 85,–

Katzenkrankheiten
Erkennung und Behandlung. Steuerung des Sexualverhaltens. (0652) Von Dr. med. vet. R. Spangenberg, 176 S., 64 s/w-Fotos, 4 Zeichnungen, kart. **DM 9,80**/S 79,–

Falken-Handbuch Hunde
(4118) Von H. Bielfeld, 176 S., 222 Farbfotos und Farbzeichnungen, 73 s/w-Abb., Pappband. **DM 39,–**/S 319,–

Hunde
Die treuen Freunde des Menschen (2207) Von R. Spangenberg, 80 S., 49 Farbfotos und Zeichnungen, Pappband. **DM 9,80**/S 85,–

Hunde
Rassen · Erziehung · Haltung. (4209) Von H. Bielfeld, 96 S., 101 großformatige Farbfotos, Pappband. **DM 24,80**/S 198,–

Das neue Hundebuch
Rassen · Aufzucht · Pflege. (0009) Von W. Busack, überarbeitet von Dr. med. vet. A. H. Hacker und H. Bielfeld, 112 S., 8 Farbtafeln, 27 s/w-Fotos, 6 Zeichnungen, kart. **DM 8,80**/S 74,–

Falken-Handbuch Der Deutsche Schäferhund
(4077) Von U. Förster, 228 S., 160 farbige und s/w-Abb. sowie Zeichnungen, Pappband. **DM 29,80**/S 239,–

Der Deutsche Schäferhund
Aufzucht, Pflege und Ausbildung. (0073) Von A. Hacker, 104 S., 56 Abb., kart. **DM 7,80**/S 69,–

Dackel, Teckel, Dachshund
Aufzucht · Pflege · Ausbildung. (0508) Von M. Wein-Gysae, 112 S., 4 Farbtafeln, 43 s/w-Fotos, 2 Zeichnungen, kart. **DM 9,80**/S 79,–

Hundeausbildung
Verhalten – Gehorsam – Abrichtung. (0346) Von Prof. Dr. R. Menzel, 96 S., 18 Fotos, kart. **DM 7,80**/S 69,–

Hundekrankheiten
Erkennung und Behandlung. Steuerung des Sexualverhaltens. (0570) Von Dr. med. vet. R. Spangenberg, 128 S., 68 s/w-Fotos, 10 Zeichnungen, kart. **DM 9,80**/S 79,–

Falken-Handbuch Pferde
(4186) Von Heidrun Werner, 176 S., 196 Farb- und 50 s/w-Fotos, 100 Zeichnungen, Pappband. **DM 48,–**/S 389,–

Ponys
Rassen, Haltung, Reiten. (4205) Von S. Braun, 96 S., 84 großformatige Farbfotos, Pappband. **DM 24,80**/S 198,–

Schmetterlinge
Tagfalter Mitteleuropas erkennen und benennen. (0510) Von T. Ruckstuhl, 156 S., 136 Farbfotos, kart. **DM 16,80**/S 139,–

Wellensittiche
Arten · Haltung · Pflege · Sprechunterricht · Zucht. (5136) Von H. Bielfeld, 64 S., 59 Farbfotos, Pappband. **DM 12,80**/S 99,–

Papageien und Sittiche
Arten · Pflege · Sprechunterricht. (0591) Von H. Bielfeld, 112 S., 8 Farbtafeln, kart. **DM 9,80**/S 79,–

Geflügelhaltung als Hobby
(0749) Von M. Baumeister, H. Meyer, 184 S., 8 Farbtafeln, 47 s/w-Fotos, 15 Zeichnungen, kart. **DM 16,80**/S 139,–

Falken-Handbuch Das Terrarium
(4069) Von B. Kahl, P. Gaupp, Dr. G. Schmidt, 336 S., 215 Farbfotos, geb. **DM 58,–**/S 460,–

Aquarienfische
des tropischen Süßwassers. (5003) Von H. J. Mayland, 64 S., 98 Farbfotos, Pappband. **DM 12,80**/S 99,–

Das Süßwasser-Aquarium
Einrichtung · Pflege · Fische · Pflanzen. (0153) Von H. J. Mayland, 152 S., 16 Farbtafeln, 43 s/w-Zeichnungen, kart. **DM 12,80**/S 99,–

FALKEN VERLAG

Falken-Handbuch
Süßwasser-Aquarium
(4191) Von H. J. Mayland, 288 S.,
536 Farbfotos, 94 Zeichnungen,
Pappband. **DM 49,–**/S 398,–

Cichliden
Pflege, Herkunft und Nachzucht der
wichtigsten Buntbarscharten. (5144) Von
Jo in't Veen, 96 S., 163 Farbfotos,
Pappband. **DM 19,80**/S 159,–

Gesundheit

Die Frau als Hausärztin
Der unentgeltliche Ratgeber für die
Gesundheit. (4072) Von Dr. med.
A. Fischer-Dückelmann, 808 S., 14 Farb-
tafeln, 146 s/w-Fotos, 203 Zeichnungen,
Pappband. **DM 29,80**/S 239,–

**Heiltees und Kräuter für die
Gesundheit**
(4123) Von G. Leibold, 136 S., 15 Farbtafeln, 16 Zeichnungen, kart.
DM 14,80/S 119,–

Falken-Handbuch
Heilkräuter
Modernes Lexikon der Pflanzen und
Anwendungen (4076) Von G. Leibold,
392 S., 183 Farbfotos, 22 Zeichnungen,
geb. **DM 39,–**/S 319,–

Die farbige Kräuterfibel
(0245) Von I. Gabriel, 196 S., 49 farbige
und 97 s/w-Abb., kart.
DM 14,80/ S 119,–

Arzneikräuter und Wildgemüse
erkennen und benennen. (0459) Von
J. Raithelhuber, 144 S., 108 Farbfotos,
31 Zeichnungen, kart. **DM 16,80**/S 139.–

Falken-Handbuch
Bio-Medizin
Alles über die moderne Naturheilpraxis.
(4136) Von G. Leibold, 552 S., 16 Farb-
tafeln, 18 s/w-Fotos, 191 Zeichnungen,
Pappband. **DM 39,–**/S 319,–

**Gesund bleiben – gesund werden
durch Enzyme**
(0677) Von G. Leibold, 96 S., kart.
DM 9,80/S 79.–

**Gesund bleiben – gesund werden
durch Heilfasten**
(0713) Von G. Leibold, 108 S., kart.
DM 9,80/S 79.–

**So lebt man länger nach Dr. Le
Comptes Erfolgsmethode!**
Vital und gesund bis ins hohe Alter.
(4129) Von Dr. H. Le Compte,
P. Pervenche, 224 S., gebunden.
DM 24,80/S 198.–

**Gesundheit und Spannkraft durch
Yoga**
(0321) Von L. Frank und U. Ebbers,
112 S., 50 s/w-Fotos, kart.
DM 7,80/S 69.–

Yoga für jeden
(0341) Von K. Zebroff, 156 S., 135 Abb.,
kart. **DM 20,–**/S 160.–

Yoga für Schwangere
Der Weg zur sanften Geburt. (0777) Von
V. Bolesta-Hahn, 108/S 76 2-farbige
Abb. **DM 12,80**/S 99,–

**Yoga gegen Haltungsschäden und
Rückenschmerzen**
(0394) Von A. Raab, 104 S., 215 Abb.,
kart. **DM 6,80**/S 59,–

Hypnose und Autosuggestion
Methoden – Heilwirkungen – praktische
Beispiele. (0483) Von G. Leibold, 116 S.,
kart. **DM 7,80**/S 69.–

Autogenes Training
Anwendung · Heilwirkungen · Methoden. (0541) Von R. Faller, 128 S., 3 Zeichnungen, kart. **DM 9,80**/S 79.–

**Die fernöstliche Fingerdrucktherapie
Shiatsu**
Anleitungen zur Selbsthilfe – Heilwirkungen. (0615) Von G. Leibold, 196 S.,
180 Abb., kart. **DM 16,80**/S 139.–

Eigenbehandlung durch Akupressur
Heilwirkungen – Energielehre – Meri-
diane. (0417) Von G. Leibold, 152 S.,
78 Abb., kart. **DM 9,80**/S 79.–

Bauch, Taille und Hüfte gezielt formen
durch Aktiv Yoga
(0709) Von K. Zebroff, 112 S., 102 Farbfotos, Spiralbindung, kart.
DM 14,80/S 119,–

10 Minuten täglich Tele-Gymnastik
(5102) Von B. Manz und K. Biermann,
128 S., 381 Abb., kart. **DM 12,80**/S 99.–

Gesund und fit durch Gymnastik
(0366) Von H. Pilss-Samek, 132 S.,
150 Abb., kart. **DM 7,80**/S 69.–

Stretching
Mit Dehnungsgymnastik zu Ent-
spannung, Geschmeidigkeit und Wohl-
befinden. (0717) Von H. Schulz, 80 S.,
90 s/w-Fotos, kart. **DM 7,80**/S 69.–

Schönheitspflege
Kosmetische Tips für jeden Tag. (0493)
Von H. Zander, 80 S., 25 Abb., kart.
DM 7,80/S 69.–

Natur-Apotheke
Gesundheit durch altbewährte Kräuter-
rezepte und Hausmittel.
(4156) Von G. Leibold, 236 S., 8 Farbtafeln, 100 Zeichnungen, kart.,
DM 19,80/S 159.–
(4157) Pappband, **29,80**/S 239.–

Bildatlas des menschlichen Körpers
(4177) Von G. Pogliani u. V. Vannini,
112 S., 402 Farbabb., 28 s/w-Fotos,
Pappband, **DM 29,80**/S 239.–

Fußmassage
Reflexzonentherapie am Fuß (0714) Von
G. Leibold, 96 S., 38 Zeichnungen, kart.
DM 9,80/S 79.–

Rheuma und Gicht
Krankheitsbilder, Behandlung, Therapie-
verfahren, Selbstbehandlung, richtige
Lebensführung und Ernährung. (0712)
Von Dr. J. Höder, J. Bandick, 104 S., kart.
DM 9,80/S 79.–

Krampfadern
Ursachen, Vorbeugung, Selbstbehandlung, Therapieverfahren. (0727) Von
Dr. med. K. Steffens, 96 S., 38 Abb.,
kart. **DM 9,80**/S 79.–

Gallenleiden
Krankheitsbilder, Behandlung, Therapie-
verfahren, Selbstbehandlung, Richtige
Lebensführung und Ernährung. (0673)
Von Dr. med. K. Steffens, 104 S.,
34 Zeichnungen, kart. **DM 9,80**/S 79,–

Asthma
Pseudokrupp, Bronchitis und Lungen-
emphysem. (0778) Von Prof. Dr. med.
W. Schmidt, 120 S., 56 Zeichnungen,
kart. **DM 9,80**/S 79,–

Vitamine und Ballaststoffe
So ermittle ich meinen täglichen Bedarf
(0746) Von Prof. Dr. M. Wagner,
I. Bongartz, 96 S., 6 Farbabb., zahlreiche
Tabellen, kart. **DM 9,80**/S 79,–

Die Preise entsprechen dem Status beim Druck dieses

Ratgeber Lebenshilfe

Umgangsformen heute
Die Empfehlungen des Fachausschusses für Umgangsformen. (4015) 282 S., 160 s/w-Fotos, 25 Zeichnungen, Pappband. **DM 29,80**/S 239.–

Der gute Ton
Ein moderner Knigge. (0063) Von I. Wolter, 168 S., 38 Zeichnungen, 53 s/w-Fotos, kart. **DM 9,80**/S 79.–

Tischkarten und Tischdekorationen
(5063) Von G. Vocke, 64 S., 79 Farbfotos, Pappband. **DM 12,80**/S 99.–

Haushaltstips von A bis Z
(0759) Von A. Eder, 80 S., 30 Zeichnungen, kart. **DM 7,80**/S 69.–

Wir heiraten
Ratgeber zur Vorbereitung und Festgestaltung der Verlobung und Hochzeit. (4188) Von C. Poensgen, 216 S., 8 s/w-Fotos, 30 s/w-Zeichnungen, 8 Farbtafeln, Pappband. **DM 19,80**/S 159.–

Kleines Dankeschön für die charmante **Gastgeberin**
(2218) Von S. Gräfin Schönfeldt, 80 S., 46 Farbabb., Pappband. **DM 9,80**/S 85.–

Die Kunst der freien Rede
Ein Intensivkurs mit vielen Übungen, Beispielen und Lösungen. (4189) Von G. Hirsch, 232 S., 11 Zeichnungen, Pappband. **DM 29,80**/S 239.–

Reden zur Taufe, Kommunion und Konfirmation
(0751) Von G. Georg, 96 S., kart. **DM 6,80**/S 59.–

Der richtige Brief zu jedem Anlaß
Das moderne Handbuch mit 400 Musterbriefen. (4179) Von H. Kirst, 376 S., Pappband. **DM 26,80**/S 218.–

Von der Verlobung zur Goldenen Hochzeit
(0393) Von E. Ruge, 120 S., kart. **DM 6,80**/S 59.–

Reden zur Hochzeit
Musteransprachen für Hochzeitstage. (0654) Von G. Georg, 112 S., kart. **DM 6,80**/S 59.–

Glückwünsche, Toasts und Festreden zur Hochzeit.
(0264) Von I. Wolter, 128 S., 18 Zeichnungen, kart. **DM 7,80**/S 69.–

Hochzeits- und Bierzeitungen
Muster, Tips und Anregungen. (0288) Von H.-J. Winkler, mit vielen Text- und Gestaltungsanregungen, 116 S., 15 Abb., 1 Musterzeitung, kart. **DM 6,80** S 59.–

Kindergedichte zur Grünen, Silbernen und Goldenen Hochzeit
(0318) Von H.-J. Winkler, 104 S., 20 Abb., kart. **DM 5,80**/S 49.–

Die Silberhochzeit
Vorbereitung · Einladung · Geschenkvorschläge · Dekoration · Festablauf · Menüs · Reden · Glückwünsche. (0542) Von K. F. Merkle, 120 S., 41 Zeichnungen, kart. **DM 9,80**/S 79.–

Großes Buch der Glückwünsche
(0255) Hrsg. von O. Fuhrmann, 240 S., 77 Zeichnungen und viele Gestaltungsvorschläge, kart. **DM 9,80**/S 79.–

Neue Glückwunschfibel
für Groß und Klein. (0156) Von R. Christian-Hildebrandt, 96 S., kart. **DM 4,80**/S 39.–

Glückwunschverse für Kinder
(0277) Von B. Ulrici, 80 S., kart. **DM 5,80**/S 49.–

Die Redekunst
Rhetorik · Rednererfolg (0076) Von K. Wolter, überarbeitet von Dr. W. Tappe, 80 S., kart. **DM 5,80**/S 49.–

Reden und Ansprachen
für jeden Anlaß. (4009) Hrsg. von F. Sicker, 454 S., gebunden. **DM 39,–**/S 319.–

Reden zum Jubiläum
Musteransprachen für viele Gelegenheiten (0595) Von G. Georg, 112 S., kart. **DM 6,80**/S 59.–

Reden und Sprüche zur Grundsteinlegung, Richtfest und Einzug
(0598) Von A. Bruder, G. Georg, 96 S., kart. **DM 6,80**/S 59.–

Reden zu Familienfesten
Musteransprachen für viele Gelegenheiten. (0675) Von G. Georg, 108 S., kart. **DM 6,80**/S 59.–

Festreden und Vereinsreden
Ansprachen für festliche Gelegenheiten. (0069) Von K. Lehnhoff und E. Ruge, 88 S., kart. **DM 5,80**/S 49.–

Reden im Verein
Musteransprachen für viele Gelegenheiten. (0703) Von G. Georg, 112 S., kart., **DM 6,80**/S 59.–

Trinksprüche
Fest- und Damenreden in Reimen. (0791) Von L. Metzner, 88 S., 14 s/w-Zeichnungen, kart. **DM 7,80**/S 68.–

Trinksprüche, Richtsprüche, Gästebuchverse
(0224) Von D. Kellermann, 80 S., kart. **DM 5,80**/S 49.–

Ins Gästebuch geschrieben
(0576) Von K. H. Trabeck, 96 S., 24 Zeichnungen, kart. **DM 7,80**/S 69.–

Poesiealbumverse
Heiteres und Besinnliches. (0578) Von A. Göttling, 112 S., 20 Abb., Pappband. **DM 14,80**/S 119.–

Verse fürs Poesiealbum
(0241) Von I. Wolter, 96 S., 20 Abb., kart. **DM 5,80**/S 49.–

Rosen, Tulpen, Nelken . . .
Beliebte Verse fürs Poesiealbum
(0431) Von W. Pröve, 96 S., mit Faksimile-Abb., kart. **DM 5,80**/S 49.–

Der Verseschmied
Kleiner Leitfaden für Hobbydichter. Mit Reimlexikon. (0597) Von T. Parisius, 96 S., 28 Zeichnungen, kart. **DM 7,80**/S 69.–

Moderne Korrespondenz
Handbuch für erfolgreiche Briefe. (4014) Von H. Kirst und W. Manekeller, 544 S., gebunden. **DM 39,–**/S 319.–

Der neue Briefsteller
Musterbriefe für alle Gelegenheiten. (0060) Von I. Wolter-Rosendorf, 112 S., kart. **DM 5,80**/S 49.–

Geschäftliche Briefe
des Privatmanns, Handwerkers, Kaufmanns. (0041) Von A. Römer, 120 S., kart. **DM 6,80**/S 59.–

Behördenkorrespondenz
Musterbriefe – Anträge – Einsprüche. (0412) Von E. Ruge, 128 S., kart. **DM 6,80**/S 59.–

Musterbriefe
für alle Gelegenheiten. (0231) Hrsg. von O. Fuhrmann, 240 S., kart. **DM 9,80**/S 79.–

Privatbriefe
Muster für alle Gelegenheiten. (0114) Von I. Wolter-Rosendorf, 132 S., kart. **DM 6,80**/S 59.–

Erfolgstips für den Schriftverkehr
Briefwechsel leicht gemacht durch einfachen Stil und klaren Ausdruck (0678) Von J. Werbellin, 120 S., kart. **DM 8,80**/S 74.–

Worte und Briefe der Anteilnahme
(0464) Von E. Ruge, 128 S., mit vielen Abb., kart. **DM 9,80**/S 79.–

Reden in Trauerfällen
Musteransprachen für Beerdigungen und Trauerfeiern (0736) Von G. Georg, 104 S., kart. **DM 6,80**/S 59.–

Lebenslauf und Bewerbung
Beispiele für Inhalt, Form und Aufbau. (0428) Von H. Friedrich, 112 S., kart. **DM 6,80**/S 59.–

Erfolgreiche Bewerbungsbriefe
und Bewerbungsformen. (0138) Von W. Manekeller, 88 S., kart. **DM 5,80**/S 49.–

Die erfolgreiche Bewerbung
Bewerbung und Vorstellung. (0173) Von W. Manekeller, 156 S., kart. **DM 9,80**/S 79.–

Die Bewerbung
Der moderne Ratgeber für Bewerbungsbriefe, Lebenslauf und Vorstellungsgespräche. (4138) Von W. Manekeller, 264 S., kart. **DM 19,80**/S 159.–

Vorstellungsgespräche
sicher und erfolgreich führen. (0636) Von H. Friedrich, 144 S., kart. **DM 9,80**/S 79.–

Zeugnisse im Beruf
richtig schreiben, richtig verstehen. (0544) Von H. Friedrich, 112 S., kart. **DM 9,80**/S 79.–

In Anerkennung Ihrer . . . ,
Lob und Würdigung in Briefen und Reden.
(0535) Von H. Friedrich, 136 S., kart. **DM 9,80**/S 79.–

Erfolgreiche Kaufmannspraxis
Wirtschaftliche Grundlagen, Geld, Kreditwesen, Steuern, Betriebsführung, Recht, EDV. (4046) Von W. Göhler, H. Gölz, M. Heibel, Dr. D. Machenheimer, 544 S., gebunden. **DM 39,–**/S 319.–

Der Rechtsberater im Haus
(4048) Von K.-H. Hofmeister, 528 S., gebunden. **DM 39,–**/S 319.–

Arbeitsrecht
Praktischer Ratgeber für Arbeitnehmer und Arbeitgeber. (0594) Von J. Beuthner, 192 S., kart. **DM 16,80**/S 139.–

Mietrecht
Leitfaden für Mieter und Vermieter. (0479) Von J. Beuthner, 196 S., kart. **DM 14,80**/S 119.–

Familienrecht
(4190) Von T. Drewes, R. Hollender, 368 S., Pappband. **DM 29,80**/S 239.–

Scheidung und Unterhalt
nach dem neuen Eherecht. (0403) Von Rechtsanwalt H. T. Drewes, 109 S., mit Kosten- und Unterhaltstabellen, kart. **DM 7,80**/S 69.–

FALKEN VERLAG

Computer

Computer Grundwissen
Eine Einführung in Funktion und Einsatz-
möglichkeiten. (4302) Von W. Bauer,
176 Seiten, 193 Farb- und 12 s/w-Fotos,
37 Computergrafiken, kart.,
DM 29,80/S 239.–
(4301) Pappband, **DM 39,**–/S 312.–

**Einführung in die Programmier-
sprache BASIC.** (4303) Von S. Curran
und R. Curnow, 192 S., 92 Zeichnungen,
Spiralbindung. **DM 19,80**/S 159.–
Lernen mit dem Computer. (4304)
Von S. Curran und R. Curnow, 144 S.,
34 Zeichnungen, Spiralbindung,
DM 19,80/S 159.–
Computerspiele, Grafik und Musik
(4305) Von S. Curran und R. Curnow,
148 S., 46 Zeichnungen, Spiralbindung.
DM 19,80/S 159.–
dBase III
Einführung für Einsteiger und Nach-
schlagewerk für Profis. (4310) Von
J. Brehm, G. A. Karl, 212 S., 22 s/w-
Fotos, 3 Zeichnungen, kart.
DM 58,–/S 460.–
Das Medienpaket
Buch und Programmdiskette „dBase III"
zusammen (4312) **DM 98,**–/S 784,–
**Grundwissen
Informationsverarbeitung**
(4314) Von H. Schiro, 312 S., 59 s/w-
Fotos, 133 s/w-Zeichnungen, Pappband.
DM 58,–/S 460,–

Lernhilfen

**Deutsch für Ausländer im
Selbstunterricht
Ausgabe für Jugoslawen**
(0261) Von I. Hladek und E. Richter,
132 S., 62 Zeichnungen, kart.
DM 9,80/S 79.–
Deutsch – Ihre neue Sprache.
Grundbuch (0327) Von H.-J. Demetz und
J. M. Puente, 204 S., mit über 200 Abb.,
kart. **DM 14,80**/S 119.–
Glossar Italienisch
(0329) Von H.-J. Demetz und
J. M. Puente, 74 S., kart.
DM 9,80/S 79.–
**In gleicher Ausstattung:
Glossar Spanisch** (0330)
DM 9,80/S 79.–
Glossar Serbokroatisch (0331)
DM 9,80/S 79.–
Glossar Türkisch (0332)
DM 9,80/S 79.–
Glossar Arabisch (0335)
DM 9,80/S 79.–
Glossar Französisch (0337)
DM 9,80/S 79.–
**Das Deutschbuch
Ein Sprachprogramm für Ausländer,
Erwachsene und Jugendliche.**
Autorenteam: J. M. Puente,
H.-J. Demetz, S. Sargut, M. Spohner.
Grundbuch Jugendliche
(4915) Von Puente, Demetz, Sargut,
Spohner, Hirschberger, Kersten,
von Stolzenwaldt, 256 S., durchgehend
zweifarbig, kart. **DM 19,80**/S 159.–
Grundbuch Erwachsene
(4901) Von Puente, Demetz, Sargut,
Spohner, 292 S., durchgehend zwei-
farbig, kart. **DM 24,80**/S 198.–
Arbeitsheft
zu Grundbuch Erwachsene und Jugend-
liche. (4903) Von Puente, Demetz,
Sargut, Spohner, 160 S., durchgehend
zweifarbig, kart. **DM 16,80**/S 139.–
Aufbaukurs
(4902) Von Puente, Sargut, Spohner,
232 S., durchgehend zweifarbig, kart.
DM 22,80/S 182.–
**Lehrerhandbuch Grundbuch
Erwachsene**
(4904) 144 S., kart. **DM 14,80**/S 119.–
**Lehrerhandbuch Grundbuch
Jugendliche**
(4929) 120 S., kart. **DM 14,80**/S 119.–
Lehrerhandbuch Aufbaukurs
(4930) 64 S., kart. **DM 9,80**/S 79.–
**Glossare Erwachsene:
Türkisch**
(4906) 100 S., kart. **DM 9,80**/S 79.–
Englisch
(4912) 100 S., kart. **DM 9,80**/S 79.–
Französisch
(4911) 104 S., kart. **DM 9,80**/S 79.–
Spanisch
(4909) 98 S., kart. **DM 9,80**/S 79.–
Italienisch
(4908) 100 S., kart. **DM 9,80**/S 79.–
Serbokroatisch
(4914) 100 S., kart. **DM 9,80**/S 79.–
Griechisch
(4907) 102 S., kart. **DM 9,80**/S 79.–
Portugiesisch
(4910) 100 S., kart. **DM 9,80**/S 79.–

Polnisch
(4913) 102 S., kart. **DM 9,80**/S 79.–
Arabisch
(4905) 100 S., kart. **DM 9,80**/S 79.–
**Glossare Jugendliche:
Türkisch**
(4927) 104 S., kart. **DM 9,80**/S 79.–
Italienisch
(4932) Von A. Baumgartner, 104 S., kart.
DM 9,80/S 79.–
Spanisch
(4933) Von M. Weidemann, 104 S., kart.
DM 9,80/S 79.–
Serbokroatisch
(4934) Von M. Vuckovic, 104 S., kart.
DM 9,80/S 79.–
Griechisch
(4936) Von Dr. G. Tzounakis, 112 S., kart.
DM 9,80/S 79.–
Tonband Grundbuch Erwachsene
(4916) Ø 18 cm. **DM 125,**–/S 1.000.–
Tonband Grundbuch Jugendliche
(4917) Ø 18 cm. **DM 125,**–/S 1.000.–
Tonband Aufbaukurs
(4918) Ø 18 cm. **DM 125,**–/S 1.000.–
Tonband Arbeitsheft
(4919) Ø 18 cm. **DM 89,**–/S 712.–
Kassetten Grundbuch Erwachsene
(4920) 2 Stück à 90 Min. Laufzeit.
DM 39,–/S 319.–
Kassetten Grundbuch Jugendliche
(4921) 2 Stück à 90 Min. Laufzeit.
DM 39,–/S 319.–
Kassetten Aufbaukurs
(4922) 2 Stück à 90 Min. Laufzeit.
DM 39,–/S 319.–
Kassette Arbeitsheft Grundbuch
(4923) 60 Min. Laufzeit.
DM 19,80/S 159.–
Overheadfolie Grundbuch Erwachsene
(4924) 60 Stück **DM 159,**–/S 1.270.–
**Overheadfolien Grundbuch
Jugendliche**
(4925) 59 Stück. **DM 159,**–/S 1.270.–
Overheadfolien Aufbaukurs
(4931) 54 Stück. **DM 159,**–/S 1.270.–
Diapositive Grundbuch Erwachsene
(4926) 300 Stück. **DM 398,**–/S 3.184.–
Bildkarten
zum Grundbuch Jugendliche und
Erwachsene. (4928) 200 Stück.
DM 159,–/S 1.270.–
Arbeitshefte für ausländische Jugend-
liche in der Berufsvorbereitung
**Fachsprache im projektorientierten/
fachübergreifenden Unterricht
Metall 1**
(4937) Von S. Sargut, M. Spohner, 96 S.,
30 Farbfotos, 100 Zeichnungen, kart.
DM 14,80/S 119.–

Maschinenschreiben für Kinder
(0274) Von H. Kaus, 48 S., farbige Abb.,
kart. **DM 5,80**/S 49.–

**So lernt man leicht und schnell
Maschinenschreiben**
Lehrbuch für Selbstunterricht und Kurse.
(0568) Von J. W. Wagner, 112 S.,
31 s/w-Fotos, 36 Zeichnungen, kart.
DM 19,80/S 159.–

**Maschinenschreiben durch
Selbstunterricht**
(0170) Von A. Fonfara, 84 S., viele Abb.,
kart. **DM 5,80**/S 49.–

Stenografie leicht gelernt
im Kursus oder Selbstunterricht. (0266)
Von H. Kaus, 64 S., kart.
DM 6,80/S 59.–

Buchführung
leicht gefaßt. Ein Leitfaden für Hand-
werker und Gewerbetreibende. (0127)
Von R. Pohl. 104 S., kart.
DM 7,80/S 69.–

Buchführung leicht gemacht
Ein methotischer Grundkurs für den
Selbstunterricht. (4238) Von D. Machen-
heimer, R. Kersten, 252 S., Pappband.
DM 26,80/S 218,–

Schülerlexikon der Mathematik
Formeln, Übungen und Begriffserklärun-
gen für die Klassen 5–10. (0430) Von
R. Müller, 176 S., 96 Zeichnungen, kart.
DM 9,80/S 79.–

Mathematik verständlich
Zahlenbereiche Mengenlehre, Algebra,
Geometrie, Wahrscheinlichkeitsrech-
nung, Kaufmännisches Rechnen. (4135)
Von R. Müller, 652 S., 10 s/w- und
109 Farbfotos, 802 farbige und 79 s/w-
Zeichnungen, über 2500 Beispiele und
Übungen mit Lösungen, Pappband.
DM 68,–/S 549.–

**Mathematische Formeln für Schule
und Beruf**
Mit Beispielen und Erklärungen. (0499)
Von R. Müller, 156 S., 210 Zeichnungen,
kart. **DM 9,80**/S 79.–

Rechnen aufgefrischt
für Schule und Beruf. (0100) Von
H. Rausch, 144 S., kart. **DM 6,80**/S 59.–

**Mehr Erfolg in Schule und Beruf
Besseres Deutsch**
Mit Übungen und Beispielen für Rechtschreibung, Diktate, Zeichensetzung,
Aufsätze, Grammatik, Literaturbetrach-
tung, Stil, Briefe, Fremdwörter, Reden.
(4115) Von K. Schreiner, 444 S.,
7 s/w-Fotos, 27 Zeichnungen, Pappband.
DM 29,80/S 239.–

Richtiges Deutsch
Rechtschreibung · Zeichensetzung ·
Grammatik · Stilkunde. (0551) Von
K. Schreiner, 128 S., kart.
DM 9,80/S 79.–

Diktate besser schreiben
Übungen zur Rechtschreibung für die
Klassen 4–8. (0469) Von K. Schreiner,
152 S., 31 Zeichnungen, kart.
DM 9,80/S 79.–

Aufsätze besser schreiben
Förderkurs für die Klassen 4–10. (0429)
Von K. Schreiner, 144 S., 4 s/w-Fotos,
27 Zeichnungen, kart. **DM 9,80**/S 79.–

Deutsche Grammatik
Ein Lern- und Übungsbuch. (0704) Von
K. Schreiner, 112 S., kart.
DM 9,80/S 79.–

Besseres Englisch
Grammatik und Übungen für die Klassen
5 bis 10. (0745) Von E. Henrichs, 144 S.,
DM 9,80/S 79.–

Bestellschein

Erfüllungsort und Gerichtsstand für Vollkaufleute ist der jeweilige Sitz der Liefer-
firma. Für alle übrigen Kunden gilt dieser Gerichtsstand für das Mahnverfahren.
Falls durch besondere Umstände Preisänderungen notwendig werden, erfolgt
Auftragserledigung zu dem bei der Lieferung gültigen Preis.
Ich bestelle hiermit aus dem Falken-Verlag GmbH, Postfach 1120,
D-6272 Niedernhausen/Ts., durch die Buchhandlung:

_____ Ex. _____

_____ Ex. _____

_____ Ex. _____

_____ Ex. _____

Name: _____

Straße: _____ Ort: _____

Datum: _____ Unterschrift: _____